**Zimmermann/Dorsel** Eheverträge, Scheidungs- und Unterhaltsvereinbarungen

# ANWALTFORMULARE
DeutscherAnwaltVerein

# Eheverträge, Scheidungs- und Unterhaltsvereinbarungen

Von
Notar Dr. Stefan Zimmermann, Köln,
und
Notar Dr. Christoph Dorsel, LL.M., Brühl

4. Auflage 2005

DeutscherAnwaltVerlag

**Zitiervorschlag:**
Zimmermann/Dorsel, Eheverträge, § 1 Rn 1

**Hinweis**
Die Formulierungsbeispiele in diesem Buch wurden mit Sorgfalt und nach bestem Wissen erstellt. Sie stellen jedoch lediglich Arbeitshilfen und Anregungen für die Lösung typischer Fallgestaltungen dar. Die Eigenverantwortung für die Formulierung von Verträgen, Verfügungen und Schriftsätzen trägt der Benutzer. Autoren und Verlag übernehmen keinerlei Haftung für die Richtigkeit und Vollständigkeit der in dem Buch und auf der CD-ROM enthaltenen Ausführungen und Formulierungsbeispiele.

Copyright 2005 by Deutscher Anwaltverlag, Bonn
Satz: Cicero Computer GmbH, Bonn
Druck: Westermann Druck Zwickau GmbH
Titelgestaltung: D sign Agentur für visuelle Kommunikation, Peter Korn-Hornung, Solingen
ISBN 3-8240-0714-2

**Bibliografische Information der Deutschen Bibliothek**
Die Deutsche Bibliothek verzeichnet diese Publikation in der Deutschen Nationalbibliografie; detaillierte bibliografische Daten sind im Internet über http://dnb.ddb.de abrufbar.

## Vorwort zur 4. Auflage

Die jüngere Rechtsprechung, vor allem des Bundesverfassungsgerichts und des Bundesgerichtshofs, verleiht dem Thema Eheverträge eine besondere Aktualität. Die Frage nach den Grenzen wirksamer Eheverträge ist Gegenstand umfangreicher Diskussionen. Es wird noch einige Zeit dauern, bis durch die Rechtsprechungspraxis wieder Sicherheit hinsichtlich dieser Frage geschaffen sein wird.

Ungeachtet der Unsicherheit hinsichtlich der Grenzen wirksamer Eheverträge ist die Nachfrage nach Eheverträgen ungebrochen. Dies verwundert nicht angesichts der wachsenden Scheidungsquoten und dem Umstand, dass das gesetzliche Leitbild, das unserem derzeitigen Eherecht zugrunde liegt, von vielen Ehegatten nicht als angemessen erachtet wird – beide Aspekte sind Ausdruck der anhaltenden Individualisierung unserer Gesellschaft.

Das gesetzliche Leitbild der Ehe ist geprägt von der Ehe auf Lebenszeit zwischen Partnern, bei denen der eine erwerbstätig ist, der andere den Haushalt führt und Kinder erzieht (Einverdiener-Hausfrauenehe). Die Erwartungen zahlreicher Ehepaare hinsichtlich der Ausgestaltung ihrer Ehe und deren rechtlicher Folgen weicht aber oft erheblich von diesem Leitbild ab. Sie wollen von der gesetzlichen Vertragsfreiheit Gebrauch machen, die auch für Eheverträge gilt, und ihre Vorstellungen individuell umsetzen. Das hat in der Beratungspraxis zu einer Ehevertragstypenlehre geführt. Als typische Fallgruppen gelten z.B. die Doppelverdienerehe ohne Kinderwunsch, die Zweitehe im vorgerückten Alter, die so genannte Diskrepanzehe bei großen Alters- und Verdienstunterschieden etc. Für jeden Typ lassen sich vertragliche Regelungen entwickeln, die die typischen Anliegen der Vertragspartner umsetzen können.

Dieses Buch bietet unter Berücksichtigung der erwähnten Diskussion über die Wirksamkeit von Eheverträgen eine nach Regelungsbereichen aufgegliederte Zusammenstellung von Formulierungsvorschlägen für die mit einem Ehevertrag im erweiterten Sinne zusammenhängenden Rege-

## Vorwort zur 4. Auflage

lungsfragen, ohne Formulare anzubieten. Die Darstellung enthält sich aber bewusst kompletter Lösungsvorschläge für bestimmte Ehetypen, weil dies ohne umfangreiche Kommentierung der zugrunde liegenden jeweiligen Beratungssituation die Gefahr in sich bergen würde, spezifische Problemfelder des Einzelfalles nicht zu berücksichtigen. Die vorliegende Auflage wurde aktualisiert und erneut erweitert.

Das Buch will einen schnellen und praxisorientierten Überblick über die Gestaltungsmöglichkeiten eines Ehevertrages verschaffen und den Zugang zur zugrunde liegenden Materie erleichtern.

Köln/Bonn, Januar 2005                        Die Verfasser

# Inhaltsübersicht

**Teil I: Einführung** . . . . . . . . . . . . . . . . . . . . 25
§ 1 Ehevertragsfreiheit und Ehevertrag . . . . . . . . . . 25
§ 2 Grenzen der Vertragsfreiheit und Inhaltskontrolle von Eheverträgen . . . . . . . . . . . . . . . . . . . . . . 27
§ 3 Form und Zeitpunkt des Ehevertrages . . . . . . . . 41

**Teil II: Allgemeine Wirkungen der Ehe** . . . . . . . . . . 43
§ 4 Ehegattenschulden und allgemeine Ehewirkungen . . . . 43
§ 5 Schlüsselgewalt . . . . . . . . . . . . . . . . . . . . 49
§ 6 Vermögensverwaltung . . . . . . . . . . . . . . . . 53

**Teil III: Güterrecht** . . . . . . . . . . . . . . . . . . . . 55
§ 7 Gesetzlicher Güterstand . . . . . . . . . . . . . . . 55
§ 8 Steuerrecht . . . . . . . . . . . . . . . . . . . . . . 77
§ 9 Gütertrennung . . . . . . . . . . . . . . . . . . . . 81
§ 10 Gütergemeinschaft . . . . . . . . . . . . . . . . . . 95
§ 11 Ausgleich und Rückforderung von Zuwendungen zwischen Ehegatten . . . . . . . . . . . . . . . . . . 103
§ 12 Fälle mit Auslandsberührung, deutsch-deutsche Fragen . . . . . . . . . . . . . . . 113

**Teil IV: Vereinbarungen über den Versorgungsausgleich** 127
§ 13 Gesetzliche Ausgleichsformen – Grundzüge . . . . . . . 127
§ 14 Grundlagen für abweichende Vereinbarungen und Schranken . . . . . . . . . . . . . . . . . . . . . . . 147
§ 15 Vereinbarungen nach § 1408 Abs. 2 BGB . . . . . . . . 167
§ 16 Vereinbarungen im Hinblick auf das VAHRG . . . . . . 197

## Inhaltsübersicht

| | | |
|---|---|---|
| § 17 | Vereinbarungen im Scheidungsverfahren (§ 1587o BGB) | 201 |
| § 18 | Fälle mit Auslandsberührung, deutsch-deutsche Fälle | 221 |

**Teil V: Unterhaltsvereinbarungen** .......... 225

| | | |
|---|---|---|
| § 19 | Getrenntlebensunterhalt | 225 |
| § 20 | Nachehelicher Unterhalt | 229 |
| § 21 | Kindesunterhalt | 279 |
| § 22 | Steuerfragen | 285 |
| § 23 | Auslandsberührung, deutsch-deutsche Fragen | 289 |

**Teil VI: Weitere Scheidungsvereinbarungen** ....... 295

| | | |
|---|---|---|
| § 24 | Regelungsgegenstände weiterer Scheidungsvereinbarungen | 295 |
| § 25 | Elterliche Sorge und Umgangsrecht | 297 |
| § 26 | Hausrat und Ehewohnung | 303 |

**Teil VII: Lebenspartnerschaft** ............... 309

| | | |
|---|---|---|
| § 27 | Grundzüge der Lebenspartnerschaft | 309 |

Literaturverzeichnis ..................... 325

Stichwortverzeichnis .................... 327

Benutzerhinweise zur CD-ROM ............. 333

# Inhaltsverzeichnis

**Teil I: Einführung** .......................... 25

**§ 1 Ehevertragsfreiheit und Ehevertrag** .......... 25

**§ 2 Grenzen der Vertragsfreiheit und Inhaltskontrolle von Eheverträgen** ............................ 27
A. Grundsätze ................................ 27
B. Entscheidung des BGH vom 11.2.2004 ............ 28
C. Weitere Rechtsprechung der Fachgerichte und Bewertung . 30
    I. Bewertung ............................. 30
    II. Wirksamkeitskontrolle und Ausübungskontrolle .... 34
        1. Wirksamkeitskontrolle nach § 138 BGB ...... 34
        2. Ausübungskontrolle .................. 35
D. Auswirkungen für die Praxis .................. 36
    I. Grundsatz der Dispositionsfreiheit bestätigt ...... 36
    II. Schranken der Dispositionsfreiheit ........... 37

**§ 3 Form und Zeitpunkt des Ehevertrages** ........ 41

**Teil II: Allgemeine Wirkungen der Ehe** .......... 43

**§ 4 Ehegattenschulden und allgemeine Ehewirkungen** . 43
A. Typischer Sachverhalt ...................... 43
B. Keine gesetzliche Haftung für Schulden des Ehegatten .. 44
C. Vollstreckungsrechtliche Folgen der allgemeinen Ehewirkungen ............................ 44
D. Gestaltungsmöglichkeiten .................... 45
    I. Notariell beurkundetes Vermögensverzeichnis ..... 45
    II. Formulierungsbeispiel: Feststellung der Eigentumsverhältnisse (Variante I) .......... 46
    III. Formulierungsbeispiel: Feststellung der Eigentumsverhältnisse (Variante II) ......... 47

**§ 5 Schlüsselgewalt** .......................... 49
A. Typischer Sachverhalt ...................... 49

## Inhaltsverzeichnis

| | | |
|---|---|---:|
| B. | Rechtliche Grundlagen | 49 |
| C. | Gestaltungsmöglichkeiten | 50 |
| | I. Formulierungsbeispiel: Schlüsselgewalt und Eigentumserwerb | 50 |
| | II. Formulierungsbeispiel: Ausschluss der Schlüsselgewalt | 51 |

**§ 6 Vermögensverwaltung** . . . . . . . . . . . . . . . . 53
   A. Typischer Sachverhalt . . . . . . . . . . . . . . . . . 53
   B. Rechtliche Grundlagen . . . . . . . . . . . . . . . . . 53
   C. Formulierungsbeispiel: Vermögensverwaltung . . . . . . . 54

**Teil III: Güterrecht** . . . . . . . . . . . . . . . . . . . . . 55

**§ 7 Gesetzlicher Güterstand** . . . . . . . . . . . . . . . 55
   A. Zugewinngemeinschaft . . . . . . . . . . . . . . . . . 55
   B. Modifikation der Verfügungsbeschränkungen . . . . . . . 57
      I. Typischer Sachverhalt . . . . . . . . . . . . . . . . 57
      II. Rechtliche Grundlagen . . . . . . . . . . . . . . . 57
      III. Formulierungsbeispiel: Aufhebung von Verfügungsbeschränkungen . . . . . . . . . . . . 58
   C. Modifikation des Umfangs des gesetzlichen Zugewinnausgleichsanspruchs . . . . . . . . . . . . . 58
      I. Ausschluss in bestimmten Fällen . . . . . . . . . . . 59
         1. Typischer Sachverhalt . . . . . . . . . . . . . . 59
         2. Rechtliche Grundlagen . . . . . . . . . . . . . 59
         3. Formulierungsbeispiel: Ausschluss Zugewinnausgleich bei Scheidung . . . . . . . . 60
         4. Formulierungsbeispiel: Ausschluss Zugewinnausgleich, erweitert . . . . . . . . . . 61
      II. Begrenzung des Anteils/der Höhe nach . . . . . . . 61
         1. Formulierungsbeispiel: Begrenzung des Zugewinnausgleichs der Höhe nach . . . . . . . 61
         2. Formulierungsbeispiel: Begrenzung des Zugewinnausgleichs bei Erbfall . . . . . . . . . 62
      III. Zeitliche Befristung des Zugewinnausgleichs . . . . 63

1. Vorüberlegungen ................. 63
2. Formulierungsbeispiel: Zugewinnausgleich und
   Befristung ..................... 63
IV. Ausschluss bestimmter Vermögenswerte, insbesondere
    Betriebsvermögen ................... 64
    1. Typischer Sachverhalt ............. 64
    2. Vorüberlegungen ................. 64
    3. Formulierungsbeispiel: Ausschluss bestimmter
       Vermögenswerte vom Zugewinnausgleich ..... 66
D. Modifikation des Berechnungs- und Bewertungsverfahrens . 67
   I. Rechtliche Grundlagen ............... 67
   II. Voreheliche Vermögensverschiebungen ........ 69
       1. Typischer Sachverhalt ............. 69
       2. Vorüberlegungen ................. 69
       3. Formulierungsbeispiel: Festsetzung des
          Anfangsvermögens ................ 70
   III. Schulden des Ehegatten und Zugewinn ........ 70
        1. Typischer Sachverhalt ............. 70
        2. Vorüberlegungen ................. 70
        3. Formulierungsbeispiel: Festsetzung des
           Anfangsvermögens bei Schulden ......... 71
   IV. Behandlung von Wertsteigerungen und Erträgen des
       Anfangsvermögens ................. 71
       1. Typischer Sachverhalt ............. 71
       2. Vorüberlegungen ................. 72
       3. Formulierungsbeispiel: Ausschluss des
          Anfangsvermögens vom Zugewinnausgleich .... 72
   V. Betriebsvermögen und Zugewinnberechnung ..... 73
      1. Typischer Sachverhalt ............. 73
      2. Vorüberlegung ................. 73
      3. Formulierungsbeispiel: Zugewinnausgleich und
         Bewertung von Betriebsvermögen ......... 74

## § 8 Steuerrecht ... 77
A. Vermögensauseinandersetzung und Steuerrecht ... 77
   I. Auseinandersetzung von Betriebsvermögen ... 77
   II. Entgeltliche Übertragung von Privatvermögen und § 23 EStG ... 77
B. Gleichlauf von Zugewinnausgleich und Erbschaftsteuerrecht ... 79
   I. Vorüberlegung ... 79
   II. Formulierungsbeispiel: Zugewinnausgleich und Erbschaftsteuer ... 80

## § 9 Gütertrennung ... 81
A. Getrennte Vermögensmassen ... 81
B. Entstehung ... 82
   I. Wahlgüterstand ... 82
   II. Gesetzlicher Auffanggüterstand ... 83
   III. Exkurs: Formerfordernis der Regelung des Zugewinnausgleichs ... 84
C. Motive für die Gütertrennung ... 85
   I. Aus Haftungsgründen? ... 85
   II. Zum Schutz von Familienvermögen? ... 85
   III. Als scheidungsvorbereitende Maßnahme ... 86
   IV. Zur Trennung der Vermögensmassen als solche ... 86
   V. Als partnerschaftliche Vermögensordnung ... 87
D. Gestaltungsmöglichkeiten ... 88
   I. Typischer Sachverhalt ... 88
   II. Einfache Gütertrennung ... 88
      1. Formulierungsbeispiel: Gütertrennung ... 88
      2. Steuerrechtliche Gestaltung ... 89
   III. Eingeschränkte Gütertrennung ... 90
      1. Formulierungsbeispiel: Gütertrennung mit Rücktrittsvorbehalt ... 90
      2. Formulierungsbeispiel: Gütertrennung mit auflösender Bedingung ... 90

3. Rückforderung und Ausgleichung von Vermögen im
   Scheidungsfall .................... 91
   a) Typischer Sachverhalt ............ 91
   b) Formulierungsbeispiel: Gütertrennung und
      ehebedingte Zuwendungen .......... 91
   c) Formulierungsbeispiel: Gütertrennung und
      Ausgleichsanspruch ............... 92
E. Aufhebung der Gütertrennung .............. 93
   I. Typischer Sachverhalt ................ 93
   II. Formulierungsbeispiel: Aufhebung der Gütertrennung . 93

## § 10 Gütergemeinschaft ................. 95
A. Grundzüge ........................ 95
B. Entstehung ....................... 96
C. Motive für die Gütergemeinschaft ........... 97
D. Gestaltungsmöglichkeiten ................ 98
   I. Problem: Einbeziehung des vorehelichen Vermögens . 98
   II. Formulierungsbeispiel: Gütergemeinschaft ...... 99
   III. Verringerung der Pflichtteilsansprüche ........ 100
E. Formulierungsbeispiel: Aufhebung der Gütergemeinschaft . 100

## § 11 Ausgleich und Rückforderung von Zuwendungen zwischen Ehegatten ................. 103
A. Grundzüge ........................ 103
B. Rückforderungsklausel .................. 105
   1. Typischer Sachverhalt .............. 105
   2. Vorüberlegungen .................. 105
   3. Formulierungsbeispiel: Rückforderung ehebedingter
      Zuwendungen .................... 106
C. Wertmäßige Verrechnung von Zuwendungen im
   Zugewinnausgleich .................... 107
   1. Typischer Sachverhalt .............. 107
   2. Sachverhaltsvarianten .............. 107
   3. Formulierungsbeispiel: Rückforderungsansprüche
      und Verwendungsersatz .............. 109

D. Behandlung gemeinsamer Schulden ........... 110
   1. Typischer Sachverhalt .............. 110
   2. Rechtliche Grundlagen ............. 110
   3. Formulierungsbeispiel: Behandlung gemeinsamer Schulden ..................... 111

**§ 12 Fälle mit Auslandsberührung, deutsch-deutsche Fragen** ............... 113
A. Grundzüge ....................... 113
B. Rechtswahl ....................... 116
   I. Typischer Sachverhalt ................ 116
   II. Wahl des Ehewirkungsstatuts ........... 116
   III. Wahl des Güterrechtsstatuts ............ 117
      1. Vorüberlegungen ................. 117
      2. Formulierungsbeispiel: Rechtswahl ........ 118
      3. Formulierungsbeispiel: Rechtswahl und Beendigung des bisher geltenden Güterstandes ......... 119
C. Ehemalige DDR-Bürger, Vertriebene, Aussiedler, Flüchtlinge 122
   I. Rechtslage vor dem 3.10.1990 ........... 122
   II. Rechtslage nach dem 3.10.1990 .......... 124

**Teil IV: Vereinbarungen über den Versorgungsausgleich** 127

**§ 13 Gesetzliche Ausgleichsformen – Grundzüge** .... 127
A. Der Versorgungsausgleich ............... 127
B. Splitting und Quasi-Splitting (§ 1587b Abs. 1, 2 BGB) . . 130
C. Auswirkungen des Härteregelungsgesetzes (§ 1 Abs. 2, 3 VAHRG) ....................... 134
D. Regelung des Versorgungsausgleichs in anderer Weise (§ 3b Abs. 1 VAHRG) ................. 137
E. Schuldrechtlicher Versorgungsausgleich (§§ 1587f ff. BGB, § 2 VAHRG) ..................... 141
F. Abänderungsmöglichkeiten ............... 143

## § 14 Grundlagen für abweichende Vereinbarungen und Schranken ... 147
A. §§ 1408 Abs. 2, 1587o BGB ... 147
B. Verhältnis § 1408 Abs. 2 BGB zu § 1587o BGB ... 148
C. Kombinierte Vereinbarungen nach §§ 1408 Abs. 2, 1587o BGB ... 154
    I. Vorüberlegungen ... 154
    II. Formulierungsbeispiel: Ausschluss des Versorgungsausgleichs gem. §§ 1408 Abs. 2, 1587o BGB ... 155
    III. Formulierungsbeispiel: Ausschluss des Versorgungsausgleichs gem. §§ 1408 Abs. 2, 1587o BGB (Zusatzvereinbarung) ... 156
D. Allgemeine Schranken der Vertragsfreiheit ... 156
E. Die Schranke des § 1587o Abs. 1 Satz 2 BGB ... 159
    1. Vorüberlegungen ... 159
    2. Typischer Sachverhalt ... 160
    3. Vorbeugende Klauseln bzgl. § 1587o Abs. 1 Satz 2 BGB ... 161
    4. Formulierungsbeispiel: Vorbeugende Klausel bzgl. § 1587o Abs. 1 Satz 2 BGB (Variante I) ... 162
    5. Formulierungsbeispiel: Vorbeugende Klausel bzgl. § 1587o Abs. 1 Satz 2 BGB (Variante II) ... 162
    6. Weitere Beispielsfälle ... 163

## § 15 Vereinbarungen nach § 1408 Abs. 2 BGB ... 167
A. Vollständiger Ausschluss ... 167
    I. Rechtliche Grundlagen und Beispiele ... 167
    II. Gestaltungsmöglichkeiten ... 169
        1. Formulierungsbeispiel: Aufhebung des Ausschlusses des Versorgungsausgleichs ... 169
        2. Formulierungsbeispiel: Rücktrittsrecht bezüglich des vereinbarten Ausschlusses des Versorgungsausgleichs ... 170
        3. Formulierungsbeispiel: Bedingter Ausschluss des Versorgungsausgleichs ... 170

## Inhaltsverzeichnis

    4. Formulierungsbeispiel: Zeitlich eingeschränkter Ausschluss des Versorgungsausgleichs ...... 171
    5. Formulierungsbeispiel: Individuelle Definition des Begriffs der Ehezeit .............. 171
B. Modifizierungen ..................... 172
  I. Herausnahme einzelner Versorgungen ........ 173
    1. Typischer Sachverhalt ............. 173
    2. Rechtliche Grundlagen ............. 173
    3. Formulierungsbeispiel: Herausnahme einzelner Versorgungen aus dem Versorgungsausgleich ... 174
  II. Änderungen im Berechnungsverfahren ........ 175
    1. Abänderung des Ausgleichszeitraums; Formulierungsbeispiele ............. 175
    2. Abänderung der Ausgleichsquote; Formulierungsbeispiele ............. 177
    3. Änderung der Einzelberechnung nach § 1587a BGB 179
      a) Salvatorische Klausel; Formulierungsbeispiel .. 179
      b) Abänderungen im Bewertungsbereich; Formulierungsbeispiel ............ 180
      c) Vereinbarungen zur Bewertung der Dynamik einer Versorgung; Formulierungsbeispiel .... 181
      d) Eigene Einschätzung des Wertes der Versorgungsanwartschaften; Formulierungsbeispiel ..................... 181
  III. Vereinbarung einer anderen Ausgleichsform ..... 182
    1. Versorgungsausgleich durch Beitragsentrichtung .. 183
      a) Grundlagen ................. 183
      b) Formulierungsbeispiel: Versorgungsausgleich durch Beitragsentrichtung .......... 184
      c) Formulierungsbeispiel: Versorgungsausgleich durch Beitragsentrichtung (vorsorgend) ..... 184
      d) Formulierungsbeispiel: Versorgungsausgleich durch Beitragsentrichtung (Zusatz) ....... 185

2. Vereinbarung der Realteilung gemäß § 1 Abs. 2
   VAHRG; Formulierungsbeispiel .......... 185
3. Vereinbarung des schuldrechtlichen Versorgungsausgleichs; Formulierungsbeispiele ........ 187
C. Formulierungsbeispiele zu § 1408 Abs. 2 Satz 2 BGB ... 192

**§ 16 Vereinbarungen im Hinblick auf das VAHRG** .... 197
A. Verlängerung des schuldrechtlichen Versorgungsausgleichs;
   Formulierungsbeispiel .................. 197
B. Vermeidung des Versorgungsausgleichs durch
   Beitragsentrichtung; Formulierungsbeispiel ........ 198
C. Abänderung von Vereinbarungen; Formulierungsbeispiel . . 199

**§ 17 Vereinbarungen im Scheidungsverfahren
(§ 1587o BGB)** ........................ 201
A. Prüfungsmaßstäbe .................... 201
B. Anerkannte Fallgruppen ................. 202
   I. „Entschädigungsloser" Verzicht .......... 202
   II. Entschädigungsloser Ausschluss des schuldrechtlichen
       Ausgleichs ..................... 206
   III. Verzicht gegen Gegenleistung ........... 207
       1. Sicherungseignung ............... 207
       2. Angemessenheit der Gegenleistung ........ 210
   IV. Vereinbarte Härtefälle ............... 211
C. Sonstige Fragen bezüglich § 1587o BGB ......... 214
   I. Ermittlungspflichten von Gerichten und Notaren ... 214
   II. Formbedürftigkeit ................. 217

**§ 18 Fälle mit Auslandsberührung,
deutsch-deutsche Fälle** .................... 221
A. Fälle mit Auslandsberührung ............... 221
B. Deutsch-deutsche Fälle .................. 222

**Teil V: Unterhaltsvereinbarungen** ............. 225

**§ 19 Getrenntlebensunterhalt** ................ 225
A. Typischer Sachverhalt ................... 225

## Inhaltsverzeichnis

    B. Rechtliche Grundlagen . . . . . . . . . . . . . . . . . 225
    C. Formulierungsbeispiel: Getrenntlebensunterhalt . . . . . . 226

**§ 20 Nachehelicher Unterhalt** . . . . . . . . . . . . . . 229
    A. Grundzüge der gesetzlichen Regelung . . . . . . . . . . 229
        I. Allgemeines . . . . . . . . . . . . . . . . . . . . 229
        II. Anspruchsgrundlagen . . . . . . . . . . . . . . . . 229
            1. Betreuungsunterhalt . . . . . . . . . . . . . . . 230
            2. Unterhalt wegen Alters . . . . . . . . . . . . . . 230
            3. Unterhalt wegen Krankheit . . . . . . . . . . . . 231
            4. Unterhalt bis zur Erlangung angemessener
               Erwerbstätigkeit . . . . . . . . . . . . . . . . . 231
            5. Aufstockungsunterhalt . . . . . . . . . . . . . . 231
            6. Ausbildung, Fortbildung oder Umschulung . . . . 231
            7. Unterhalt aus Billigkeitsgründen . . . . . . . . . 232
            8. Einsatzzeitpunkt . . . . . . . . . . . . . . . . . 232
        III. Voraussetzungen, Umfang und Berechnung des
           Unterhaltsanspruchs . . . . . . . . . . . . . . . . 233
            1. Bedürftigkeit . . . . . . . . . . . . . . . . . . 233
            2. Leistungsfähigkeit . . . . . . . . . . . . . . . . 234
            3. Maß des Unterhalts . . . . . . . . . . . . . . 235
            4. Vorsorgeunterhalt . . . . . . . . . . . . . . . . 238
            5. Anrechnungs- und Differenzmethode . . . . . . . 240
    B. Gestaltungsmöglichkeiten . . . . . . . . . . . . . . . . 241
        I. Motive für eine Unterhaltsvereinbarung . . . . . . . 241
        II. Umfassender Unterhaltsverzicht . . . . . . . . . . . 242
            1. Rechtliche Grundlagen . . . . . . . . . . . . . 242
            2. Formulierungsbeispiel: Umfassender
               Unterhaltsverzicht (Variante I) . . . . . . . . . . 245
            3. Formulierungsbeispiel: Umfassender
               Unterhaltsverzicht (Variante II) . . . . . . . . . . 245
            4. Formulierungsbeispiel: Unterhaltsverzicht und
               § 5 VAHRG . . . . . . . . . . . . . . . . . . . 246

5. Formulierungsbeispiel: Unterhaltsverzicht und
   Fortbestand bei Rücknahme des Scheidungsantrages  248
III. Unterhaltsregelungen unter Bedingungen . . . . . . .  248
   1. Typischer Sachverhalt . . . . . . . . . . . . . .  248
   2. Rechtliche Grundlagen . . . . . . . . . . . . . .  249
   3. Formulierungsbeispiel: Auflösend bedingter
      Unterhaltsverzicht (mehrere Varianten) . . . . . .  249
   4. Formulierungsbeispiel: Unterhaltsverzicht unter
      Rücktrittsvorbehalt (Variante I) . . . . . . . . . .  250
   5. Formulierungsbeispiel: Unterhaltsverzicht unter
      Rücktrittsvorbehalt (Variante II) . . . . . . . . . .  250
   6. Formulierungsbeispiel: Aufschiebend bedingter
      Unterhaltsverzicht . . . . . . . . . . . . . . . .  251
   7. Formulierungsbeispiel: Auflösend bedingte
      Unterhaltsvereinbarung . . . . . . . . . . . . . .  251
   8. Formulierungsbeispiel: Unterhaltsverzicht bei
      Zusammenleben mit neuem Partner . . . . . . . .  252
IV. Eingeschränkter Unterhaltsverzicht . . . . . . . . . .  253
   1. Befristungen . . . . . . . . . . . . . . . . . . .  253
      a) Formulierungsbeispiel: Befristeter
         Unterhaltsverzicht (Variante I) . . . . . . . . .  253
      b) Formulierungsbeispiel: Befristeter
         Unterhaltsverzicht (Variante II) . . . . . . . .  254
      c) Formulierungsbeispiel: Befristeter
         Unterhaltsverzicht (Variante III) . . . . . . . .  255
      d) Formulierungsbeispiel: Befristeter
         Unterhaltsverzicht (Variante IV) . . . . . . . .  255
      e) Formulierungsbeispiel: Unterhaltsverzicht und
         besonderer Kinderbetreuungsaufwand . . . . .  256
   2. Formulierungsbeispiele: Beschränkung der
      Unterhaltsarten . . . . . . . . . . . . . . . . . .  256
   3. Einschränkungen des Unterhaltsmaßes . . . . . .  258
      a) Formulierungsbeispiele: Einschränkungen des
         Unterhaltsmaßes . . . . . . . . . . . . . . .  258

## Inhaltsverzeichnis

    b) Formulierungsbeispiele: Anrechnung von
      Einkommen des Berechtigten . . . . . . . . . 261
    c) Formulierungsbeispiele: Bestimmung der
      ehelichen Lebensverhältnisse . . . . . . . . . 261
    d) Formulierungsbeispiele: Altersvorsorgeunterhalt 262
    e) Formulierungsbeispiel: Altersvorsorgeunterhalt
      und Abfindung statt Versorgungsausgleich . . . 262
    f) Formulierungsbeispiel: Notdürftiger Unterhalt . 263
   4. Begrenzung der Unterhaltshöhe . . . . . . . . . . 264
    a) Formulierungsbeispiel: Absolute Begrenzung der
      Unterhaltshöhe . . . . . . . . . . . . . . . . 264
    b) Formulierungsbeispiel: Relative Begrenzung der
      Unterhaltshöhe . . . . . . . . . . . . . . . . 265
  V. Unterhaltsverzicht und Novation (Schuldumschaffung) 265
   1. Rechtliche Grundlagen . . . . . . . . . . . . . . 265
   2. Formulierungsbeispiel: Novation . . . . . . . . . 267
  VI. Verweisung auf andere gesetzliche Regelung . . . . . 268
   1. Rechtliche Grundlagen . . . . . . . . . . . . . . 268
   2. Formulierungsbeispiel: Verweisung auf andere
    gesetzliche Unterhaltsregeln . . . . . . . . . . . 268
C. Formfragen . . . . . . . . . . . . . . . . . . . . . . . . 269
D. Abänderbarkeit, Wertsicherung, Auskunft . . . . . . . . 269
  I. Modifizierung der Abänderbarkeit . . . . . . . . . . 269
  II. Gestaltungsmöglichkeiten . . . . . . . . . . . . . . 270
   1. Formulierungsbeispiel: Unterhaltsvereinbarung und
    Abänderbarkeit (Variante I) . . . . . . . . . . . 270
   2. Formulierungsbeispiel: Unterhaltsvereinbarung und
    Abänderbarkeit (Variante II) . . . . . . . . . . . 271
   3. Formulierungsbeispiel: Unterhaltsvereinbarung und
    Abänderbarkeit (Variante III) . . . . . . . . . . 272
   4. Formulierungsbeispiel: Unterhaltsvereinbarung und
    Abänderbarkeit (Variante IV) . . . . . . . . . . 273
   5. Formulierungsbeispiel: Unterhaltsvereinbarung und
    Zusatzbegehren . . . . . . . . . . . . . . . . . 274

III. Wertsicherungsklauseln . . . . . . . . . . . . . . . 275
   1. Rechtliche Grundlagen . . . . . . . . . . . . . . 275
   2. Formulierungsbeispiel: Unterhaltsvereinbarung und
      Wertsicherung (Variante I) . . . . . . . . . . . 275
   3. Formulierungsbeispiel: Unterhaltsvereinbarung und
      Wertsicherung (Variante II) . . . . . . . . . . . 276
IV. Auskunftsanspruch . . . . . . . . . . . . . . . . . 277
   1. Rechtliche Grundlagen . . . . . . . . . . . . . . 277
   2. Formulierungsbeispiel: Auskunftsanspruch . . . . . 277

**§ 21 Kindesunterhalt** . . . . . . . . . . . . . . . . . . . 279
A. Rechtliche Grundlagen . . . . . . . . . . . . . . . . . 279
B. Formulierungsbeispiele: Kindesunterhalt . . . . . . . . 280
   I. Formulierungsbeispiel: Einseitige
      Unterhaltsverpflichtung . . . . . . . . . . . . . . 280
   II. Formulierungsbeispiel: Geteilte Unterhaltsverpflichtung 282

**§ 22 Steuerfragen** . . . . . . . . . . . . . . . . . . . . 285
A. Rechtliche Grundlagen . . . . . . . . . . . . . . . . . 285
B. Gestaltungsmöglichkeiten . . . . . . . . . . . . . . . 286
   I. Formulierungsbeispiel: Zustimmung zum Realsplitting 286
   II. Formulierungsbeispiel: Unterhalt und dauernde Last . 287

**§ 23 Auslandsberührung, deutsch-deutsche Fragen** . . 289
A. Auslandsberührung . . . . . . . . . . . . . . . . . . 289
B. Deutsch-deutsche Fälle . . . . . . . . . . . . . . . . 290
C. Formulierungsbeispiel: Fortgeltung von
   Unterhaltsvereinbarungen nach FGB . . . . . . . . . . 293

**Teil VI: Weitere Scheidungsvereinbarungen** . . . . . . 295

**§ 24 Regelungsgegenstände weiterer
Scheidungsvereinbarungen** . . . . . . . . . . . . . . . 295

**§ 25 Elterliche Sorge und Umgangsrecht** . . . . . . . 297
A. Elterliche Sorge . . . . . . . . . . . . . . . . . . . . 297
   I. Rechtliche Grundlagen . . . . . . . . . . . . . . 297

## Inhaltsverzeichnis

  II. Gestaltungsmöglichkeiten . . . . . . . . . . . . . 297
   1. Formulierungsbeispiel: Gemeinsame elterliche Sorge
    (Variante I) . . . . . . . . . . . . . . . . . . . 297
   2. Formulierungsbeispiel: Gemeinsame elterliche Sorge
    (Variante II) . . . . . . . . . . . . . . . . . . . 298
   3. Formulierungsbeispiel: Übertragung der elterlichen
    Sorge auf einen Elternteil im Rahmen einer
    Scheidungsvereinbarung . . . . . . . . . . . . 298
 B. Umgangsrecht . . . . . . . . . . . . . . . . . . . . . . 299
  I. Rechtliche Grundlagen . . . . . . . . . . . . . . 299
  II. Formulierungsbeispiel: Umgangsregelung . . . . . . 299
 C. Formulierungsbeispiel: Kosten für die Wahrnehmung des
  Umgangsrechts . . . . . . . . . . . . . . . . . . . . . 300

**§ 26 Hausrat und Ehewohnung** . . . . . . . . . . . . . 303
 A. Hausrat . . . . . . . . . . . . . . . . . . . . . . . . . 303
  I. Rechtliche Grundlagen . . . . . . . . . . . . . . 303
  II. Formulierungsbeispiel: Hausratsverteilung . . . . . 304
 B. Ehewohnung . . . . . . . . . . . . . . . . . . . . . . 305
  I. Mietwohnung . . . . . . . . . . . . . . . . . . . 305
  II. Eigentums-Ehewohnung . . . . . . . . . . . . . . 305
  III. Gestaltungsmöglichkeiten . . . . . . . . . . . . . 306
   1. Formulierungsbeispiel: Nutzungsregelung
    Ehewohnung (Eigentumswohnung) . . . . . . . . 306
   2. Formulierungsbeispiel: Ausschluss der
    Auseinandersetzung . . . . . . . . . . . . . . 307

**Teil VII: Lebenspartnerschaft** . . . . . . . . . . . . . . 309

**§ 27 Grundzüge der Lebenspartnerschaft** . . . . . . . . 309
 A. Gesetzgebungsverfahren . . . . . . . . . . . . . . . . 309
 B. Gesetzliche Regelung . . . . . . . . . . . . . . . . . 310
 C. Formfragen . . . . . . . . . . . . . . . . . . . . . . . 319
 D. Lebenspartnerschaftsvertrag . . . . . . . . . . . . . . 320
  I. Regelung der güterrechtlichen Verhältnisse . . . . . 320

II. Mögliche weitere Gegenstände eines Lebenspartner-
      schaftsvertrages . . . . . . . . . . . . . . . . . . . 320
 III. Versorgungsausgleich . . . . . . . . . . . . . . . . 321
     1. Grundsatz: Versorgungsausgleich . . . . . . . . . 321
     2. Formulierungsbeispiel: Versorgungssicherung durch
        Beitragszahlung . . . . . . . . . . . . . . . . . . 321
 IV. Hausrat, Wohnungszuweisung . . . . . . . . . . . . 322

E. Fälle mit Auslandsberührung . . . . . . . . . . . . . . 322

**Literaturverzeichnis** . . . . . . . . . . . . . . . . . . . . . 325
  I. Kommentare zum BGB . . . . . . . . . . . . . . . 325
 II. Handbücher . . . . . . . . . . . . . . . . . . . . . 325

**Stichwortverzeichnis** . . . . . . . . . . . . . . . . . . . . 327

**Benutzerhinweise zur CD-ROM** . . . . . . . . . . . . 333

§ 1

# Teil I: Einführung

## § 1 Ehevertragsfreiheit und Ehevertrag

Der Gesetzgeber verwendet den Begriff des Ehevertrages nur insoweit, als dass gemäß § 1408 Abs. 1 BGB die Ehegatten ihre güterrechtlichen Verhältnisse durch einen Ehevertrag regeln können. Seit der Einführung des Versorgungsausgleichs können Ehegatten außerdem gemäß § 1408 Abs. 2 BGB in einem Ehevertrag den Versorgungsausgleich ausschließen. Nach allgemeiner Ansicht wurde der Regelungsbereich des Ehevertrages damit aber nicht erweitert, sondern lediglich der Regelungsbereich des Versorgungsausgleichs den Vorschriften des Ehevertrages unterworfen.[1]

1

In der Praxis wird der **Begriff des Ehevertrages** weiter gefasst und beinhaltet alle Verträge, die die Folgen der Eheschließung einschließlich der Scheidungsfolgen regeln.[2] Hierzu gehören insbesondere die Bereiche eheliches Güterrecht, Versorgungsausgleich und nachehelicher Unterhalt, denn der Zusammenhang zwischen diesen Bereichen lässt eine in sich abgestimmte Regelung in einem einheitlichen Vertrag geboten erscheinen. Darüber hinaus können aber auch allgemeine Ehewirkungen (Ehename, Familienunterhalt und Aufgabenverteilung in der Ehe), die Vermögensauseinandersetzung bei Änderung des Güterstandes und Scheidungsfolgen (Sorgerecht für gemeinschaftliche Kinder, Umgangsrecht, Verteilung des Hausrats, Regelung betreffend die Ehewohnung) Gegenstand eines Ehevertrages sein.

Das deutsche Eherecht gewährt den Ehegatten weitgehende Freiheit bei der Ausgestaltung der rechtlichen Folgen der Eheschließung einschließlich der Scheidungsfolgen. Einzelne Bereiche des Eherechts sind aller-

2

---

1 *Soergel – Gaul*, § 1408 BGB Rn 26.
2 *Langenfeld*, Eheverträge, Rn 3; *Grziwotz*, MDR 1998, 1075, 1076.

## § 1 Ehevertragsfreiheit und Ehevertrag

dings der Dispositionsfreiheit der Ehegatten entzogen. Dies gilt beispielsweise für den Verzicht auf Familien- und Trennungsunterhalt sowie für den Bereich der sog. Schlüsselgewalt. Auch die Scheidbarkeit der Ehe steht nicht zur Disposition der Ehegatten, so dass diese die Scheidung ihrer Ehe nicht ausschließen können.[3] Die Ehevertragsfreiheit wird darüber hinaus begrenzt durch die allgemeinen Grenzen der Vertragsfreiheit. So darf ein Ehevertrag weder gegen die guten Sitten verstoßen, § 138 BGB, noch gegen gesetzliche Verbote, § 134 BGB. Die Berufung auf eine ehevertragliche Vereinbarung ist unzulässig, wenn sie gegen Treu und Glauben verstößt, § 242 BGB. Die Bedeutung der gesetzlichen Generalklauseln, durch die die Wirksamkeit bzw. die Tragfähigkeit ehevertraglicher Vereinbarungen eingeschränkt werden, ist aufgrund der jüngeren Rechtsprechung des BVerfG und des BGH Gegenstand einer umfassenden Diskussion, die im folgenden Kapitel erörtert wird.

Neben dem Begriff des Ehevertrages steht der **Begriff der Scheidungsvereinbarung**. Die Scheidungsvereinbarung ist ein Sonderfall des Ehevertrages. Sie ist inhaltlich beschränkt auf die Regelung der konkreten Folgen einer bevorstehenden Scheidung, während der Ehevertrag (ggf. neben vorsorgenden Bestimmungen für den Scheidungsfall) regelmäßig Vereinbarungen bezüglich der Ehewirkungen beinhaltet. Neben diesem inhaltlichen Unterschied zwischen Ehevertrag und Scheidungsvereinbarung tritt ein zeitlicher. Eine Scheidungsvereinbarung wird getroffen, wenn die Scheidung der Ehe ansteht; ein Ehevertrag wird geschlossen, wenn die Ehe intakt ist. „Kriselt" die Ehe, so kommen sowohl Ehevertrag als auch Scheidungsvereinbarung in Betracht, Letztere vor allem dann, wenn die Beteiligten die Voraussetzungen für eine einverständliche Scheidung (§ 630 ZPO) schaffen wollen.

---

3 BGH FamRZ 1986, 655.

## § 2 Grenzen der Vertragsfreiheit und Inhaltskontrolle von Eheverträgen

### A. Grundsätze

Der Grundsatz der Ehevertragsfreiheit wird eingeschränkt durch die allgemeinen Grenzen der Vertragsfreiheit. Diese sind überschritten bei einem Verstoß gegen die guten Sitten, § 138 BGB, oder gegen gesetzliche Verbote, § 134 BGB. Darüber hinaus kann die Berufung auf eine ehevertragliche Vereinbarung unzulässig sein, wenn sie gegen Treu und Glauben verstößt, § 242 BGB.

Zwei Entscheidungen des BVerfG aus dem Jahr 2001[1] haben die Bedeutung der Generalklauseln als Schranken der Ehevertragsfreiheit unterstrichen und die Diskussion über die Grenzen der Vertragsfreiheit bei Eheverträgen neu entfacht.[2] In diesen Entscheidungen erklärte das Gericht, eine einseitige Verteilung von Lasten unter Ehegatten sei verfassungswidrig und damit unzulässig. Eheverträgen seien dort Grenzen zu setzen, wo sie nicht Ausdruck und Ergebnis einer gleichberechtigten Lebenspartnerschaft seien, sondern eine auf ungleichen Verhandlungspositionen basierende eindeutige Dominanz eines Ehegatten widerspiegelten. Ungleiche Verhandlungsposition und einseitige Lastenverteilung müssen nach Auffassung des BVerfG zusammentreffen. Die ungleiche Verhandlungsposition wurde in beiden Entscheidungen durch die Schwangerschaft der vertragschließenden Ehefrau indiziert.

Die Begründungen des BVerfG lassen nur vage erkennen, in welchem Umfang der bisher in der Praxis angenommenen weitreichenden Vertragsfreiheit bei Eheverträgen neue Grenzen gesetzt werden. Die vom BVerfG

---

1 BVerfG NJW 2001, 957 und NJW 2001, 2248.
2 *Borth*, FamRZ 2004, 609; *Brandt*, MittBayNot 2004, 221, *Dauner-Lieb*, FF 2004, 65; *Hahne*, DNotZ 2004, 84; *Koch*, NotBZ 2004, 147; *Münch*, ZNotP 2004, 122; *ders.*, Ehebezogene Rechtsgeschäfte, Rn 378 ff.; *Rakete-Dombek*, NJW 2004, 1273.

skizzierten Grenzen sollen sowohl für nicht notariell beurkundete als auch für notariell beurkundete Verträge gelten. Bei notariellen Eheverträgen dürfte es allerdings aufgrund der Belehrung durch den Notar seltener zum Verdikt der Nichtigkeit kommen.[3]

Es war angesichts der diffusen Vorgaben des BVerfG zu erwarten, dass einzelne Fachgerichte die Entscheidungen des Verfassungsgerichts dahin gehend interpretieren würden, Eheverträge seien einer weitreichenden Inhaltskontrolle zu unterwerfen und die Ehevertragsfreiheit weitreichend einzuschränken.[4] So erklärte dann auch das OLG München im Jahr 2002 unter Berufung auf das BVerfG einen Ehevertrag für nichtig, weil durch den Vertrag nach Ansicht des Gerichts die Unterhaltsansprüche der Ehefrau unangemessen eingeschränkt wurden, obwohl der gesetzliche Betreuungsunterhalt nicht ausgeschlossen worden war.[5] Der Verzicht auf Versorgungsausgleich zugunsten der Ehefrau war nach Ansicht des OLG aus entsprechenden Gründen ebenfalls unwirksam, obwohl als Ausgleich hierfür eine Kapitallebensversicherung in Höhe von 80.000 EUR abgeschlossen worden war. Das Gericht war der Auffassung, es fehle an einem sachlichen Grund für die getroffenen Vereinbarungen. Ähnlich argumentierte es im Hinblick auf den Ausschluss des Zugewinnausgleichs. Ein so strenger Maßstab war bis zu diesem Zeitpunkt bei der Frage nach der Wirksamkeit von ehevertraglichen Vereinbarungen von der Rechtsprechung noch nicht angelegt worden. Wäre die Entscheidung des OLG München bestätigt worden, hätte dies die Unwirksamkeit zahlreicher Eheverträge zur Folge gehabt.

## B. Entscheidung des BGH vom 11.2.2004

3 Der BGH hat nun durch ein grundlegendes Urteil die Entscheidung des OLG München aufgehoben und die Vertragsfreiheit der Ehegatten

---

3 *Büttner*, FF 2005, 48; ähnlich argumentiert *Langenfeld*, DNotZ 2001, 272.
4 S. *Zimmermann/Dorsel*, Eheverträge, 3. Aufl. 2001, § 6 Rn 14, § 18 Rn 18.
5 RNotZ 2003, 130 m. Anm. *Dorsel*, RNotZ 2003, 134.

im Grundsatz bestätigt. Die zwischenzeitlich bestehende weitreichende Rechtsunsicherheit hinsichtlich der Zulässigkeit von ehevertraglichen Vereinbarungen ist so in erheblichem Umfang eingeschränkt worden. Nach Auffassung des BGH ist eine Unwirksamkeit eines Ehevertrages nur anzunehmen, wenn dieser zu einer *evident* einseitigen Lastenverteilung zwischen den Ehegatten führt.

Der BGH stellte fest, dass das geltende Recht **keinen unverzichtbaren Mindestgehalt an Scheidungsfolgen** zugunsten eines Ehegatten kenne. Damit bestätigt das Gericht seine bisherige Rechtsprechung, derzufolge die gesetzlich bestimmten Scheidungsfolgen über nachehelichen Unterhalt, Zugewinn und Versorgungsausgleich grundsätzlich von den Beteiligten abgeändert bzw. ausgeschlossen werden können. Allerdings schränkt das Gericht diesen Grundsatz dahin gehend ein, der *Schutzzweck gesetzlicher Regelungen* dürfe nicht durch vertragliche Vereinbarungen beliebig unterlaufen werden. Dies sei aber der Fall, wenn durch vertragliche Regelungen eine evident einseitige und durch die individuelle Gestaltung der Lebensverhältnisse nicht gerechtfertigte Lastenverteilung entstünde, die hinzunehmen für den belasteten Ehegatten unzumutbar erscheine.

Die Belastungen, die einem Ehegatten aufgebürdet werden, wiegen nach Auffassung des Gerichts umso schwerer, je gravierender die vertraglichen Regelungen in den **Kernbereich des Scheidungsfolgenrechts** eingreifen. Zu diesem Kernbereich gehört vor allem die Absicherung des laufenden Unterhaltsbedarfs. Die Abdingbarkeit des gesetzlichen Unterhaltsanspruchs soll von der Art des nachehelichen Unterhalts abhängen. Besondere Bedeutung kommt zum einen dem sog. Betreuungsunterhalt zu, der zu zahlen ist, solange ein Ehegatte wegen der Erziehung und Pflege eines gemeinschaftlichen Kindes eine Erwerbstätigkeit nicht ausübt. Darüber hinaus ist nach Ansicht des Gerichts aber auch dem Unterhalt wegen Krankheit und wegen Alters besonderes Gewicht beizumessen, so dass diese Art von Unterhaltsansprüchen im Einzelfall nicht abdingbar ist. Ähnliches gilt mit Einschränkungen auch für den Versorgungsausgleich. Der Zugewinnausgleich zählt demgegenüber nicht zum Kernbereich des

# § 2 Grenzen der Vertragsfreiheit und Inhaltskontrolle von Eheverträgen

Scheidungsfolgenrechts, so dass in diesem Bereich weitgehende Vertragsfreiheit gegeben sein dürfte.

5 Der Umstand, dass ein Ehevertrag bei Beachtung der Vorgaben des BGH grundsätzlich wirksam ist, bedeutet noch nicht, dass er die gewünschten Wirkungen im Einzelfall auch tatsächlich entfaltet. Anders kann es nämlich sein, wenn eine Würdigung des Einzelfalls ergibt, dass eine Geltendmachung der vertraglichen Rechtsposition sich als Rechtsmissbrauch darstellt. Maßgebend hierfür sind gemäß den Vorgaben des BGH in erster Linie die Verhältnisse im Zeitpunkt der Scheidung. Sollte der Ausschluss von Scheidungsfolgen in diesem Zeitpunkt für einen Ehegatten eine **evident einseitige Lastenverteilung** darstellen, kann dem anderen Ehegatten die Berufung auf den geschlossenen Ehevertrag verwehrt werden. Ein solches Ergebnis kann vor allem dann eintreten, wenn die tatsächliche Gestaltung der ehelichen Lebensverhältnisse von der ursprünglich geplanten grundlegend abweicht. In derartigen Fällen ist der Ehevertrag an sich zwar wirksam; der Richter hat aber anstelle der vertraglichen Regelungen diejenigen Rechtsfolgen anzuordnen, die den Belangen beider Ehegatten in der neuen Situation in ausgewogener Weise Rechnung tragen.

## C. Weitere Rechtsprechung der Fachgerichte und Bewertung

### I. Bewertung

6 Dem BGH ist es gelungen, durch sein ausgewogenes Urteil in der durch die Entscheidungen des BVerfG angestoßenen Diskussion über die Grenzen der Vertragsfreiheit bei Eheverträgen eine erste Orientierungshilfe für die Gestaltung von Eheverträgen in der Praxis zu geben. Der BGH hat damit der allgemeinen Tendenz der Fachgerichte entsprochen, die Entscheidung des BVerfG zur Frage der Wirksamkeit von Eheverträgen nicht zu überzeichnen. Nachdem sich das BVerfG zu dieser Frage geäußert hatte, haben zahlreiche Obergerichte nichtsdestotrotz den Grundsatz der Ver-

tragsfreiheit bestätigt. So betonte das OLG Frankfurt, dass der Güterstand der Gütertrennung einer der vom Gesetz zur Verfügung gestellten Güterstände sei, die untereinander jeweils wertneutral zur Disposition der Ehegatten stünden.[6] Das OLG Düsseldorf hat entgegen der ersten Instanz die Wirksamkeit eines Ehevertrages im Grundsatz bestätigt, durch den Gütertrennung vereinbart und sowohl Versorgungsausgleich als auch nachehelicher Unterhalt umfassend ausgeschlossen wurden, obwohl aus der Ehe der berufstätigen Vertragspartner türkischer Nationalität zwei Kinder hervorgegangen waren.[7] Die Vertragsfreiheit wird ähnlich weitgehend bestätigt durch eine Entscheidung des OLG München (16. Senat), bei der ebenfalls die Wirksamkeit eines Totalausschlusses Streitgegenstand war.[8]

Das OLG Köln bestätigte sogar einen Ehevertrag, durch den Gütertrennung und Verzicht auf Versorgungsausgleich vereinbart wurden, obwohl die Verlobte bei Vertragsschluss schwanger war und der Vertragsschluss auf Seiten des Ehemannes Voraussetzung für die Eheschließung war.[9] Das OLG Nürnberg bestätigte einen Ehevertrag, der neben dem Ausschluss des Versorgungsausgleiches und der Gütertrennung einen wechselseitigen Verzicht auf nachehelichen Unterhalt und einen gegenseitigen Pflichtteilsverzicht enthielt.[10] Einen Vertrag mit Verzicht auf Versorgungsausgleich und Zugewinnausgleich verbunden mit nach Ehedauer gestaffeltem Vermögensausgleich sowie Beschränkung der Unterhaltsansprüche auf Betreuungsunterhalt, der mit einer schwangeren Verlobten am Tag der standesamtlichen Hochzeit geschlossen wurde, hat das OLG Koblenz nur im Hinblick auf den Ausschluss des Versorgungsausgleichs angesichts der („merkwürdigen") Umstände des Einzelfalls für unwirksam erachtet.[11] Der BGH selbst hatte durch ein Urteil bereits Scheidungsfolgenvereinbarungen als wirksam bestätigt, durch die Verzicht auf Versor-

---

6 OLG Frankfurt ZFE 2002, 349 ff.
7 OLG Düsseldorf RNotZ 2003, 617.
8 OLG München RNotZ 2003, 316
9 OLG Köln FamRZ 2002, 828 f.
10 OLG Nürnberg RNotZ 2003, 187
11 OLG Koblenz DNotI-Report 2003, 101; s.a. OLG Koblenz NJW 2003, 2920.

## § 2  Grenzen der Vertragsfreiheit und Inhaltskontrolle von Eheverträgen

gungsausgleich, Gütertrennung und Verzicht auf Zugewinnausgleich gegen Leistung einer Abfindung vereinbart worden waren, sowie die Abgeltung des nachehelichen Unterhalts für die Ehefrau und des Kindesunterhalts durch Wohnungsüberlassung.[12]

Die bereits vor der Entscheidung des BGH ergangenen obergerichtlichen Entscheidungen, durch die die Ehevertragsfreiheit bestätigt wird, setzten sich damit fort.[13]

7   Es ist begrüßenswert, dass der BGH in seiner hier besprochenen Entscheidung die Tendenz der obergerichtlichen Rechtsprechung,[14] die Dispositionsfreiheit der Ehegatten beim Abschluss von Eheverträgen zu respektieren, gestärkt und so zur Rechtssicherheit in dieser für die beratende Praxis wichtigen Frage beigetragen hat. Begrüßenswert ist auch die argumentative Vorgehensweise des BGH, die es der beratenden Praxis nun ermöglichen sollte, Eheverträge so zu verfassen, dass ihre Wirksamkeit nicht in Frage gestellt werden kann. Der BGH stellt in seinem Urteil fest, dass nur eine *evident* einseitige Lastenverteilung die Grenze zulässiger ehevertraglicher Vertragsgestaltung überschreite. Dies steht nicht im Widerspruch zu der Formulierung des BVerfG, nach der eine einseitige Lastenverteilung Anlass zur Prüfung der Zulässigkeit der getroffenen Vereinbarungen gibt.[15] Das BVerfG selbst verweist die Fachgerichte in seiner Entscheidung darauf, dass die Wertungen des Grundgesetzes über die Generalklauseln Berücksichtigung bei der Wirksamkeitsprüfung von Eheverträgen finden sollen und verweist insoweit ausdrücklich auch auf § 138 BGB.[16] Der Verweis auf die Sittenwidrigkeit ist aber zugleich auch Verweis auf die äußerste Grenze des rechtlich Zulässigen. Daher ist es konsequent, dass der BGH eine evident einseitige Lastenverteilung fordert und nicht lediglich eine einseitige Lastenverteilung. Für die große Mehrheit der notariellen Eheverträge dürfte dies bedeuten, dass die Entscheidung

---

12  BGH FÜR 2002, 441.
13  OLG Celle NJW 2004, 1961.
14  Weitere Nachweise bei *Münch*, Ehebezogene Rechtsgeschäfte, Rn 360 ff.
15  So aber anscheinend *Dauner-Lieb*, FF 2004, 65, 67.
16  BVerfG NJW 2001, 2248.

des BVerfG für sie keine Bedeutung entfaltet, da die Grenze einer evident einseitigen Lastenverteilung in der notariellen Praxis kaum sehenden Auges überschritten werden dürfte.

Zustimmung verdient auch die umsichtige Umsetzung der Ausführungen des BVerfG zum nachehelichen Unterhalt durch den BGH. Die wenig schlüssig erscheinende und in der Literatur zum Teil heftig kritisierte[17] These des BVerfG, die Gleichwertigkeit der familiären Unterhaltsbeiträge von Ehegatten bemesse sich nicht an der Höhe des Erwerbseinkommens, das einer der Ehegatten erziele, oder am wirtschaftlichen Wert der Familienarbeit und an derem Umfang, sie drücke vielmehr aus, dass die von den Ehegatten für die eheliche Gemeinschaft jeweils erbrachten Leistungen gerade unabhängig von ihrer ökonomischen Bewertung gleichgewichtig seien und deshalb kein Beitrag eines Ehegatten höher oder niedriger bewertet werden dürfe, erfährt durch den BGH eine wohltuende Klarstellung. Zu Recht stellt der BGH fest, dass die Surrogatstheorie des BVerfG nur eine *fiktive* Gleichgewichtung zum Ausdruck bringt; die Vorstellung, die gleiche Hausarbeit steige oder falle je nach steigendem oder fallendem Einkommen des nicht haushaltsführenden Ehegatten, wird niemand ernsthaft vertreten wollen.[18] Vor diesem Hintergrund ist es konsequent und überzeugend, dass der BGH den Ehegatten großen Spielraum einräumt, die wirtschaftliche Bewertung ihrer Beiträge zum ehelichen Leben einvernehmlich abweichend von einer fiktiven Gleichgewichtung vorzunehmen.[19] Die Bewertung des BGH steht im Einklang mit den Vorgaben des BVerfG, das die These von der Gleichwertigkeit der Leistungen, die Ehegatten im gemeinsamen Unterhaltsverband erbringen, als Grundsatz formuliert, der nicht unabdingbar ist.[20]

---

17 Treffend insbesondere *Muscheler,* JZ 661 f.; *Rauscher,* FuR 2001, 385, 387 f.
18 Zu weiteren Ungereimtheiten der These des BVerfG vgl. *Muscheler,* JZ 661 ff.
19 Kritisch hierzu *Dauner-Lieb,* FF 2004, 65, 66 f.; die Kritik ist verfehlt. Der Vorwurf, der BGH verkenne das Problem, das darin bestehe, ob Ehegatten ohne sachliche Rechtfertigung ihre Beiträge einer anderen ökonomischen Bewertung unterwerfen können als der Gesetzgeber, wird vom BGH m.E. nicht verkannt, allerdings zu Recht anders beantwortet als von *Dauner-Lieb.*
20 BVerfG NJW 2002, 1185, 1186.

## II. Wirksamkeitskontrolle und Ausübungskontrolle

9   Das BVerfG hat es den Fachgerichten überlassen zu entscheiden, wie sie die grundrechtlich gesicherten Ansprüche von Ehegatten, soweit sie denn bestehen, sichern. Es beschränkt sich insoweit auf den angesprochenen Verweis auf die Generalklauseln des BGB.

Dem BGH war es so möglich, die Inhaltskontrolle von Eheverträgen unter Beachtung der Vorgaben des BVerfG in das bisherige Prüfungsvorgehen einzupassen. Der BGH unterscheidet bei der Inhaltskontrolle von Eheverträgen zwischen der Wirksamkeitskontrolle nach § 138 BGB und der Ausübungskontrolle nach § 242 BGB.[21]

### 1. Wirksamkeitskontrolle nach § 138 BGB

10   Nichtig ist ein Ehevertrag nach § 138 BGB, wenn er im Zeitpunkt des Vertragsschlusses sittenwidrig ist. Ob dies der Fall ist, ist anhand der allgemeinen Voraussetzungen des § 138 BGB zu prüfen. Einen besonderen Sittenwidrigkeitsstandard bei Eheverträgen legt der BGH nicht zugrunde. Die Frage nach der Sittenwidrigkeit eines Ehevertrages setzt damit die **Gesamtwürdigung der Umstände des Einzelfalls** voraus. Abzuwägen sind dabei im Rahmen einer Gesamtschau vor allem die Reichweite der getroffenen Vereinbarungen und die Beschwernis, die insgesamt hiervon für den verzichtenden Ehegatten ausgeht. Eine separate Prüfung einzelner Klauseln nimmt der BGH nicht vor. Ferner sind bei der Abwägung die Gründe zu betrachten, die für die vom Gesetz abweichenden Vereinbarungen aus Sicht der Ehegatten maßgebend waren, sowie die Vorstellungen, die sie von ihrer (künftigen) Eheführung haben. Schließlich sind die Umstände, unter denen der Vertragsschluss zustande gekommen ist zu berücksichtigen. In diesem Zusammenhang ist u.a. relevant, ob bei Vertragsschluss ungleiche Verhandlungspositionen gegeben waren. Darüber hinaus dürfte auch die notarielle Beurkundung eine gewisse Rolle spielen.

---

21 *Langenfeld*, DNotZ 2001, 272, 278; *Hahne*, DNotZ 2004, 84, 94.

## Grenzen der Vertragsfreiheit und Inhaltskontrolle von Eheverträgen § 2

Diese vermag zwar eine einseitige Lastenverteilung oder eine bestehende Zwangslage des verzichtenden Ehegatten nicht zu beseitigen. Die notarielle Beurkundung wird aber möglicherweise dazu führen, dass eine verwerfliche Ausnutzung der ungleichen Verhandlungsposition verneint werden muss.[22] In derartigen Fällen bleibt aber zu prüfen, ob die Berufung auf den – wirksamen – Ehevertrag nicht gemäß § 242 BGB unzulässig ist.

### 2. Ausübungskontrolle

Haben Ehegatten einen wirksamen Ehevertrag geschlossen, ist dies keine Garantie dafür, dass sich ein Ehegatte im Fall der Scheidung hierauf berufen kann. Vielmehr kann die Berufung auf eine ehevertragliche Vereinbarung im Einzelfall unzulässig sein, weil sie gegen Treu und Glauben verstößt, § 242 BGB.[23] Maßgeblicher Zeitpunkt für die hiermit angesprochene sog. Ausübungskontrolle ist der Zeitpunkt der Berufung auf eine vertragliche Regelung, nicht der Zeitpunkt des Vertragsschlusses. Dies hat zur Folge, dass bei der Prüfung nicht nur Gesichtspunkte zu berücksichtigen sind, die bereits bei Vertragsschluss bekannt waren; vielmehr sind ebenso Umstände zu berücksichtigen, die erst nach Abschluss des Ehevertrages hinzugekommen sind. Dies führt zu einem gesteigerten Schutz des verzichtenden Ehegatten. Die Rechtsfolgen dieser Prüfung sind gleichzeitig flexibler als die der sog. Wirksamkeitskontrolle.

Ist die Berufung auf eine vertragliche Regelung unzulässig, führt dies nicht automatisch zur Nichtigkeit dieser Regelung. Das Gericht, das die Berufung auf eine ehevertragliche Regelung unter Hinweis auf § 242 BGB verneint, hat vielmehr im Einzelfall zu entscheiden, in welchem Umfang der Ehevertrag angepasst und die beanstandete vertragliche Regelung durch die gesetzliche Regelung ersetzt werden muss. Hierbei sind neben der Bedeutung der abbedungenen gesetzlichen Regelung für den

11

---

22 Ähnlich *Münch*, Ehebezogene Rechtsgeschäfte, Rn 419.
23 Grundsätzlich hierzu im Zusammenhang mit Eheverträgen *Langenfeld*, DNotZ 2001, 272 ff.

Kernbereich des gesetzlichen Scheidungsfolgenrechts auch die Intentionen der Ehegatten beim Vetragsschluss zu beachten.

## D. Auswirkungen für die Praxis

12 Die Entscheidung des BGH hat zwar die Rechtsunsicherheit, die durch die Entscheidung des BVerfG ausgelöst worden war, in erheblichem Umfang reduziert. Dennoch bleibt festzuhalten, dass bei der Abfassung von Eheverträgen gesteigerte Aufmerksamkeit auf die Frage zu richten ist, ob die gewünschten Regelungen die Interessen *beider* Ehegatten ausreichend berücksichtigen. Alle Ehegatten, die einen Ehevertrag schließen wollen, sollten daher darauf achten, dass der notarielle Ehevertrag ihren persönlichen Verhältnissen ausreichend Rechnung trägt und für keinen Ehegatten unzumutbare Folgen mit sich bringt. So kann einem kosten-, zeit- und nicht zuletzt nervenaufreibenden Streit im Fall der Scheidung und schwer erträglichen wirtschaftlichen Konsequenzen in der Zeit danach vorgebeugt werden.

Bei der Gestaltung von Eheverträgen sind in der notariellen Praxis die nachfolgenden Gesichtspunkte zu beachten, damit Verträge der Wirksamkeitskontrolle gemäß § 138 BGB Stand halten.

### I. Grundsatz der Dispositionsfreiheit bestätigt

13 Die Dispositionsfreiheit beim Abschluss von Eheverträgen wurde vom BGH im Einklang mit der überwiegenden Rechtsprechung der Fachgerichte grundsätzlich bestätigt. Der BGH stellt ausdrücklich fest, dass es einen unverzichtbaren Mindestgehalt an Scheidungsfolgen zugunsten des berechtigten Ehegatten nicht gibt.[24] Die weitreichenden Forderungen in

---

24 BGH RNotZ 2004, 150, 154; s. a. *Hahne*, DNotZ 2004, 84, 89.

der Literatur[25] zugunsten einer weitgehenden Inhaltskontrolle von Eheverträgen hat der BGH damit zurückgewiesen.

Zur Begründung dieser Ausgangsposition bei der Beurteilung von Eheverträgen wird zu Recht darauf verwiesen, dass das BGB kein gesetzliches Leitbild der Ehe vorgibt. Wenn die gesetzlichen Scheidungsfolgenregelungen sich am Ehetyp der Einverdienerehe orientieren, ist dies kein Indiz dafür, dass der Gesetzgeber diesen Ehetyp für verbindlich erklären wollte. Die gesetzliche Orientierung an einem bestimmten Ehetyp macht es vielmehr erforderlich, Ehegatten die Möglichkeit einzuräumen, von den gesetzlichen Vorgaben abzuweichen, um eine für den eigenen Fall als angemessen empfundene Regelung treffen zu können. Dies gilt offenkundig für Eheleute, die einen anderen Ehetyp als die Einverdienerehe für sich anstreben und leben, aber auch für solche Ehegatten, die zwar in einer Einverdienerehe leben, nach deren eigenen Vorstellungen und Wertungen aber die gesetzlichen Vorgaben bei den Scheidungsfolgen nicht (sach)gerecht erscheinen. Die einfachgesetzlichen, dispositiven Regelungen des BGB haben keinen Verfassungsrang und schränken die Dispositionsfreiheit der Ehegatten daher nicht grundsätzlich ein. Der BGH geht zu Recht davon aus, dass nicht die Ehevertragsfreiheit zu rechtfertigen ist, sondern ihre Einschränkung.[26]

## II. Schranken der Dispositionsfreiheit

Die Dispositionsfreiheit der Ehegatten gilt nicht schrankenlos. Dies war auch vor den Entscheidungen des BVerfG nicht der Fall. Diese Entscheidungen sind aber Anlass für eine Überprüfung des Grenzverlaufs zwischen zulässigen und unzulässigen Eheverträgen. Maßstab für die Frage, ob ein Ehevertrag unwirksam ist, ist die Vorgabe des BGH, derzufolge der

**14**

---

25 *Maier*, NJW 2002, 3359, 3364; *Scholz*, FamRZ 2002, 733; *Dauner-Lieb*, FF 2004, 65 und FF 2002, 151, 154.
26 Anders anscheinend *Dauner-Lieb*, FF 2004, 65, 66 f.

## § 2 Grenzen der Vertragsfreiheit und Inhaltskontrolle von Eheverträgen

Schutzzweck der gesetzlichen Regelungen hinsichtlich der Scheidungsfolgen durch vertragliche Vereinbarungen nicht beliebig unterlaufen werden kann.[27] Dem BGH zufolge wird der Schutzzweck der gesetzlichen Regelungen unterlaufen, wenn (1) die vertragliche Regelung einem Ehegatten *evident* einseitig Lasten aufbürdet, (2) diese Lastenverteilung nicht durch die individuellen Lebensverhältnisse der Ehegatten gerechtfertigt ist und (3) die getroffene Regelung schließlich dem belasteten Ehegatten nicht zugemutet werden kann.

Beachtung verdient in diesem Zusammenhang, dass aufgrund der vom BGH vorgegebenen Gesamtwürdigung der ehevertraglichen Regelungen insgesamt an sich wirksame und unbedenkliche Vereinbarungen durch andere sittenwidrige Vereinbarungen infiziert werden können und so insgesamt unwirksam werden können. Besonderes Augenmerk ist daher darauf zu richten, dass die ehevertraglichen Regelungen *insgesamt* nicht dem Vorwurf der Sittenwidrigkeit ausgesetzt werden können.

**15** Maßstab für die Belastung eines Ehegatten ist, inwieweit die vertraglichen Regelungen in den **Kernbereich des Scheidungsfolgenrechts** eingreifen. Zu diesem Kernbereich gehört im Bereich des Unterhaltsrechts der **Betreuungsunterhalt**, der schon nach der bisherigen Rechtsprechung des BGH nur begrenzt abbedungen werden konnte. Damit sind vom Gesetz abweichende Regelungen dieses Unterhaltstatbestandes nur eingeschränkt möglich. Eine Begrenzung des Betreuungsunterhalts der Höhe nach dürfte aber bei erheblich divergierenden Einkommensverhältnissen zulässig sein.[28] Entsprechendes gilt für den **Unterhalt wegen Krankheit oder Alters**, der dem BGH zufolge noch mit zum Kernbereich gehört. Insoweit wird man aber auch die Zulässigkeit eines vertraglichen Verzichtes annehmen dürfen, wenn die Ehe nach Ausbruch der Krankheit oder im fortgeschrittenen Alter geschlossen wird.[29] Kaum noch dem Kernbereich

---

27 BGH RNotZ 2004, 150, 155.
28 So *Münch*, Ehebezogene Rechtsgeschäfte, Rn 403 f.
29 So *Münch*, Ehebezogene Rechtsgeschäfte, Rn 410.

zuzuordnen ist der ohnehin fragwürdige **Aufstockungsunterhalt**. Insoweit sieht bereits das Gesetz Begrenzungsmöglichkeiten nach Zeit und Höhe vor.

Auf derselben Stufe wie der Altersunterhalt rangiert der **Versorgungsausgleich**.[30] Auch hier sind umfassende Verzichte nur zulässig, soweit die Vorstellungen der Beteiligten von ihrer Ehe eine entsprechende Abweichung rechtfertigen. Bei Eheschließung im vorgerückten Alter dürfte aber auch insoweit ein weitgehender Gestaltungsspielraum bestehen.

Am weitestgehend erweist sich der **Zugewinnausgleich** einer ehevertraglichen Disposition zugänglich.[31] Dies legt neue Akzentsetzungen bei der Gestaltung von Eheverträgen nahe. So kann man in diesem Bereich an weitergehende Ausschlussregelungen denken, um nicht abdingbare Unterhaltsverpflichtungen zu kompensieren.[32] Allerdings kann ein weitergehender Verzicht Rückwirkungen auf die Zulässigkeit von Unterhaltsbegrenzungen haben. Wichtig und entscheidend bleibt daher sicherzustellen, dass die ehevertraglichen Regelungen insgesamt dem verzichtenden Ehegatten zumutbar sind.

Der BGH hatte mittlerweile Gelegenheit, seinen Maßstab für die Zulässigkeit von ehevertraglichen Ausschlussvereinbarungen zu konkretisieren. In einem Urteil vom 12.1.2005[33] bestätigte der 12. Zivilsenat die Wirksamkeit eines Ehevertrages, durch den die Ehegatten, die beide zum zweiten Mal geheiratet hatten, Gütertrennung vereinbart und sowohl nachehelichen Unterhalt als auch den Versorgungsausgleich vollständig ausgeschlossen hatten. Als Ausgleich für den umfassenden Verzicht auf die gesetzliche Teilhabe bei Scheidung hatte der Ehemann der Ehefrau eine nach Ehejahren gestaffelte und insgesamt auf 80.000 DM

---

30 BGH RNotZ 2004, 150, 155.
31 BGH RNotZ 2004, 150, 155.
32 Ähnlich *Münch*, Ehebezogene Rechtsgeschäfte, Rn 416.
33 BGH, Urteil vom 12.1.2005 – XII ZR 238/03; vgl. FF 2005, 29.

## § 2 Grenzen der Vertragsfreiheit und Inhaltskontrolle von Eheverträgen

begrenzte Geldzahlung versprochen und sich verpflichtet, ab Rechtskraft der Scheidung bis zur Vollendung des 60. Lebensjahres der Ehefrau für diese Beiträge zur gesetzlichen Rentenversicherung in Höhe der Arbeitnehmer- und Arbeitgeberanteile nach einem monatlichen Bruttogehalt von 2.000 DM zu entrichten, falls die Ehefrau unverschuldet keine Erwerbstätigkeit ausüben könne.

Nach Ansicht des Senats rechtfertigte der Ausschluss des nachehelichen Unterhalts nicht die Annahme der Sittenwidrigkeit des Ehevertrages, da der Ehemann durch den Ehevertrag eine nacheheliche Verantwortung für die Ehefrau nicht schlechthin abbedungen, sondern lediglich auf eine Kapitalzahlung begrenzt habe.

Der Ausschluss des Versorgungsausgleichs, der zum Kernbereich der Scheidungsfolgen gehört, war nach Auffassung des Senats namentlich deshalb hinzunehmen, weil die Lebensplanung der Ehegatten vorsah, dass die Ehefrau aufgrund ihrer versicherungspflichtigen Tätigkeit in der Praxis des Ehemanns auch in der Ehe ihre Altersversorgung weiter ausbauen konnte. Die Vereinbarung der Gütertrennung lässt nach Ansicht des Senats einen Ehevertrag grundsätzlich nicht sittenwidrig erscheinen.

## § 3 Form und Zeitpunkt des Ehevertrages

Der Ehevertrag muss bei **gleichzeitiger Anwesenheit beider Teile zur Niederschrift eines Notars** geschlossen werden, § 1410 BGB.[1] Gleichzeitige Anwesenheit bedeutet nicht persönliche Anwesenheit; ein Ehegatte kann daher beim Vertragsschluss vertreten werden. Ein Ehevertrag kann ferner auch in der Weise wirksam geschlossen werden, dass ein Ehegatte den anderen als vollmachtloser Vertreter vertritt und der andere den Vertrag anschließend genehmigt, oder so, dass der nicht persönlich anwesende Ehegatte dem anderen Ehegatten eine Vollmacht erteilt. Weder die Vollmacht noch die Genehmigung bedürfen der Form des Ehevertrages.[2] Wird der Ehevertrag nicht formgerecht geschlossen, ist er nichtig.

1

Keine Wirksamkeitsvoraussetzung des Ehevertrages ist die Eintragung in das Güterrechtsregister.[3]

Für eine Vereinbarung über den Versorgungsausgleich gem. § 1587o BGB ist zwar die notarielle Beurkundung, nicht aber die gleichzeitge Anwesenheit beider Vertragsparteien vorgeschrieben. Eine notarielle Beurkundung ist auch erforderlich für die konkrete Regelung des Zugewinnausgleichs gem. § 1378 Abs. 3 BGB.

Wenn im Zusammenhang mit dem Abschluss eines Ehevertrages, insbesondere im Rahmen von Scheidungsfolgenvereinbarungen, der Erwerb oder die Veräußerung von Grundbesitz Gegenstand des Vertrages ist, ergibt sich die Beurkundungspflicht aus § 311b Abs. 1 BGB. Entsprechendes gilt, wenn im Rahmen von Eheverträgen die Unterwerfung unter die Zwangsvollstreckung gem. § 794 Abs. 1 Nr. 5 ZPO erfolgt, die sich nicht nur auf Geldforderungen, sondern auch auf andere Ansprüche beziehen kann.

---

1 § 1410 BGB ist lex specialis gegenüber § 128 BGB, AnwK-BGB/*Völker*, § 1410 Rn 1.
2 BGH NJW 1998, 1857.
3 *Palandt – Brudermüller*, § 1410 BGB Rn 2.

## § 3 Form und Zeitpunkt des Ehevertrages

Soweit eine notarielle Beurkundung vorgeschrieben ist, ist grundsätzlich davon auszugehen, dass die gesamten ehevertraglichen Vereinbarungen beurkundungspflichtig sind.[4]

Ein Ehevertrag kann **vor und nach** der **Eheschließung** abgeschlossen werden, vgl. § 2276 Abs. 2 BGB. Wird der Ehevertrag nach Eheschließung geschlossen, ist darauf zu achten, dass auf bereits entstandene Ansprüche der Ehegatten untereinander wechselseitig verzichtet wird, soweit dies dem Parteiwillen entspricht. Zu denken ist hier beispielsweise an nach der Eheschließung entstandene Zugewinn- oder Versorgungsausgleichsansprüche.

---

[4] *Palandt – Brudermüller,* § 1410 BGB Rn 3; *Langenfeld,* DNotZ 1983, 139, 160; a.A. *Kanzleiter,* NJW 1997, 217 ff.

§ 4

## Teil II: Allgemeine Wirkungen der Ehe

Bei der Gestaltung von Eheverträgen ist der Bereich der allgemeinen, 1
d.h. unabhängig vom Güterstand geltenden Wirkungen der Ehe von untergeordneter Bedeutung. Dies liegt in erster Linie daran, dass die meisten gesetzlichen Regelungen in diesem Bereich **nicht dispositiv** sind. So kann z.b. auf Familienunterhalt für die Zukunft nicht verzichtet werden, §§ 1360a Abs. 3, 1614 Abs. 1 BGB. Zwingender Natur ist ferner § 1353 BGB (eheliche Lebensgemeinschaft). Auch die in § 1357 Abs. 1 BGB geregelte sog. Schlüsselgewalt wird als nicht dispositiv qualifiziert. Andere Regelungen der allgemeinen Ehewirkungen lassen sich nur schwerlich als sinnvoller Gegenstand ehevertraglicher Regelungen vorstellen (§ 1355 BGB: Ehe- und Familienname). Kurioserweise ist aber eines der häufigsten Motive für den Wunsch, einen Ehevertrag zu schließen, eine von den Beteiligten vermutete Ehewirkung, die der Gesetzgeber gerade nicht angeordnet hat: die Haftung für Schulden des Ehepartners.

## § 4 Ehegattenschulden und allgemeine Ehewirkungen

### A. Typischer Sachverhalt

A und B wollen heiraten. A hat Schulden sowie Unterhaltsverpflichtun- 2
gen aus erster Ehe. Er hat sich außerdem gerade selbständig gemacht. Er befürchtet, dass das Vermögen der B bei Beibehaltung des gesetzlichen Güterstandes gefährdet würde. A und B wollen deshalb einen Ehevertrag schließen, in dem sie Gütertrennung vereinbaren.

## B. Keine gesetzliche Haftung für Schulden des Ehegatten

3   Das Fallbeispiel spiegelt das häufig vorgetragene Motiv wider, den Güterstand der **Gütertrennung** zu vereinbaren, um eine Haftung für die Schulden des Ehepartners zu vermeiden. Ein derartiges Motiv rechtfertigt den Abschluss eines Ehevertrages nicht. Bei Laien besteht die verbreitete **Fehlvorstellung**, dass die gesetzliche Zugewinngemeinschaft eine Haftungsgemeinschaft der Eheleute begründet. Die Ehe für sich stellt aber grundsätzlich keine Grundlage für eine gemeinsame Haftung der Eheleute dar. Sie führt grundsätzlich zu keiner gesetzlichen Haftung für bestehende oder zukünftige Forderungen. Dies gilt unabhängig davon, ob für die Ehe der gesetzliche oder ein vertraglicher Güterstand gilt.

Mitunter wird die Zugewinngemeinschaft auch mit einer Art Errungenschaftsgemeinschaft verwechselt. Anders als bei derartigen Gemeinschaften gibt es rechtlich aber keine Gesamthaftungsmasse. Allerdings führt § 1362 BGB zu einem Problem des Vollstreckungszugriffs. Auch hier gilt, dass die Rechtslage unabhängig davon ist, ob Zugewinngemeinschaft oder Gütertrennung für die Ehe maßgebend ist.

## C. Vollstreckungsrechtliche Folgen der allgemeinen Ehewirkungen

4   § 1362 BGB vermutet zugunsten der Gläubiger eines Ehegatten, dass die in seinem oder im ehelichen gemeinsamen Besitz befindlichen beweglichen Sachen dem Schuldner gehören. Die **Vermutung des § 1362 BGB** gilt ausnahmsweise nicht, soweit die Ehegatten getrennt leben oder sich ein Gegenstand im Alleinbesitz des anderen Ehegatten befindet bzw. ein Gegenstand dem ausschließlichen persönlichen Gebrauch des anderen Ehegatten dient. Die Vermutung ist widerlegbar, § 292 ZPO.

Greift die Vermutung ein, gilt für die Zwangsvollstreckung zwingend die 5
**Gewahrsamsfiktion des § 739 ZPO**. Der andere Ehegatte hat nicht die
Möglichkeit der Erinnerung nach § 766 ZPO, ihm verbleibt nur die **Drittwiderspruchsklage** als Eigentümer nach § 771 ZPO. Diese hat Erfolg,
wenn er beweisen kann, dass er Eigentümer der gepfändeten Sache ist.
Die Beweisführung kann durch geeignete vertragliche Regelungen erleichtert werden.

## D. Gestaltungsmöglichkeiten

### I. Notariell beurkundetes Vermögensverzeichnis

Es besteht die Möglichkeit, die Eigentumsverhältnisse an beweglichen 6
Sachen in einer notariellen Urkunde zum Zwecke der Beweissicherung
festzustellen, um sie so vor dem Zugriff der Gläubiger des anderen
Ehepartners zu sichern. Dabei können die Eheleute durch den Notar
ein Verzeichnis aufnehmen lassen, in dem sie **Eigentumsfeststellungen** bezüglich bestimmter Gegenstände oder bezüglich eines Sachinbegriffs (gesamte Wohnungseinrichtung, Hausrat) machen. Das Verzeichnis
kann gleichzeitig als vollständige **Aufzeichnung des Anfangsvermögens** (§ 1377 Abs. 1 BGB) dienen. Im Rahmen der vertraglichen Regelung kann vereinbart werden, dass alle zukünftig anzuschaffenden Gegenstände beispielsweise des Hausrates ausschließlich einem Ehegatten
gehören sollen. In diesem Fall sollten Rechnungen auf den Namen des
Ehegatten lauten, der Alleineigentümer werden soll, damit die Problematik des Durchgangserwerbs beim anderen Ehegatten vermieden wird. Für
den Ersatz von Hausratsgegenständen ist § 1370 BGB maßgebend, soweit
gesetzlicher Güterstand gilt.

Der **Beweiswert** eines Vermögensverzeichnisses ergibt sich erst durch notarielle Beurkundung. Der notariell beurkundete Ehevertrag stellt eine Urkunde i.S.v. § 415 Abs. 1 ZPO dar, die Beweis begründet über die Richtigkeit des beurkundeten Vorganges. Bewiesen wird für den Fall, dass bisher anderweitige Eigentumsverhältnisse bestanden, der alleinige Eigentumserwerb und die Vermutung des Fortbestandes desselben.[1] Der Beweis, dass die notarielle Urkunde inhaltlich unrichtig ist, bleibt zulässig.

Die **notarielle Beglaubigung der Unterschriften** unter einem von den Eheleuten errichteten Vermögensverzeichnis bleibt hinter der Beweiswirkung des § 415 Abs. 1 ZPO zurück und wird regelmäßig nicht den von den Parteien gewünschten Schutz bieten können.

7 Anlässlich der Errichtung eines Vermögensverzeichnisses kann ein Ehepartner dem anderen grundsätzlich in rechtlich zulässiger Weise Vermögenswerte übertragen, um sie dem potentiellen Zugriff eines Gläubigers zu entziehen. Eine solche Übertragung unterliegt aber den Bestimmungen des Anfechtungsgesetzes. Sie wird erst innerhalb von vier Jahren unanfechtbar, § 4 Abs. 1 AnfG, es sei denn, es liegt eine vorsätzliche Benachteiligung eines Gläubigers vor; dann beträgt die Frist zehn Jahre, § 3 Abs. 1 Satz 1 AnfG. Wird ein Insolvenzverfahren eröffnet, beträgt die Anfechtungsfrist bei unentgeltlichen Leistungen ebenfalls vier Jahre seit der Eröffnung des Verfahrens, § 134 Abs. 1 InsO.

## II. Formulierungsbeispiel: Feststellung der Eigentumsverhältnisse (Variante I)

8 Die Beteiligten stellen fest, dass die anliegend in der Liste unter A aufgeführten Gegenstände im Alleineigentum des Ehegatten A stehen, während die in der Liste unter B aufgeführten Gegenstände im Alleineigentum des Ehegatten B stehen. (Damit ist das Anfangsvermögen der Ehegatten vollständig inventarisiert.)

---

1 BGH NJW 1976, 238.

## III. Formulierungsbeispiel: Feststellung der Eigentumsverhältnisse (Variante II)

▼

Die Eheleute stellen fest, dass der gesamte vorhandene Hausrat in der ehelichen Wohnung ▓▓▓ in ▓▓▓, ferner der Pkw mit dem amtlichen Kennzeichen ▓▓▓, im Alleineigentum der Ehefrau stehen. (Im Einzelnen wird auf die anliegende Auflistung verwiesen.) Die Eheleute sind sich einig, dass alle zukünftig anzuschaffenden Hausratsgegenstände Alleineigentum des Ehepartners werden, auf dessen Namen die Rechnung ausgestellt wird.

▲

9

# § 5 Schlüsselgewalt

## A. Typischer Sachverhalt

Die B kauft nach entsprechender Feststellung des Vermögens für den ehelichen Haushalt eine Waschmaschine, die aus der Haushaltskasse gezahlt werden soll.

1

## B. Rechtliche Grundlagen

Hier handelt es sich um ein Geschäft im Rahmen der sog. Schlüsselgewalt des § 1357 BGB. Nach Ansicht der Rechtsprechung[1] wirkt diese Vorschrift nicht dinglich; der andere Ehegatte wird zwar schuldrechtlich mitverpflichtet und -berechtigt, dinglich erwirbt er aber **kein Eigentum** kraft Gesetzes.[2] Im Übrigen sollen dem BGH zufolge die Regeln „für den, den es angeht", Anwendung finden. Ein gemeinsamer dinglicher Erwerb kann daher nur erfolgen, wenn der Wille der beteiligten Parteien bei der Verfügung (§ 929 BGB) hierauf gerichtet ist. Zweifelsfällen kann durch entsprechende Vereinbarungen vorgebeugt werden. Leben die Eheleute im gesetzlichen Güterstand, wird man in der Regel annehmen dürfen, dass die Eheleute Miteigentum zu je 1/2 Anteil erwerben wollen.

2

---

[1] BGH NJW 1991, 2283; AnwK-BGB/*Wellenhofer*, § 1357 Rn 25.
[2] A.A. *Schwab*, Familienrecht, Rn 177; *Soergel – Lange*, § 1357 BGB Rn 23 m.w.N.

## C. Gestaltungsmöglichkeiten

### I. Formulierungsbeispiel: Schlüsselgewalt und Eigentumserwerb

▼

3   Soweit Gegenstände zur Deckung des Lebensbedarfs i.S.v. § 1357 Abs. 1 Satz 1 BGB angeschafft werden, sollen diese von den Eheleuten zu gleichen Teilen zu Eigentum erworben werden. Über die Eigentumszuweisung sind sich die Beteiligten vorab einig.

*(Alternativ:)*

4   Soweit Gegenstände zur Deckung des Lebensbedarfs i.S.v. § 1357 Abs. 1 Satz 1 BGB angeschafft werden, sollen diese Alleineigentum der Ehefrau werden. Über die Eigentumszuweisung sind sich die Beteiligten vorab einig. Der andere Ehegatte wird lediglich ehelicher Mitbesitzer. Die Beteiligten werden sich bei Erwerb stets entsprechende Rechnungen/Belege ausstellen lassen.

5   Vielfach entspricht es dem Willen und dem Interesse der Beteiligten, die Anwendung von § 1357 BGB auszuschließen. Eine **wechselseitige Ausschlusserklärung gem. § 1357 Abs. 2 S. 1 BGB** ist grundsätzlich zulässig, kann aber, soweit kein ausreichender Grund vorliegt, von jedem Ehepartner beseitigt werden, § 1357 Abs. 2 S. 1 Hs. 2 BGB.[3] Die Zulässigkeit einer Vereinbarung ist umstritten.[4] Auch in diesem Fall wird allerdings das Recht eines Ehegatten, gem. § 1357 Abs. 2 S. 1 Hs. 2 BGB beim Vormundschaftsgericht zu beantragen, den Ausschluss aufzuheben, nicht ausgeschlossen werden können.

---

3 *Palandt – Brudermüller*, § 1357 BGB Rn 25.
4 *Palandt – Brudermüller*, § 1357 BGB Rn 7; OLG Schleswig FamRZ 1994, 444.

## II. Formulierungsbeispiel: Ausschluss der Schlüsselgewalt

▼

Wir schließen hiermit wechselseitig die Befugnis des anderen Ehegatten, 6
Geschäfte mit Wirkung für einen Ehegatten gemäß § 1357 BGB zu besorgen, vertraglich – hilfsweise durch einseitige Erklärung – aus. Diese Erklärung geben wir jeweils dem Güterrechtsregister gegenüber ab. Die Eintragung des Ausschlusses wird beantragt. Der Notar wird mit dem weiteren Vollzug beauftragt.

Der wechselseitige Ausschluss der Schlüsselgewalt bedarf als ehevertrag- 7
liche Regelung der **notariellen Beurkundung**, § 1410 BGB. Der Antrag beim Güterrechtsregister bedarf der **notariellen Beglaubigung**, § 1560 BGB. Zu beachten ist, dass der Antrag wiederholt werden muss, wenn der Wohnsitz in einen anderen Gerichtsbezirk verlegt wird, § 1559 BGB. Die Eintragung in das Güterrechtsregister ist unbedingt zu empfehlen, da nur dann Wirkung gegenüber Dritten eintritt, § 1412 BGB.

# § 6 Vermögensverwaltung

## A. Typischer Sachverhalt

A will die Beibehaltung des gesetzlichen Güterstandes davon abhängig machen, dass er für die Verwaltung des Vermögens seiner Ehefrau verantwortlich ist.

## B. Rechtliche Grundlagen

Bis zum In-Kraft-Treten des Artikels 3 Grundgesetz für den Güterstand (1. 4. 1953) galt als gesetzlicher Güterstand der Güterstand der ehemännlichen Verwaltung und Nutzung. Er kann als solcher durch Verweisung nicht mehr vereinbart werden (§ 1409 BGB). Jeder Ehegatte verwaltet sein Vermögen selbständig, § 1364 BGB.

Die Überlassung der Verwaltung an den anderen Ehegatten ist dennoch **formlos** möglich, im Außenverhältnis bedarf es einer entsprechenden **Vollmacht**. Soll der jederzeitige Widerruf ausgeschlossen oder eingeschränkt werden, ist gem. § 1413 BGB – der für Zugewinngemeinschaft und Gütergemeinschaft gilt – eine ehevertragliche Regelung erforderlich. Ein Widerruf aus wichtigem Grund bleibt gleichwohl zulässig. Zudem ist zu beachten, dass die der ehevertraglichen Regelung zugrunde liegende Vollmacht in der Regel nicht unwiderruflich erteilt werden kann.[1]

---

1 BGH DNotZ 1972, 229; *Palandt – Heinrichs*, § 168 BGB Rn 6.

## § 6 Vermögensverwaltung

### C. Formulierungsbeispiel: Vermögensverwaltung

4 Die Beteiligten vereinbaren, dass das Vermögen der Ehefrau durch den Ehemann verwaltet wird. Es wird in gesonderter Urkunde entsprechende Vollmacht auf den Ehemann erteilt. Die Eintragung der Verwaltungsregelung in das zuständige Güterrechtsregister wird beantragt, mit ihrer Durchführung wird der Notar beauftragt.

Ein Widerruf aus wichtigem Grund bleibt unbenommen, insbesondere bei Stellung eines Scheidungsantrages.

# Teil III: Güterrecht

## § 7 Gesetzlicher Güterstand

### A. Zugewinngemeinschaft

Im gesetzlichen Güterstand der Zugewinngemeinschaft behält jeder Ehegatte sein Vermögen in seinem Eigentum; er verwaltet dieses selber wie bei der Gütertrennung. Es besteht – entgegen einem weitverbreiteten Irrtum – **kein gemeinschaftliches** Vermögen kraft Gesetzes, auch nicht bei Auflösung der Ehe. Die Nutznießung des Vermögens liegt beim jeweiligen Eigentümer, wobei die Eheleute zur Verwendung ihres Vermögens zugunsten der Familie verpflichtet sind, § 1360 BGB.

1

Wird die Ehe anders als durch Tod aufgelöst, steht dem Ehegatten mit dem kleineren Zugewinn eine **Ausgleichsforderung** zu in Höhe des halben Unterschiedsbetrages des jeweiligen Zugewinns der Ehegatten (**Halbteilungsgrundsatz**);[1] der Unterschiedsbetrag errechnet sich aus der **Differenz zwischen End-** (§ 1375 BGB) **und Anfangsvermögen** (§ 1374 BGB) jedes Ehegatten; der Wert von erb- und schenkweise erworbenem Vermögen führt nicht zu einem Zugewinn, wohl aber Wertsteigerungen oder Erträge aus solchem Vermögen. U.a. nach dreijährigem Getrenntleben kann vorzeitiger Zugewinnausgleich verlangt werden, §§ 1385 ff. BGB. Wird die Ehe durch Tod aufgelöst, steht dem überlebenden Ehegatten ein pauschalierter „Ausgleichsanspruch" zu.

---

1 Eine weitergehende Teilhabe widerspräche dem Grundsatz, dass ein güterrechtlicher Ausgleich nicht stattzufinden hat, soweit eine Vermögensposition bereits auf andere Weise, sei es unterhaltsrechtlich oder im Wege des Versorgungsausgleichs ausgeglichen wird, BGH FamRZ 2003, 432, 433.

## § 7 Gesetzlicher Güterstand

Stichtag für die Bewertung des Endvermögens ist grundsätzlich der Zeitpunkt der Beendigung des Güterstandes, im Scheidungsfall aber abweichend von § 1375 Abs. 1 BGB die Rechtshängigkeit des Scheidungsantrages, § 1384 BGB.

Die im gesetzlichen Güterstand lebenden Eheleute unterliegen Verfügungsbeschränkungen hinsichtlich der Verfügung über ihr Vermögen im Ganzen (§ 1365 BGB) und hinsichtlich Verfügungen über Haushaltsgegenstände (§ 1369 BGB).

2 Der gesetzliche Güterstand, der auf den Ehetyp der **Hausfrauenehe** zugeschnitten ist, entspricht den Erwartungen vieler Ehepaare aus den unterschiedlichsten Motiven nicht. Manche Ehepaare wünschen keine wirtschaftlichen Auswirkungen ihrer Ehe, wenigstens solange keine Kinder aus dieser hervorgegangen sind. Sind ein oder beide Ehepartner geschieden, ist mitunter der Ausschluss aller wirtschaftlichen Folgen der neuen Ehe aufgrund vorangegangener Erfahrungen gewollt. Ist ein Ehepartner Unternehmer, kann die gesetzliche Regelung des Zugewinnausgleichs im Scheidungsfall nicht nur das Ende der Ehe, sondern auch des Unternehmens bedeuten. Zahlreiche weitere Konstellationen, die zu dem Wunsch führen, den gesetzlichen Güterstand abzubedingen oder zu modifizieren, sind denkbar.

Den vom gesetzlichen Leitbild abweichenden Vorstellungen der Beteiligten kann in weitem Umfang durch Regelungen in Form des notariellen Ehevertrages Rechnung getragen werden.[2] Dabei sind die Grenzen der Vertragsfreiheit zu beachten, die vorstehend dargestellt wurden;[3] diese sind aber im Bereich des Güterrechts nach Auffassung des BGH weit.

---

2 Zu den Grenzen des § 1378 Abs. 3 S. 3 BGB vgl. *Soergel – Lange,* § 1378 BGB Rn 11.
3 S. § 2 Rn 2 ff.

## B. Modifikation der Verfügungsbeschränkungen

### I. Typischer Sachverhalt

Das Vermögen des A besteht im Wesentlichen aus einem Grundstück, dessen Eigentümer er schon vor Eheschließung war. Dieses soll veräußert werden.

B benötigt Geld und verkauft die ihr gehörende Waschmaschine. In beiden Fällen wird die Übereignung vollzogen.

### II. Rechtliche Grundlagen

§§ 1365, 1369 BGB stellen im gesetzlichen Güterstand Verfügungsbeschränkungen auf. Ein Ehegatte soll sich nicht durch die Veräußerung seines Vermögens faktisch dem Zugewinnausgleich zugunsten des anderen Ehegatten entziehen können (§ 1365 BGB), der Bestand des gemeinsamen Hausrates soll geschützt werden (§ 1369 BGB). Beide Veräußerungen sind nicht nur relativ, sondern **absolut unwirksam**;[4] ein Gutglaubensschutz nach § 135 Abs. 2 BGB besteht nicht. Allerdings gilt bei § 1365 BGB die sog. **subjektive Theorie**, wenn Vertragsobjekt ein Einzelgegenstand ist,[5] so dass der Vertragspartner die Umstände, die zur Ausschöpfung des Vermögens durch dieses Rechtsgeschäft führen, kennen muss, wenn die Vorschrift zur Anwendung gelangen soll. Entscheidend ist der Zeitpunkt des Vertragsabschlusses. Das Vermögen ist im Wesentlichen ausgeschöpft, wenn der verbleibende Rest weniger als 15 % des ursprünglichen Gesamtvermögens beträgt.[6]

Die Beschränkungen werden vielfach nicht als zeitgemäß empfunden, sie können **abbedungen** werden. Vor allem ist darauf zu achten, dass einzelne Vermögensgegenstände nicht blockiert werden, etwa ein Handels-

---

4 BGHZ 40, 218.
5 BGHZ 43, 174, 64, 246; AnwK-BGB/*Gruber*, § 1365 Rn 15.
6 BGHZ 77, 299.

geschäft oder eine gesellschaftliche Beteiligung hieran. Die Abbedingung bedarf eines förmlichen Ehevertrages.

### III. Formulierungsbeispiel: Aufhebung von Verfügungsbeschränkungen

6 Unter Beibehaltung des gesetzlichen Güterstandes im Übrigen schließen wir für unsere Ehe die Verfügungsbeschränkungen der §§ 1365, 1369 BGB aus.

*(Alternativ:)*

7 Unter Beibehaltung des gesetzlichen Güterstandes im Übrigen vereinbaren wir, dass der Ehemann über sein betriebliches Vermögen sowie Unternehmen oder Gesellschaftsbeteiligungen jeder Art ohne Zustimmung der Ehefrau frei verfügen kann. Wir beantragen insoweit die Eintragung in das Güterrechtsregister, die durch den Notar herbeigeführt werden soll. Der Notar soll den Antrag auf Eintragung in das Güterrechtsregister aber nur stellen, soweit einer von uns ihn hierzu schriftlich auffordert.

8 Eine Eintragung der Aufhebung der Verfügungsbeschränkung in das Güterrechtsregister ist nicht erforderlich; die Aufhebung wird mit Abschluss des Ehevertrages wirksam.

### C. Modifikation des Umfangs des gesetzlichen Zugewinnausgleichsanspruchs

9 Schließen die Ehegatten den gesetzlichen Güterstand aus, so tritt **Gütertrennung** ein. Diese Folge wird in vielen Fällen über die von den Beteiligten verfolgten Ziele hinausschießen. Sachgerechter mag eine Modifikation des Umfangs des Zugewinnausgleichs sein. Zu denken ist an

einen **Ausschluss des Zugewinnausgleichs** in bestimmten Fällen (z.b. bei Scheidung), s. I., oder aber an eine **absolute oder quotenmäßige Begrenzung des Ausgleichs**, s. II. Mitunter wünschen die Beteiligten auch, dass lediglich bestimmte Vermögensgegenstände nicht dem Zugewinnausgleich unterliegen, s. IV.

## I. Ausschluss in bestimmten Fällen

### 1. Typischer Sachverhalt

A und B wollen während ihrer Ehe ihre Vermögensmassen getrennt halten und bei Beendigung ihrer Ehe einen Zugewinnausgleich ausschließen. Der Vater des A verlangt von ihm, Gütertrennung zu vereinbaren, um den Familienbetrieb an seinen Sohn übergeben zu können. 10

### 2. Rechtliche Grundlagen

Vielfach wird Gütertrennung vereinbart, um Belastungen im Falle einer eventuellen Scheidung zu vermeiden, die dazu führen könnten, dass das Familienvermögen zerschlagen wird. Für solche Fälle ist es völlig ausreichend, nur den Scheidungsfall selbst in dieser Weise zu regeln. Insbesondere sollte der Zugewinnausgleich im Todesfall beibehalten werden, um den Vorteil des § 5 Abs. 1 ErbStG zu erhalten. Wird die Zugewinngemeinschaft durch Tod beendet und der Zugewinn nicht konkret nach § 1371 Abs. 2 BGB ausgeglichen, gilt der Betrag, den der überlebende Ehegatte nach § 1371 Abs. 2 BGB auch geltend machen könnte, nicht als steuerlicher Erwerb. Um diesen Steuervorteil zu erhalten, muss es beim Zugewinnausgleich im Todesfall verbleiben. 11

Ob die Beibehaltung des Zugewinnausgleichs für den Todesfall von den Beteiligten gewünscht wird, ist im Einzelfall zu prüfen. Sollen Pflichtteilsansprüche vermieden werden, liegt es nahe, dass im Todesfall gar

# § 7 Gesetzlicher Güterstand

keine Ansprüche des überlebenden Ehegatten entstehen sollen, auch nicht solche nach § 1371 Abs. 2 BGB. Um dies zu erreichen, muss der Zugewinn vollständig ausgeschlossen werden. Der bloße Verzicht auf Pflichtteilsansprüche reicht in diesem Fall nicht.

### 3. Formulierungsbeispiel: Ausschluss Zugewinnausgleich bei Scheidung

**12** Wir vereinbaren unter Aufrechterhaltung des gesetzlichen Güterstandes im Übrigen den Wegfall des Zugewinnausgleichs für den Fall, dass unsere Ehe auf andere Weise als durch den Tod eines Ehegatten beendet werden sollte.

Die **Zulässigkeit** einer solchen Vereinbarung kann vor dem Hintergrund der Rechtsprechung des BVerfG und des BGH zur Sittenwidrigkeit von Eheverträgen im Einzelfall **fraglich** sein, wenn Paare aus Anlass einer beabsichtigen Eheschließung einen Ehevertrag schließen wollen und die Frau schwanger ist.[7] Grundsätzlich ist im Bereich des Güterrechts aber von einer weitgehenden Vertragsfreiheit der Ehegatten auszugehen.[8]

**13** Die Formulierung „für den Fall, dass unsere Ehe auf andere Weise als durch den Tod eines Ehegatten beendet werden sollte" erfasst neben der Scheidung die Eheaufhebung, s. §§ 1313 ff. BGB. **Nicht erfasst** werden die übrigen Fälle, in denen die Zugewinngemeinschaft endet, d.h.

- der Fall des vorzeitigen Zugewinnausgleichs gem. §§ 1385, 1386 BGB mit Rechtskraft des Urteils, durch das auf vorzeitigen Zugewinnausgleich erkannt wird, § 1388 BGB, sowie
- der Fall der ehevertraglichen Vereinbarung der Gütertrennung und

---

7 S. § 2 Rn 2 ff.
8 BGH RNotZ 2004, 150, 154.

- der Fall des ehevertraglichen Ausschlusses des Versorgungsausgleichs und/oder Zugewinns, der gem. § 1414 Satz 2 BGB zum Eintritt der Gütertrennung führt.

Soll auch in diesen Fällen nur ein modifizierter Zugewinnausgleich stattfinden, so muss dies in der vertraglichen Formulierung klar zum Ausdruck kommen, s. § 1414 Satz 1 BGB.

### 4. Formulierungsbeispiel: Ausschluss Zugewinnausgleich, erweitert

▼

Für den Fall, dass unsere Zugewinngemeinschaft auf andere Weise als durch den Tod eines Ehegatten beendet werden sollte, schließen wir den Zugewinnausgleich aus. (Dieser Ausschluss gilt auch für einen vorzeitigen Zugewinnausgleich bei Getrenntlebenden sowie bei Eintritt der Gütertrennung.) Im Übrigen gilt für unsere Ehe der gesetzliche Güterstand.

▲

Eine entsprechende, ausdrückliche Klarstellung, ob der Ausschluss des Versorgungsausgleichs zur Gütertrennung führen soll oder nicht, empfiehlt sich im Hinblick auf § 1414 Satz 2 BGB.

## II. Begrenzung des Anteils/der Höhe nach

### 1. Formulierungsbeispiel: Begrenzung des Zugewinnausgleichs der Höhe nach

Zulässig ist auch, abweichend von § 1378 BGB anzuordnen, dass eine geringere Quote als die Hälfte des Zugewinns zum Ausgleich gelangt. Auch ist es zulässig, die Ausgleichsforderung summenmäßig zu begrenzen.

# § 7 Gesetzlicher Güterstand

**18** Für den Fall, dass die Zugewinngemeinschaft auf andere Weise als durch den Tod eines Ehegatten beendet werden sollte, wird der Zugewinnausgleichsanspruch auf 1/4 des Überschusses i.S.v. § 1378 Abs. 1 BGB begrenzt. In jedem Fall ist der Ausgleichsanspruch auf ▬ EUR *(z.B. 50.000 EUR)* begrenzt. Steigt der vom Statistischen Bundesamt ermittelte Verbraucherpreisindex für Deutschland ab diesem Monat bis zum Monat des Scheidungsantrages, so steigt der Höchstbetrag in gleichem Umfang.[9] Im Übrigen bleibt es bei den gesetzlichen Bestimmungen.

### 2. Formulierungsbeispiel: Begrenzung des Zugewinnausgleichs bei Erbfall

**19** Geht es lediglich um die vorstehend angesprochene **Erhaltung des Steuervorteils**, so wird es zivilrechtlich für zulässig gehalten, eine konkrete Berechnung des Zugewinns dadurch zu erübrigen, dass für die Berechnung des Zugewinns pauschal die Regelung des § 1371 Abs. 1 BGB zur Anwendung gelangt.[10] Die erbschaftsteuerliche Anerkennung dieser Lösung, die dem vor 1974 geltenden Erbschaftsteuerrecht entspricht, ist jedoch seit der Neufassung von § 5 Abs. 1 ErbStG durch Gesetz vom 21.12.1993 (BGBl I, 2310) nicht mehr möglich.

**20** Wird die Ehe durch Tod aufgelöst, so findet der Zugewinnausgleich in der Weise statt, dass abweichend von § 1371 BGB pauschal 1/4 des Ver-

---

9 Zur Frage der Genehmigungspflicht der Indexklausel s. *Kanzleiter/Wegmann*, Vereinbarungen unter Ehegatten, Rn 143; *Münch*, Ehebezogene Rechtsgeschäfte, Rn 630, der grundsätzlich die Einholung der Genehmigung des Bundesamtes für Wirtschaft befürwortet.
10 MünchKomm – *Gernhuber*, § 1371 BGB Rn 7.

mögensteuerwertes des Nachlasses als ausgleichspflichtiger Zugewinn gilt.

### III. Zeitliche Befristung des Zugewinnausgleichs

#### 1. Vorüberlegungen

Die Ehegatten können vereinbaren, dass ein Zugewinnausgleich nur für 21 die Zeit stattfinden soll, in der ein Ehegatte auf eine eigene Erwerbstätigkeit verzichtet, weil er sich beispielsweise der **Erziehung** gemeinsamer Kinder und **Haushaltsführung** widmen will. Eine entsprechende Vereinbarung entspricht nicht selten den Vorstellungen der Beteiligten, wenn beide Ehegatten bis zur Geburt des ersten Kindes voll berufstätig sind.

#### 2. Formulierungsbeispiel: Zugewinnausgleich und Befristung

▼

Für den Fall, dass unsere Zugewinngemeinschaft auf andere Weise als 22 durch den Tod eines Ehegatten beendet werden sollte, schließen wir den Zugewinnausgleich aus für die Zeit ab der Eheschließung bis zur Geburt unseres ersten gemeinsamen Kindes. Im Übrigen gilt für unsere Ehe der gesetzliche Güterstand.

*(Alternativ:)*

Für den Fall, dass unsere Zugewinngemeinschaft auf andere Weise als 23 durch den Tod eines Ehegatten beendet werden sollte, schließen wir den Zugewinnausgleich aus. Ein Zugewinnausgleich soll aber ab dem Zeitpunkt stattfinden, ab dem ein Ehegatte auf seine Berufstätigkeit ganz oder teilweise verzichtet, um sich der Erziehung und Pflege eines gemeinsamen Kindes zu widmen.

# § 7 Gesetzlicher Güterstand

*(Alternativ:)*

**24** Für den Fall, dass unsere Zugewinngemeinschaft auf andere Weise als durch den Tod eines Ehegatten beendet werden sollte, schließen wir den Zugewinnausgleich aus. Ein Zugewinnausgleich soll aber ab dem Zeitpunkt stattfinden, ab dem ein Ehegatte auf seine Berufstätigkeit ganz oder teilweise verzichtet, um sich der Erziehung und Pflege eines gemeinsamen Kindes zu widmen.

## IV. Ausschluss bestimmter Vermögenswerte, insbesondere Betriebsvermögen

### 1. Typischer Sachverhalt

**25** Das Anfangsvermögen des A besteht im Wesentlichen aus dem übernommenen elterlichen Betrieb. Die B hat ein eigenes Friseurgeschäft. Die beteiligten Betriebsvermögen wurden – auf Verlangen der Eltern – bisher stets getrennt gehalten.

### 2. Vorüberlegungen

**26** Gehören zum Vermögen der Beteiligten Betriebsvermögen oder gesellschaftsrechtliche Beteiligungen, kann es gerechtfertigt sein, diese Vermögenswerte im Falle eines etwaigen Zugewinnausgleichs pauschal aus dem Zugewinnausgleich auszuklammern. So kann im Scheidungsfall eine **Gefährdung des Betriebsvermögens** infolge Illiquidität vermieden werden. Eine Zuordnung von Wertsteigerungen und Erträgen, die Betriebsvermögen bleiben, zu Anfangs- oder Endvermögen ist bei pauschalem Ausschluss des Betriebsvermögens aus der Zugewinnberechnung entbehrlich. Gleiches gilt für die Frage, wie Verwendungen aus dem sonstigen Vermögen auf das Betriebsvermögen zu behandeln sind.

Eine **Ausklammerung von Betriebsvermögen** oder gesellschaftsrechtlichen Beteiligungen ist problematisch, wenn der Betrieb von beiden Ehegatten aufgebaut wurde, aber nur einer an ihm beteiligt ist. Dies gilt insbesondere bei unentgeltlicher Mitarbeit des anderen Ehepartners.

Um der missbräuchlichen Vereitelung von Zugewinnausgleichsansprüchen durch Kapitalanlage in Gesellschaftsanteile (Aktien) vorzubeugen, gilt es in der Regel klarzustellen, dass betriebliches Vermögen nur dann keine Berücksichtigung bei der Ermittlung des Zugewinnausgleichanspruchs haben soll, wenn es nicht lediglich Kapitalanlagezwecken dient. Die Missbrauchsgefahr, die mit einer Herausnahme von Betriebsvermögen aus dem Zugewinnausgleich einhergeht, wird so aber nur begrenzt, nicht beseitigt, worüber die Beteiligten im Rahmen der Beurkundung zu belehren sind. 27

In derartigen Fällen ist sicherzustellen, dass derjenige Ehegatte, zu dessen Lasten sich der Ausschluss bestimmter Vermögenswerte auswirkt, im Falle des Zugewinnausgleichs nicht dem anderen Ehegatten einen Ausgleich leisten muss, obwohl dieser tatsächlich den größeren oder vergleichbaren Zugewinn erlangt hat. Ein solches Ergebnis wird regelmäßig den Erwartungen der Beteiligten nicht entsprechen.[11] 28

Verlängert werden kann der Gedanke des Ausschlusses bestimmter Vermögenswerte erbrechtlich durch einen gegenständlich beschränkten **Pflichtteilsverzicht**.[12] 29

Bei Herausnahme von Betriebsvermögen aus dem Zugewinnausgleich ist es sinnvoll, auch zu klären, was mit **Erträgen** aus dem Betriebsvermögen geschehen soll. Denkbar ist die – möglicherweise aus Sicht des verzichtenden Ehegatten zu weitreichende – Herausnahme aller Erträge. Die Herausnahme aus dem Zugewinnausgleich kann aber auch auf Erträge beschränkt werden, die dem Betrieb nicht entnommen werden, oder nur 30

---

11 So auch *Stenger,* ZEV 2000, 51, 54. s. a. *Münch,* Ehebezogene Rechtsgeschäfte, Rn 551.
12 Vgl. *Palandt – Edenhofer,* § 2346 BGB Rn 5.

# § 7 Gesetzlicher Güterstand

auf solche, die im Betrieb investiert bzw. für Verwendungen – ggf. einschließlich Schuldentilgung – eingesetzt werden.

31 Soweit **Verwendungen** auf Betriebsvermögen vom Zugewinnausgleich ausgenommen werden, ist zu erklären, ob in diesem Zusammenhang relevant sein soll, aus welchem Vermögen sich derartige Verwendungen finanzieren. Sicher soll Vermögen, das der andere Ehegatte für Investitionen zur Verfügung stellt, nicht vom Zugewinnausgleich ausgenommen sein. Ähnlich wird es sich in der Regel verhalten, wenn die Verwendung aus Privatvermögen des Betriebsinhabers stammt, da andernfalls Möglichkeiten zur Manipulation des Zugewinnausgleichs eröffnet werden.

### 3. Formulierungsbeispiel: Ausschluss bestimmter Vermögenswerte vom Zugewinnausgleich

32 Bei der Ermittlung des Anspruchs auf Zugewinnausgleich bleibt jegliches betriebliches Vermögen, einschließlich etwaiger betriebsbezogener Verbindlichkeiten, unberücksichtigt, soweit es nicht lediglich Kapitalanlagezwecken dient. Bei einer Gesellschaftsbeteiligung unter 10 % des Gesellschaftskapitals wird vermutet, dass diese lediglich Kapitalanlagezwecken dient. Gesellschafterdarlehen sind beim Zugewinnausgleich zu berücksichtigen.

Derzeit umfasst das betriebliche Vermögen die Beteiligung des A an der ABC OHG in Bonn.

Erträge aus betrieblichem Vermögen sind vom Zugewinnausgleich ausgenommen, soweit sie auf betriebliches Vermögen verwendet werden. Verwendungen auf betriebliches Vermögen aus Privatvermögen unterliegen dem Zugewinnausgleich.

Der ausgleichspflichtige Ehegatte muss in keinem Fall einen höheren Zugewinnausgleich zahlen als bei uneingeschränkter Anwendung der gesetzlichen Bestimmungen.

In Ansehung betrieblichen Vermögens der vorgenannten Art verzichten die Beteiligten auf Pflichtteilsrechte beim Tode des anderen Ehegatten.

*(Alternativ:)*
Bei der Ermittlung des Anspruchs auf Zugewinnausgleich bleibt die Beteiligung des A an der ABC OHG in Bonn unberücksichtigt, einschließlich etwaiger betriebsbezogener Verbindlichkeiten. Gesellschafterdarlehen sind beim Zugewinnausgleich zu berücksichtigen.  33

Das Gleiche gilt für Vermögen des A, das innerhalb eines Jahres vor Stellung des Antrages auf Scheidung zu Betriebsvermögen geworden ist.

▲

Zur Problematik des unscharfen Begriffs „Betriebsvermögen" vgl. *Plate*, MittRhNotK 1999, 257, 266.  34

Endet die unternehmerische Tätigkeit eines Ehegatten, entfällt möglicherweise der Grund für die Herausnahme von Betriebsvermögen aus dem Zugewinnausgleich (z.b. drohende Illiquidität); ob in diesem Fall das **Surrogat des Betriebsvermögens** (beispielsweise Verkaufserlös für Betrieb) ebenfalls vom Zugewinnausgleich ausgenommen werden soll, ist im Einzelfall zu entscheiden.

Wünschen die Beteiligten den Ausschluss von Grundbesitz bei der Berechnung des Zugewinnausgleichanspruchs, ist zu prüfen, ob eine Modifikation der Berechnung des Zugewinns (hier: Hinzurechnung der Grundstücke zum Anfangsvermögen) nicht sachgerechter ist, s.u.  35

## D. Modifikation des Berechnungs- und Bewertungsverfahrens

### I. Rechtliche Grundlagen

**Zugewinn** ist der Betrag, um den das Endvermögen (§ 1375 BGB) das Anfangsvermögen (§ 1374 BGB) übersteigt (§ 1378 BGB).  36

**37** Zunächst ist das **Anfangsvermögen** jedes Ehegatten zu ermitteln. Es gilt der Verkehrswert bei Beginn des Güterstandes (§ 1376 Abs. 1 BGB). Während der Ehe durch Erbschaft, Schenkung oder Ausstattung hinzugekommene Gegenstände gelten als Anfangsvermögen (§ 1374 Abs. 2 BGB). Zu Beginn der Ehe bestehende Verbindlichkeiten werden bis auf null abgezogen (§ 1374 Abs. 1 BGB). Dem Anfangsvermögen wird der auf die Gegenstände entfallende „Geldwertschwund" zugeschlagen.[13] Mangels Feststellbarkeit ist das Anfangsvermögen mit null anzusetzen (§ 1377 Abs. 3 BGB).

**38** Sodann ist das **Endvermögen** jedes Ehegatten zu ermitteln. Das gilt grundsätzlich auch zum Beispiel bei Gesellschaftsbeteiligungen, die nach Gesellschaftsvertrag mit einem geringeren Wert im Falle des Ausscheidens abgefunden werden.[14] Werden Gegenstände des Anfangsvermögens über den nominalen Zuwachs aufgrund Inflation hinaus wertvoller (z.B. Baugrund), fällt diese Wertsteigerung in das Endvermögen. Hat ein Ehegatte entweder in Benachteiligungsabsicht oder über Anstandsschenkungen hinaus verschenkt oder verschwendet, gilt diese Vermögensminderung als nicht erfolgt (§ 1375 Abs. 2 BGB), wenn sie nicht mindestens zehn Jahre zurückliegt. Anfangs- und Endvermögen sind mit ihrem wirklichen Wert anzusetzen; ein davon etwa abweichender Steuerwert ist nicht maßgebend.

**39** Stichtag für die Bewertung des Endvermögens ist grundsätzlich der Zeitpunkt der Beendigung des Güterstandes, im Scheidungsfall aber abweichend von § 1375 Abs. 1 BGB die Rechtshängigkeit des Scheidungsantrages, § 1384 BGB. Um einer möglichen Vermögensbeseitigung nach Trennung vorzubeugen, kann man daran denken, den Zeitpunkt für die Bewertung des Endvermögens auf den Tag der Trennung vorzuverlegen.

---

13 BGHZ 61, 385; AnwK-BGB/*Limbach*, § 1376 Rn 37 ff.
14 *Soergel – Lange,* § 1376 BGB Rn 14 m.w.N.

Nicht dem Zugewinnausgleich unterliegen **Hausrat**[15] und Vermögenswerte, die dem **Versorgungsausgleich** unterliegen.[16] **Arbeitnehmerabfindungen**, die dem Ersatz eines künftigen Lohnausfalls dienen, wie sie im Rahmen von Sozialplänen gewährt werden, unterliegen ebenfalls nicht dem Zugewinnausgleich;[17] sie sind aber unterhaltsrechtlich relevant. Ist die Abfindung Entschädigung für den Verlust des Arbeitsplatzes und damit vergangenheitsbezogen, unterliegt sie dem Zugewinnausgleich. 40

## II. Voreheliche Vermögensverschiebungen

### 1. Typischer Sachverhalt

A und B haben bereits längere Zeit zusammengelebt und vom guten Einkommen des A gemeinsam Anschaffungen gemacht. Man möchte auf die Aufstellung eines Vermögensverzeichnisses verzichten. Die Mehraufwendungen des A in Höhe von etwa 30.000 EUR sollen jedoch honoriert werden. 41

### 2. Vorüberlegungen

Die gesetzlichen Vorgaben für die Berechnung des Zugewinns sind nicht in allen Fällen befriedigend. Kommt es zu vorehelichen Vermögensverschiebungen, so kann eine **Korrektur** der Berechnung des Zugewinnausgleichs geboten sein. Dies kann beispielsweise der Fall sein, wenn die Ehegatten vor Eheschließung auf dem einem von ihnen gehörenden Grundstück gemeinsam ein Haus gebaut haben. 42

Im Ausgangsfall erscheint es billig sicherzustellen, dass A beim Zugewinnausgleich keinen Nachteil hat. Würde man die Quote des Ausgleichs 43

---

15 BGH NJW 1984, 484; *Brudermüller*, FamRZ 1999, 129, 136 f.
16 S. § 13 Rn 3.
17 BGH FamRZ 2001, 278 f.

ändern, wäre die Größe des Vorteils von der Höhe des Zugewinns abhängig. Folglich empfiehlt sich, den Betrag von 30.000 EUR als Anfangsvermögen festzusetzen bzw. dem Anfangsvermögen zuzuschlagen.

### 3. Formulierungsbeispiel: Festsetzung des Anfangsvermögens

44 Das Anfangsvermögen des Ehemannes wird mit 60.000 EUR, das Anfangsvermögen der Ehefrau mit 30.000 EUR festgesetzt.

## III. Schulden des Ehegatten und Zugewinn

### 1. Typischer Sachverhalt

45 Weder bei A noch bei B ist ein Anfangsvermögen vorhanden. A hat jedoch 30.000 EUR Schulden. Nach 10-jähriger Ehe sind diese Schulden abgetragen, außerdem hat A weiteres Vermögen in Höhe von 20.000 EUR erworben.

### 2. Vorüberlegungen

46 Bringt ein Ehegatte Schulden mit in die Ehe, so gilt es, den anderen Ehegatten vor einer Benachteiligung bei einer Zugewinnausgleichsberechnung zu schützen.

Würde man im vorliegenden Fall die Schulden des A unberücksichtigt lassen, hätte B einen Zugewinnausgleichsanspruch in Höhe von 10.000 EUR, da das Gesetz kein negatives Anfangsvermögen vorsieht. Dem kann entgegengesteuert werden, indem ehevertraglich ein negatives Anfangsvermögen festgesetzt wird. Der Zugewinn des A betrüge somit 50.000

EUR, er hätte 25.000 EUR auszugleichen. Die Höhe der Ausgleichsforderung wird allerdings durch das vorhandene Nettovermögen beschränkt, § 1378 Abs. 2.

### 3. Formulierungsbeispiel: Festsetzung des Anfangsvermögens bei Schulden

▼

Der Ehemann hat Schulden in Höhe von 30.000 EUR. Sein Anfangsvermögen wird deshalb mit minus 30.000 EUR festgesetzt. Die Ehefrau hat kein Anfangsvermögen.

▲

## IV. Behandlung von Wertsteigerungen und Erträgen des Anfangsvermögens

### 1. Typischer Sachverhalt

A hat im Anfangsvermögen ein Mietshaus, das jährlich 100.000 EUR Nettoerträge abwirft. Er und B sind mittlere Angestellte, nennenswerte Vermögenszuwächse aufgrund des Erwerbseinkommens sind während der Ehe nicht erfolgt. Nach zehnjähriger Ehe hat A ein Nettovermögen von 500.000 EUR, das zu guten Teilen aus den Mieterträgen stammt. Es wurde aus diesen Erträgen eine Eigentumswohnung, die 200.000 EUR des Wertes ausmacht, angeschafft. Das Mietshaus selbst hat eine inflationsbereinigte Wertsteigerung von weiteren 200.000 EUR erfahren.

## 2. Vorüberlegungen

**49** Den gesetzlichen Bestimmungen zufolge fallen Wertsteigerungen des Anfangsvermögens sowie Erträge aus diesem in die Berechnung des Zugewinnausgleichs. Das stößt nicht selten auf Unverständnis bei den Beteiligten, da kein Zusammenhang zwischen Ehe und Zugewinn gesehen wird.

**50** Die Erträge des Anfangsvermögens sowie Surrogate desselben fallen in den Zugewinn. Dies würde im vorliegenden Fall dazu führen, dass A eine Zugewinnausgleichsforderung von 350.000 EUR hätte. Um dieses als unbillig empfundene Ergebnis zu vermeiden, können Surrogate, Erträge und Wertzuwächse des Anfangsvermögens von der Berechnung ausgenommen werden, indem man sie ebenfalls dem Anfangsvermögen zuschlägt. Auch eine nach diesen einzelnen Gesichtspunkten differenzierte Lösung ist denkbar. Zu regeln ist allerdings, wie mit Verwendungen auf die Objekte des Anfangsvermögens verfahren werden soll.

**51** Es liegt regelmäßig nahe sicherzustellen, dass derjenigen Ehegatte, zu dessen Lasten sich die Modifikation der Berechnungsregeln auswirkt, im Falle des Zugewinnausgleichs nicht dem anderen Ehegatten einen Ausgleich leisten muss, obwohl dieser tatsächlich den größeren Zugewinn erlangt hat.

### 3. Formulierungsbeispiel: Ausschluss des Anfangsvermögens vom Zugewinnausgleich

**52** Das Anfangsvermögen des A besteht im Wesentlichen aus dem Miethaus ▓▓▓ in ▓▓▓. Bei Berechnung eines Zugewinnausgleichs bei Beendigung der Ehe aus anderen Gründen als durch Tod eines Ehegatten gilt Folgendes:

Wertsteigerungen sowie Erträge des Anfangsvermögens fallen nicht in den Zugewinn. Sie können, ohne dass Ausgleichsansprüche entstehen, auf das Anfangsvermögen, insbesondere das Mietshaus des A, verwendet werden. Verwendungen aus dem sonstigen Vermögen eines der Ehegatten werden mit ihrem Wert zum Zeitpunkt der Verwendung zuzüglich eines Inflationsausgleiches dem Endvermögen des aufwendenden Ehegatten hinzugerechnet und unterliegen dem Ausgleich, und zwar auch insoweit, als das Anfangsvermögen für den Ausgleich angegriffen werden müsste. Ersatzgegenstände, die aus den Erträgen des Anfangsvermögens angeschafft wurden, bleiben bei Berechnung des Endvermögens unberücksichtigt. Insoweit ist jeder Ehegatte nachweispflichtig.

Der ausgleichspflichtige Ehegatte muss in keinem Fall einen höheren Zugewinnausgleich zahlen als bei Anwendung der gesetzlichen Bestimmungen.

## V. Betriebsvermögen und Zugewinnberechnung

### 1. Typischer Sachverhalt

A ist Mitgesellschafter einer OHG. Er fürchtet im Scheidungsfall hohe Ausgleichsforderungen, die er nur durch Verkauf seiner Beteiligung oder Ausscheiden aus der Gesellschaft bezahlen kann.

53

### 2. Vorüberlegung

Soll vermieden werden, dass durch die Belastung des ausgleichspflichtigen Ehegatten mit der Ausgleichsforderung der Betrieb eines Geschäfts in Gefahr gerät, so ist eine Beschränkung des Ausgleichsanspruchs auch über dessen Bewertung möglich. Das gilt insbesondere für gesellschaftsrechtliche Beteiligungen, die nach dem Gesellschaftsvertrag zu einem bestimmten niedrigeren Wert abzufinden sind. Die Bewertung des Be-

54

triebsvermögens kann für die Ermittlung des Endvermögens an die gesellschaftsvertragliche Regelung angelehnt werden. Denkbar ist aber auch eine hiervon abweichende Regelung der Wertbestimmung.

### 3. Formulierungsbeispiel: Zugewinnausgleich und Bewertung von Betriebsvermögen

▼

55 Bezüglich der Beteiligung des A an der X-OHG wird der Wert des Anteils bei Bemessung des Endvermögens nach den Bestimmungen ermittelt, die der jeweils gültige Gesellschaftsvertrag für die Abfindung eines durch die Kündigung ausscheidenden Gesellschafters vorsieht. Ist die Abfindungsklausel innerhalb eines Jahres vor Stellung des Antrages auf Scheidung geändert worden, ist Grundlage der Wertbestimmung nach Wahl der Ehefrau die geänderte oder die vorherige Klausel.

An Stelle einer im Gesellschaftsvertrag vorgesehenen Abschichtungsbilanz tritt das Gutachten eines Sachverständigen, der vom Präsidenten der Industrie- und Handelskammer Köln bestellt werden soll. Der Wert der Beteiligung für das Anfangsvermögen wird verbindlich mit 100.000 EUR festgelegt.

*(Alternativ:)*

56 Bezüglich der Beteiligung des A an der X-OHG wird der Wert des Anteils nach den Bestimmungen des sog. Stuttgarter Verfahrens ohne Berücksichtigung eines etwaigen good will ermittelt. Vom ermittelten Wert werden 70 % bei der Berechnung des Endvermögens berücksichtigt.

▲

57 Eine gesetzliche Bewertungsregel enthält § 1376 Abs. 4 BGB für land- und forstwirtschaftliche Betriebe, für die auf den **Ertragswert** (§ 2049 Abs. 2 BGB) abgestellt werden soll. In der Praxis dürfte diese Bewer-

tungsmethode regelmäßig zu einer Unterbewertung des Betriebsvermögens führen. Dies kann bei im Betrieb mitarbeitenden Ehegatten unangemessen sein und die Vereinbarung einer anderen Bewertungsmethode nahe legen.

# § 8 Steuerrecht

## A. Vermögensauseinandersetzung und Steuerrecht

### I. Auseinandersetzung von Betriebsvermögen

Die Vermögensauseinandersetzung im Rahmen der Scheidung kann zu ungewollten steuerlichen Folgen führen. Dies gilt insbesondere, wenn zum ehelichen Vermögen Betriebsvermögen gehört. In derartigen Fällen ist die Auseinandersetzung der Zugewinngemeinschaft – anders als die Auseinandersetzung einer Gütergemeinschaft[1] – nicht steuerneutral.[2] Die Rechtsprechung wertet die Auseinandersetzung über Betriebsvermögen im Rahmen von Scheidungsfolgenvereinbarungen als Entnahme bzw. Veräußerung mit den entsprechenden steuerlichen Folgen. Im Ergebnis führt dies dazu, dass beide Ehegatten für die Besteuerung stiller Reserven verantwortlich sind.[3]

1

### II. Entgeltliche Übertragung von Privatvermögen und § 23 EStG

Unliebsame Steuerfolgen können auch bei der Realteilung von privatem Vermögen auftreten. Dies ist immer dann zu befürchten, wenn die Vermögensauseinandersetzung als entgeltlich i.s.d. § 23 EStG anzusehen ist. Dies ist nach Ansicht des BFH auch bei Verträgen der Fall, die die Übertragung oder den Austausch von Vermögensgütern als Abgeltung

2

---

1 FG München FR 1993, 812 in Anlehnung an die Besteuerung der Realteilung bei Erbengemeinschaften.
2 BFH BStBl. 2002 II, 519 ff.; BFH BStBl. 1993 II, 434.
3 § 16 Abs. 3 EStG schafft die Möglichkeit einer steuerneutralen Realteilung von Betriebsvermögen für die Fälle, in denen die Besteuerung stiller Reserven beim Erwerber sichergestellt ist. Das ist der Fall, wenn die übertragenen Vermögenswerte auch beim Erwerber Betriebsvermögen darstellen.

von Zugewinnausgleichsansprüchen vorsehen.[4] Argument der Rechtsprechung ist, dass der Anspruch auf Zugewinnausgleich auf die Zahlung eines Geldbetrages gerichtet ist; dieser Anspruch ergibt sich aus dem Gesetz und ist daher unentgeltlich. Die Übertragung von Vermögensgütern anderer Art ist aber nicht gesetzlich vorgegeben und soll daher nicht unentgeltlich sein. Daran soll sich nichts ändern, wenn die Vermögensübertragung an Stelle der Geldzahlung erfolgt.[5]

3   Einer gleichlautenden Verfügung der OFD München[6] und der OFD Frankfurt zufolge droht in zahlreichen Fällen der Grundbesitzübertragung im Rahmen von Scheidungsfolgenvereinbarungen eine Besteuerung von Veräußerungsgewinnen. Überträgt beispielsweise ein Ehegatte dem anderen in Anrechnung auf den Zugewinnausgleichsanspruch eine vermietete Immobilie, die vor weniger als zehn Jahren erworben wurde, und übersteigt der Zugewinnausgleichsanspruch die Anschaffungskosten, so liegt ein gem. § 23 Abs. 1 EStG zu besteuerndes Veräußerungsgeschäft vor, selbst wenn die Übertragung zur Abgeltung des Zugewinnausgleichsanspruchs und an Erfüllung statt an die Stelle des Zahlungsanspruchs auf Zugewinnausgleich tritt.

Ein zu versteuernder Veräußerungsgewinn kann auch anfallen, wenn die Übertragung nur teilentgeltlich ist. Dies kann dazu führen, dass eine Steuerschuld selbst dann anfällt, wenn der durch die Übertragung von Grundbesitz abgegoltene Zugewinnausgleichsanspruch der Höhe der Anschaffungskosten entspricht, der tatsächliche Wert der Immobilie aber über der Höhe dieses Anspruchs liegt. Sind tatsächlicher Wert der Immobilie und Zugewinnausgleichsanspruch gleich hoch, kann ein Veräußerungsgewinn anzunehmen sein, wenn in vorangegangenen Jahren Absetzungen für Abnutzungen steuerlich geltend gemacht worden sind.[7]

---

4  BFH BStBl. 1977 II, 389; BFH BStBl. 2002 II, 519.
5  Kritisch hierzu *Münch*, Ehebezogene Rechtsgeschäfte, Rn 2259 f.
6  OFD München DB 2001, 1533.
7  *Münch*, Ehebezogene Rechtsgeschäfte, Rn 2594 ff.

Droht im Rahmen der Auseinandersetzung des Zugewinns der Anfall von 4
Spekulationsteuer, stellt sich die Frage, ob diese bei der Berechnung des
Zugewinns vermögensmindernd zu berücksichtigen ist.[8] Die Frage ist bisher nicht entschieden.

## B. Gleichlauf von Zugewinnausgleich und Erbschaftsteuerrecht

### I. Vorüberlegung

Ungereimtheiten ergeben sich im Zusammenspiel zwischen Zugewinn- 5
ausgleich und Erbschaftsteuer. Eine Zugewinnausgleichsforderung unterliegt nicht der Erbschaftsteuer, § 5 Abs. 2 ErbStG. Allerdings muss diese
Ausgleichsforderung nach dem ErbStG 1974 gemäß § 1371 Abs. 2 BGB
konkret ermittelt werden (s.o.). Für diese Ermittlung sieht das Gesetz vor,
dass das Endvermögen nach den steuerlichen Bewertungsgrundsätzen anzusetzen ist, während das Anfangsvermögen nach dem Verkehrswert angesetzt wird, § 5 Abs. 1 Satz 2 ErbStG. Nach dem Beispiel der Erbschaftsteuerrichtlinie beträgt bei einem Nachlasswert von 4,7 Mio. EUR und
einer fiktiven Zugewinnausgleichsforderung von 750.000 EUR, wenn der
Steuerwert des Nachlasses nur 3,29 Mio. EUR beträgt, die ansetzbare
fiktive Ausgleichsforderung nicht 750.000 EUR, sondern 525.000 EUR.
Daher kann es ratsam sein, für die Berechnung des Zugewinns einen
Gleichlauf zwischen erbschaftsteuerfreiem Zugewinnausgleich und ehevertraglichem Zugewinnausgleich bei Auflösung der Zugewinngemeinschaft durch Tod herzustellen, soweit andernfalls eine höhere erbschaftsteuerliche Belastung zu erwarten ist.

Wie bereits dargestellt, ist ergänzend daran zu denken, die Zugewinnausgleichsforderung pauschal gemäß § 1371 Abs. 1 BGB auf 1/4 des Vermögensteuerwertes des Nachlasses zu fixieren, siehe oben § 7 Rn 19 ff.

---

8 *Kogel*, FamRZ 2003, 808. Für latente Ertragsteuern beim Verkauf von Unternehmen hat der
BGH in dieser Richtung bereits entschieden, BGH DB 1999, 477.

# § 8 Steuerrecht

## II. Formulierungsbeispiel: Zugewinnausgleich und Erbschaftsteuer

6 Bei Ermittlung des Zugewinnausgleichs im Todesfall gilt für die Berechnung des Anfangsvermögens, sämtlicher ehelicher Hinzuerwerbe sowie des Endvermögens die erbschaftsteuerliche Bewertungsmethode.

# § 9 Gütertrennung

## A. Getrennte Vermögensmassen

Vereinbaren die Ehegatten Gütertrennung, so stehen sie sich in vermögensrechtlicher Beziehung grundsätzlich **wie Unverheiratete** gegenüber. Es gibt nur zwei Vermögensmassen, die des Mannes und die der Frau. Eigentum, Besitz, Verwaltung und Nutzung der **Vermögensmassen bleiben getrennt**. Dies bedeutet im Einzelnen: 1

- Es bestehen keinerlei Beschränkungen der Verwaltungsrechte, wie sie §§ 1365, 1369 BGB beim gesetzlichen Güterstand vorsehen.
- Bei Beendigung der Ehe erfolgt kein Ausgleich des ehelichen Vermögenszuwachses.
- Der gesetzliche Erbteil des Ehegatten erhöht sich nicht (vgl. §§ 1371 Abs. 1, 1931 Abs. 4 BGB); daraus folgt eine erbrechtliche Schlechterstellung, wenn
  a) mehr als ein Kind vorhanden ist, oder
  b) keine Kinder vorhanden sind. Entsprechend ist der Ehegatte auch bei der Pflichtteilsberechnung schlechter gestellt.

Keine Besonderheiten liegen vor im Hinblick auf die allgemeinen Ehewirkungen. 2

- Eigentums- und Besitzvermutung zugunsten des Gläubigers bleiben bestehen, §§ 1362 BGB, 739 ZPO (s.o. § 4 Rn 4, 5).
- Nutzungen des Vermögens sind in der Regel und der Stamm des Vermögens ist im Notfall zum Unterhalt der Familie zu verwenden, § 1360 BGB.
- Eheliche Anschaffungen werden im Zweifel gemeinschaftliches Vermögen, § 1357 Abs. 1 Satz 2 BGB (s.o. § 5 Rn 2).

**§ 9** Gütertrennung

3 Ist die Vereinbarung der Gütertrennung gewünscht, so ist mit Blick auf die güterstandsunabhängigen allgemeinen Ehewirkungen und die erbrechtliche Komponente des Güterrechts insbesondere zu prüfen, ob

a) die Aufstellung eines Vermögensverzeichnisses,
b) der Ausschluss des § 1357 Abs. 1 Satz 2 BGB von den Beteiligten gewollt ist und/oder
c) sich der gesetzliche Erbteil des Ehegatten trotz Gütertrennung erhöhen soll (§§ 1371 Abs. 1, 1931 Abs. 4 BGB).

4 Gemäß §§ 1351, 242 BGB (familienrechtlicher Vertrag, Wegfall der Geschäftsgrundlage, auch Ehegatteninnengesellschaft) kann ausnahmsweise trotz Gütertrennung ein Ausgleichsanspruch des den Betrieb des Partners mitaufbauenden Ehegatten bestehen.[1]

5 Die Zulässigkeit des gesetzlichen Wahlgüterstandes der Gütertrennung ist fraglich in Fällen, in denen Paare aus Anlass einer beabsichtigten Eheschließung einen Ehevertrag schließen wollen und die Frau schwanger ist.[2]

## B. Entstehung

6 Gütertrennung kann Wahlgüterstand oder gesetzlicher Auffanggüterstand sein.

### I. Wahlgüterstand

7 Als Wahlgüterstand, d.h. aufgrund ehevertraglicher Vereinbarung, entsteht gem. § 1414 BGB die Gütertrennung durch

- Ausschluss oder Aufhebung des gesetzlichen Güterstandes,

---

1 BGH FamRZ 1994, 1167; s. hierzu unten § 11.
2 S. BVerfG NJW 2001, 957; hierzu § 2 Rn 1 ff. und unten § 20 Rn 23 ff.

- vollständigen Ausschluss der Zugewinngemeinschaft,
- vollständigen Ausschluss des Versorgungsausgleichs oder durch
- Aufhebung der Gütergemeinschaft,

falls sich nicht aus dem Ehevertrag etwas anderes ergibt.

In allen vorgenannten Fällen, insbesondere bei Ausschluss des Versorgungsausgleichs, sollte zur Vermeidung von Auslegungsstreitigkeiten stets ausdrücklich erklärt werden, ob die Gütertrennung gewollt ist.

*Fall* 8
A und B schließen durch Ehevertrag den Versorgungsausgleich vollständig aus. Sechs Monate später wird Scheidungsantrag gestellt und zugestellt. Danach versöhnen sich A und B wieder. Der Scheidungsantrag wird zurückgezogen.

Der Ausschluss des Versorgungsausgleichs wurde mit Rechtshängigkeit 9 des Scheidungsantrages unwirksam, § 1408 Abs. 2 BGB. Nach neuerer Rechtsprechung bleibt er bei Rücknahme des Scheidungsantrages wirksam bzw. lebt wieder auf.[3] Ob Gleiches bei unbegründetem Scheidungsantrag gilt, ist umstritten.[4] Unklar ist auch, ob die Gütertrennung bei Rücknahme des Scheidungsantrages bestehen bleibt bzw. wiederauflebt (ggf. ex nunc oder ex tunc?). Diese Unklarheit hinsichtlich des Fortbestands der Gütertrennung sollte durch entsprechende ausdrückliche Formulierungen im Ehevertrag beseitigt werden.

## II. Gesetzlicher Auffanggüterstand

Als gesetzlicher Auffanggüterstand tritt die Gütertrennung ein durch 10

- einseitige Erklärung nach Artikel 8 Abs. 1 Satz 3 Gleichberechtigungsgesetz,

---

3 BGH FamRZ 1986, 788; AnwK-BGB/*Friederici*, § 1408 Rn 23.
4 Vgl. OLG Frankfurt NJW-RR 1990, 582.

- Erklärung nach dem Gesetz über den ehelichen Güterstand von Vertriebenen und Flüchtlingen vom 4.8.1969,
- rechtskräftiges Urteil auf vorzeitigen Ausgleich des Zugewinns (§ 1388 BGB), oder
- rechtskräftiges Urteil auf Aufhebung der Gütergemeinschaft (§§ 1449 Abs. 1, 1470 Abs. 1 BGB).

### III. Exkurs: Formerfordernis der Regelung des Zugewinnausgleichs

11 *Fall*
Im Zuge der Vorbereitung einer Trennung und Scheidung schließen A und B eine ausführliche Trennungsvereinbarung, in der sie über ihre Vermögensgegenstände vollständig disponieren und auf weitergehende Ansprüche verzichten.

12 Der Ausschluss des Zugewinnausgleichs ist nur wirksam in Form eines Ehevertrages. Gleiches gilt für Vereinbarungen zum Ausgleich des Zugewinns oder auch nur für die Feststellung, ein ehelicher Zugewinn liege nicht vor, vgl. § 1378 Abs. 3 Satz 2 BGB, und zwar entgegen dem missverständlichen Wortlaut der Vorschrift nicht nur während des anhängigen Ehescheidungsverfahrens, sondern auch vor Einleitung eines Verfahrens, wenn die Vereinbarung Scheidungszusammenhang hat.[5] Eine Verfügung über den Zugewinnausgleichsanspruch als solchen ist abgesehen von diesem Fall, wenn nicht vorher oder zumindest gleichzeitig der Güterstand beendet wird, nicht möglich, § 1378 Abs. 3 Satz 3 BGB.

---

5 BGH DNotZ 1983, 491; *Brix*, FamRZ 1993, 12.

## C. Motive für die Gütertrennung

Die Gütertrennung wird aus verschiedenen, mehr oder weniger tragfähigen Motiven heraus erwogen.  13

### I. Aus Haftungsgründen?

Häufigstes Motiv für den Wunsch, Gütertrennung zu vereinbaren, ist die  14
**Sorge vor der Mithaft für Schulden** des Ehepartners. Diese Sorge ist juristisch nicht begründet, soweit es um die Außenhaftung geht; eine gesetzliche Mithaft aufgrund Eheschließung gibt es nicht. Den verfahrensrechtlichen Konsequenzen der Eheschließung im Vollstreckungsverfahren (§§ 1362 BGB, 739 ZPO) kann durch die Aufstellung eines Vermögensverzeichnisses entgegengewirkt werden, mit dem die Eigentumsverhältnisse bei Pfändung nachgewiesen werden können (vgl. o. § 4 Rn 6). Der Vereinbarung der Gütertrennung zu diesem Zweck bedarf es allerdings nicht. Dennoch ist zu beobachten, dass Kreditinstitute mitunter in Verkennung der Rechtslage auf die Mithaft des Ehegatten verzichten, wenn Gütertrennung besteht.

### II. Zum Schutz von Familienvermögen?

Soweit – insbesondere von elterlicher Seite her – eine Gütertrennung gewünscht wird, um unabhängig vom Schicksal der Ehe ererbtes oder sonst  15
außerehelich erworbenes Vermögen in seiner Substanz zu erhalten, genügt im Regelfall der Ausschluss des Zugewinnausgleichs bei Beendigung der Ehe in anderer Weise als durch Tod, evtl. ergänzt um einen gegenständlich beschränkten Pflichtteilsverzicht (s.o. § 7 Rn 29). Es kann allerdings auch beabsichtigt sein, die Erhöhung des Erbteils im Todesfall zugunsten der Verwandtenerbfolge zu vermeiden (§ 1931 BGB). In diesem Fall ist eine **ausdrückliche erbvertragliche Regelung** jedoch unbedingt zu empfehlen.

### III. Als scheidungsvorbereitende Maßnahme

**16** Soll ein Scheidungsverfahren vorbereitet werden, empfiehlt sich in der Regel die unabhängig von diesem Verfahren geltende Gütertrennung mit Ausgleich des Zugewinns, nicht lediglich ein isolierter Zugewinnausgleich.

**Stichtag** für die Bewertung des Endvermögens ist grundsätzlich der Zeitpunkt der Beendigung des Güterstandes, § 1375 Abs. 1 BGB. Bei Scheidung tritt die Beendigung des gesetzlichen Güterstandes mit Rechtskraft des Urteils, rechnerisch bezogen auf den Zeitpunkt der Rechtshängigkeit des Scheidungsantrags ein, vgl. § 1384 BGB. Risiken für den ausgleichberechtigten Ehegatten ergeben sich in diesem Zusammenhang aus § 1378 Abs. 2 BGB, durch den die Ausgleichszahlung auf das bei Beendigung des Güterstandes vorhandene Vermögen begrenzt wird. § 1384 BGB greift insoweit nicht ein und eine Hinzurechnung der Vermögensminderung gemäß § 1375 Abs. 2 BGB findet auch nicht statt.[6] Um die aus § 1378 Abs. 2 BGB resultierenden Folgen einer Vermögensminderung nach Rechtshängigkeit des Scheidungsantrages für den ausgleichsberechtigten Ehegatten auszuschließen, ist es selbst nach bereits eingetretener Rechtshängigkeit der Scheidung noch sinnvoll, Gütertrennung zu vereinbaren.

### IV. Zur Trennung der Vermögensmassen als solche

**17** Mitunter wird die Gütertrennung aufgrund der Klarheit und Einfachheit angestrebt, die diese gerade auch im Scheidungsfall gegenüber dem gesetzlichen Güterstand vorzugswürdig erscheinen lässt, da unerfreuliche Streitereien über Zugewinn vermieden werden. Hinzuweisen ist aber darauf, dass es nicht selten fraglich ist, ob die tatsächliche Vermögenszuordnung während der Ehe immer zutreffend erfolgt.

---

6 BGH FamRZ 1988, 925.

Zweck der Zugewinngemeinschaft ist gerade auch, die Zufälligkeit der Vermögenszuordnung während der Ehe wirtschaftlich auszugleichen. Die Erreichung dieses Zwecks wird durch Vereinbarung der Gütertrennung vereitelt. Zuwendungen unter Ehegatten und die sonstige Zuordnung von Vermögen sind daher bei Gütertrennung mindestens ebenso regelungsbedürftig wie bei Zugewinngemeinschaft. Gerade bei Gütertrennung sind deshalb Regelungen insbesondere zur Rückforderung und Ausgleichung von Vermögen im Scheidungsfall erforderlich (siehe § 11).

### V. Als partnerschaftliche Vermögensordnung

Die Gütertrennung ist bei Ehen zwischen unabhängigen und selbständigen Partnern wohl der nahe liegendste Güterstand, insbesondere auch bei Zweitehen älterer Partner und Ehen ohne Kinderwunsch. Im letzteren Fall ist zu beachten, dass die Voraussetzungen, unter denen die Gütertrennung gewünscht wird, regelmäßig entfallen, wenn entgegen den Erwartungen der Beteiligten zum Zeitpunkt des Abschlusses eines entsprechenden Ehevertrages doch Kinder aus der Ehe hervorgehen. 18

In diesem Zusammenhang ist auf die Parallelen zum Versorgungsausgleich hinzuweisen, die insoweit vorliegen, als eine gewisse staatliche soziale Fürsorge für den „schwächeren" Ehegatten Grund des Zugewinnausgleichs ist (Leitbild: Hausfrauenehe). Nur dort, wo der Fürsorgegedanke nicht passt, liegt Gütertrennung nahe. Zu beachten sind aber in diesen Fällen die erbschaftsteuerlichen Nachteile der Gütertrennung. 19

Kuriosum: Der Gesetzgeber hat § 1414 Satz 2 BGB mit der Begründung in das Gesetz aufgenommen, derjenige, der auf den Versorgungsausgleich verzichtet, solle nicht daneben mit güterrechtlichen Ausgleichsansprüchen belastet werden.

## D. Gestaltungsmöglichkeiten

### I. Typischer Sachverhalt

20 A und B, beides Studienräte, wollen heiraten. Sie beabsichtigen, eine eigenverantwortliche, partnerschaftliche Ehe zu führen, und wollen sämtliche Scheidungsfolgen (Zugewinn, Unterhalt, Versorgungsausgleich) ausschließen.

21 Da Anhaltspunkte für eine Sittenwidrigkeit der Vereinbarung nicht vorliegen, ist die gewünschte Vereinbarung zulässig. Bei jedem Regelungspunkt ist aber zu prüfen, ob die Motivation der Beteiligten alle denkbaren künftigen Fallgestaltungen umfasst. Insbesondere sollte geklärt werden, ob Kindererziehungszeiten zur Unterbrechung der Berufstätigkeit führen können.

### II. Einfache Gütertrennung

#### 1. Formulierungsbeispiel: Gütertrennung

22 Gehen die Beteiligten von einer kinderlosen Ehe aus, bietet sich in güterrechtlicher Hinsicht die Vereinbarung der Gütertrennung an.

▼

23 Wir heben hiermit den gesetzlichen Güterstand auf und vereinbaren statt dessen Gütertrennung gemäß § 1414 BGB. Jeder von uns soll frei von den Beschränkungen aus § 1365 und § 1369 BGB ohne Zustimmung des anderen Ehegatten über sein Vermögen, auch über sein Vermögen im Ganzen oder über Gegenstände des ehelichen Haushaltes, verfügen und sich zu solchen Verfügungen verpflichten können. Die in § 1371 Abs. 1 BGB vorgesehene Erhöhung des gesetzlichen Erbteils des Überlebenden von uns und seine Verpflichtung gemäß § 1371 Abs. 4 BGB, aus diesem zusätzlichen Viertel der Erbschaft etwaigen Abkömmlingen, die nicht aus unserer Ehe stammen, bei Bedarf die Mittel zu einer angemessenen Ausbil-

Gütertrennung § 9

dung zu gewähren, sollen entfallen. Ein in unserer Ehe erzielter Zugewinn soll nicht nach Maßgabe der §§ 1372 ff. BGB ausgeglichen werden. Wir verzichten ausdrücklich wechselseitig auf alle etwa insoweit bestehenden und entstehenden Ansprüche und nehmen diese Verzichtserklärungen gegenseitig an.

Der Zusatz, demzufolge die Beteiligten wechselseitig auf Ausgleich eines etwa **bisher entstandenen Zugewinns** verzichten, ist bei Regelung einer bestehenden Ehe wichtig, soweit die Beteiligten eine entsprechende Regelung wünschen.  24

## 2. Steuerrechtliche Gestaltung

In steuerlicher Hinsicht ist zu beachten, dass der Verzicht auf bisher entstandenen Zugewinn Schenkungsteuer auslösen kann. Umgekehrt ist erbschaftsteuerlich der Vorteil des Steuerfreibetrages des § 5 Abs. 1 ErbStG bei Zugewinngemeinschaft zu beachten. Im Erbfall bleibt der Betrag, den der überlebende Ehegatte als Zugewinnausgleich geltend machen könnte, steuerfrei. Wird die Gütertrennung (wenn überhaupt trotzdem vereinbart) wie vorstehend wieder aufgehoben, musste dies früher ex tunc geschehen, weil das Steuerprivileg sonst nur den neuen Zugewinn erfasst hätte.[7] Durch Änderung des § 5 Abs. 1 Satz 4 ErbStG besteht seit 21.12.1993 keine Rückbezugmöglichkeit mehr. Vor diesem Hintergrund lässt sich die Gütertrennung im Vergleich zur modifizierten Zugewinngemeinschaft nur selten rechtfertigen.  25

---

7 Vgl. BFH BB 1993, 509.

## III. Eingeschränkte Gütertrennung

### 1. Formulierungsbeispiel: Gütertrennung mit Rücktrittsvorbehalt

26 Denkbar ist, die Gütertrennung mit einer einschränkenden Bedingung oder einem Rücktrittsrecht zu versehen,[8] um beispielsweise der nicht auszuschließenden Möglichkeit Rechnung zu tragen, dass trotz anders lautendem Willen der Beteiligten Kinder aus der Ehe hervorgehen.

27 Ein jeder der Beteiligten behält sich jedoch ein Rücktrittsrecht von dieser Vereinbarung vor für den Fall, dass er seine Berufstätigkeit aufgibt oder auf weniger als die Hälfte der üblichen wöchentlichen Arbeitszeit reduziert. Der Rücktritt bedarf der notariellen Beurkundung und der förmlichen Zustellung an den Erklärungsgegner. Im Falle des Rücktritts entfällt die Gütertrennung im Innenverhältnis rückwirkend vollständig (*oder:* mit Wirkung ab der Zustellung des Rücktritts).

### 2. Formulierungsbeispiel: Gütertrennung mit auflösender Bedingung

28 Sollte aus unserer Ehe ein Kind hervorgehen, oder sollten wir ein Kind adoptieren, so soll mit Geburt des Kindes bzw. mit Wirksamwerden der Adoption an die Stelle der Gütertrennung der gesetzliche Güterstand der Zugewinngemeinschaft treten.

---

8 Zu den Auswirkungen des Rücktritts vom Erbvertrag auf den in derselben Urkunde vereinbarten Ehevertrag s. OLG Frankfurt DNotZ 2003, 861.

## 3. Rückforderung und Ausgleichung von Vermögen im Scheidungsfall

Wird Gütertrennung vereinbart, so besteht – wie bereits oben angesprochen – ein gesteigerter Bedarf an Regelungen über die Rückforderung und Ausgleichung von Vermögen im Scheidungsfall. 29

### a) Typischer Sachverhalt

A ist Inhaber eines gewerblichen Betriebes. B ist Hausfrau. A und B vereinbaren Gütertrennung. A überträgt sein Privatvermögen auf die B. 30

A will sein Privatvermögen vor einem Zugriff der Gläubiger schützen. Hierzu wäre eine Gütertrennung nicht unbedingt erforderlich. Sie hilft allerdings in diesem Fall der B, die über die übliche Zuordnung hinaus Vermögensgegenstände zugeordnet erhält. Für den Fall der Scheidung stellt sich die Frage einer Rückforderungsmöglichkeit. Diese ist durch die Vereinbarung der Gütertrennung als solche nicht geklärt (im Einzelnen siehe unten § 11). Die Rechtsprechung wendet im Scheidungsfall teilweise die Grundsätze des Wegfalls der Geschäftsgrundlage an. Eine ausdrückliche Regelung ist vorzugswürdig. Für den Todesfall erhöht die Gütertrennung außerdem das Bedürfnis einer erbrechtlichen Regelung. Zugunsten der B könnte die Gesamtregelung wie folgt gestaltet werden. 31

### b) Formulierungsbeispiel: Gütertrennung und ehebedingte Zuwendungen

▼

Die Beteiligten vereinbaren den Güterstand der Gütertrennung gemäß § 1414 BGB. Sie schließen darüber hinaus die Rückforderung oder den wirtschaftlichen Ausgleich von Zuwendungen, die während der Ehe zwischen den Ehegatten gemacht wurden, bei Beendigung der Ehe aus, und zwar unabhängig von dem Grund der Beendigung. Jedem Ehegatten bleibt vorbehalten, im Falle einer einzelnen Zuwendung abweichend 32 schriftlich vorzubehalten, dass die Rückforderung bei Beendigung der Ehe erfolgen kann.

Die Beteiligten setzen sich gegenseitig, der Erstversterbende den Längstlebenden, zum alleinigen Erben ein, gleichviel ob und welche Pflichtteilsberechtigte beim Tode des Erstversterbenden vorhanden sein werden.

### c) Formulierungsbeispiel: Gütertrennung und Ausgleichsanspruch

33 Selbstverständlich möglich ist eine vermögensmäßige Absicherung für den Scheidungsfall trotz Gütertrennung unabhängig von der Rückforderung von Zuwendungen. Ein solcher „Ausgleichsanspruch" kann **zugewinnähnlich** gestaltet werden, ohne in der Anspruchsdurchsetzung materiell- und verfahrensrechtlich den Zugewinnausgleichsregeln zu unterliegen.

34 Für den Fall der Beendigung der Ehe verpflichtet sich der Ehemann mit Wirkung für seine Erben zur Zahlung einer monatlich zum Ersten eines Monats im Voraus zu gewährenden Geldrente von 3.000 EUR auf Lebzeiten der Berechtigten. ▢ *(Es folgen eventuell Wertsicherung, Beendigung bei Wiederheirat etc. ähnlich der Unterhaltsregelung).* Diese Rente ist durch Eintragung einer Reallast an rangerster Stelle auf dem Grundbesitz in ▢ /einem Grundbesitz nach Wahl des Verpflichteten, dessen Verkehrswert mindestens dem 20-fachen Jahreswert der Rente entspricht, zu sichern.

*(Alternativ:)*

35 Die Berechtigte ist zur Herausgabe des ihr zugewendeten Grundbesitzes in ▢ bei Beendigung der Ehe verpflichtet, und zwar Zug um Zug gegen Gewährung einer Geldrente in Höhe von ▢ EUR, die durch eine Reallast an rangerster Stelle auf dem Grundbesitz abzusichern ist.

## E. Aufhebung der Gütertrennung

### I. Typischer Sachverhalt

A und B haben kurz nach der mehr als 40 Jahre zurückliegenden Eheschließung Gütertrennung vereinbart. Im Rahmen der Besprechung ihrer Testamentsgestaltung lassen sie erkennen, dass sie gegen Pflichtteilsansprüche ihrer gemeinsamen Kinder soweit wie möglich abgesichert sein wollen.

Die Gütertrennung kann wie jeder Güterstand jederzeit aufgehoben werden. Im Hinblick auf die Reduzierung von Pflichtteilsansprüchen der Kinder beim Tod des Erstversterbenden kann die Aufhebung einer Gütertrennung geboten sein, §§ 2303 Abs. 1, 1371 Abs. 1 BGB. Entsprechendes gilt mit Blick auf den bereits angesprochenen Freibetrag des überlebenden Ehegatten gemäß § 5 Abs. 1 ErbStG.

### II. Formulierungsbeispiel: Aufhebung der Gütertrennung

▼

Durch Ehevertrag vom ▓▓▓, UR-Nr. ▓▓▓ des Notars ▓▓▓ in ▓▓▓, haben wir Gütertrennung vereinbart. Wir heben diese rückwirkend vollständig auf und vereinbaren für die gesamte Dauer unserer Ehe den gesetzlichen Güterstand der Zugewinngemeinschaft.
Eine Eintragung der Gütertrennung in das Güterrechtsregister ist nicht erfolgt.

▲

Die Aufhebung der Gütertrennung kann rückwirkend auf den Ehebeginn vereinbart werden.[9] In diesem Fall ist Anfangsvermögen i.S.v. § 1374 Abs. 1 BGB das Vermögen, das jeder Ehegatte bei Beginn der Ehe hatte.

---

9 *Palandt – Brudermüller*, § 1374 BGB Rn 1; MünchKomm – *Gernhuber*, § 1374 BGB Rn 28.

## § 9 Gütertrennung

Fehlt eine entsprechende Erklärung über die Rückwirkung der Vereinbarung des gesetzlichen Güterstandes, so wird Anfangsvermögen i.S.v. § 1374 Abs. 1 BGB das Vermögen, das jeder Ehegatte bei Abschluss des Ehevertrages hatte, durch den der gesetzliche Güterstand vereinbart wurde.

40 In **erbschaftsteuerlicher Hinsicht** ist die Möglichkeit der rückwirkenden Aufhebung der Gütertrennung durch die Neufassung des § 5 Abs. 1 ErbStG ausgeschlossen worden. Ob eine vorsorgliche Anfechtung des Ehevertrages, durch den die Gütertrennung vereinbart wurde, zu einem anderen Ergebnis führen kann, bleibt fraglich.

# § 10 Gütergemeinschaft

## A. Grundzüge

Vereinbaren die Eheleute Gütergemeinschaft, so tritt eine **Gesamthandsgemeinschaft** bezüglich des Gesamtguts der Eheleute ein. Insgesamt entstehen bis zu fünf Vermögensmassen, die es auseinander zu halten gilt:

1

- das gesamthänderisch gebundene gemeinschaftliche Vermögen (Gesamtgut),
- das Vorbehaltsgut und das Sondergut des Mannes und
- das Vorbehaltsgut und das Sondergut der Frau.

Zentrale Folge der Gütergemeinschaft ist die gesamtschuldnerische Haftung mit dem Gesamtgut für Verbindlichkeiten des anderen Ehegatten (**Gesamthandsverbindlichkeiten**; s. § 1437 BGB bei Verwaltung durch einen Ehegatten und § 1459 BGB bei gemeinschaftlicher Verwaltung). Diese weitgehende Haftungsfolge der Gütergemeinschaft wird nur in engen Grenzen durch das Gesetz eingeschränkt, vgl. §§ 1438 ff. und 1460 ff. BGB.

2

Das Gesamtgut erstreckt sich grundsätzlich auf das **gesamte eheliche und voreheliche Vermögen** der Ehegatten. Die einzelnen Vermögensgegenstände werden Gemeinschaftseigentum, ohne dass es eines Übertragungsvorganges bedürfte, § 1416 Abs. 2 BGB. Vorbehaltsgut wird alles, was durch Ehevertrag dazu erklärt wird; es sollte in das Güterrechtsregister eingetragen werden, § 1418 Abs. 4 BGB. Sondergut ist kraft Gesetzes jeder Gegenstand, der unübertragbar oder unpfändbar ist.

Die **Verwaltung** des Gesamgutes muss geregelt werden. Gemeinschaftliche Verwaltung ist die Regel. Bei Altverträgen (vor 1. 4. 1953) verbleibt es vorbehaltlich abweichender Vereinbarungen bei der Verwaltung durch den Mann.

# § 10 Gütergemeinschaft

3   Wird die Gütergemeinschaft beendet, so findet ein **zugewinnähnlicher Ausgleich** statt, § 1476 BGB. Für den Fall der Beendigung der Gütergemeinschaft durch Tod können die Ehegatten im Ehevertrag vereinbaren, dass die Gütergemeinschaft mit den Erben fortgesetzt wird, § 1483 BGB (fortgesetzte Gütergemeinschaft).

4   Beachtenswerte **Unterschiede zwischen gesetzlichem Güterstand und Gütergemeinschaft** bestehen bei Beendigung der Ehe. Hinzuweisen ist insbesondere auf folgende Punkte:

- Der Wertzuwachs bei Vorbehalts- und Sondergut wird bei Scheidung nicht ausgeglichen.
- Im Erbfall erhält der überlebende Ehegatte keinen Zugewinnzuschlag entsprechend § 1371 Abs. 1 BGB.
- Stirbt der ohne Vermögen eingetretene Ehegatte, ist sein Anteil gleichwohl Nachlass und damit erbschaftsteuerpflichtig.

5   Folgen hat die Gütergemeinschaft auch im **Unterhaltsrecht**. Gemäß § 1604 BGB bestimmt sich die Unterhaltspflicht eines Ehepartners gegenüber seinen Verwandten so, wie wenn das Gesamtgut dem unterhaltspflichtigen Ehegatten gehörte.

## B. Entstehung

6   Die Gütergemeinschaft kann **nur durch Ehevertrag** vereinbart werden. Mit Eintritt der Gütergemeinschaft wird das gesamte Vermögen der Eheleute Gesamtgut, auch voreheliches, mit Ausnahme des Vorbehaltsguts und des Sonderguts. Der Vermögenszuwachs durch Eintritt der Gütergemeinschaft ist **schenkungsteuerpflichtig**.

Gütergemeinschaft § 10

## C. Motive für die Gütergemeinschaft

Die Gütergemeinschaft wird sich in der Regel nicht als Wahlgüterstand anbieten, da sie zu Haftungsfolgen führt, die Eheleute gerade zu meiden suchen. Dennoch ist nicht auszuschließen, dass sie in Einzelfällen gewünscht wird. Zu denken ist an Konstellationen, bei denen **Vermögen auf den anderen Ehegatten übertragen** werden soll, um Pflichtteilsansprüche zu verringern oder um die Bindung von Verfügungen von Todes wegen wirtschaftlich zu umgehen. Bei der Ermittlung der Vorstellungen der Beteiligten ist zu beachten, dass die gewöhnliche Gütergemeinschaft von Laien oft mit der Zugewinngemeinschaft verwechselt wird. 7

Für die Gütergemeinschaft mag das Interesse der Ehegatten sprechen, ein Gesamthandsvermögen zu bilden; zu prüfen ist bei einem entsprechenden Wunsch der Eheleute, ob eine **BGB-Gesellschaft** nicht zu sachgerechteren Ergebnissen führt. Zu beobachten ist, dass die Gütergemeinschaft in bestimmten landwirtschaftlich geprägten Regionen noch verbreitet ist, da sie den Vorteil hat, dass der einheiratende Ehegatte „angemessen" am landwirtschaftlichen Betrieb beteiligt wird.

Haben sich Eheleute für die Gütergemeinschaft entschieden, ist zu klären, ob sie sich im Ehevertrag für eine **fortgesetzte Gütergemeinschaft** entscheiden wollen, §§ 1483 ff. BGB. Dagegen spricht regelmäßig, dass verschiedene Vermögensmassen und die gesamthänderische Bindung mit Erben fortgesetzt werden. Dafür können hingegen steuerliche Gesichtspunkte sprechen: Zu denken ist an die Vererbung eines Landgutes zum Ertragswert, § 1515 Abs. 2 BGB, und die Vermeidung der Doppelbesteuerung des Erbes; der überlebende Ehegatte wird bezüglich des Anteils des Verstorbenen am Gesamtgut nicht Erbe, so dass – anders als bei einer Vorerbschaft – erbschaftsteuerlich keine Doppelbesteuerung stattfindet, § 4 ErbStG. 8

Zu beachten ist, dass aufgrund der Gesamthandsgemeinschaft, die die Eheleute mit Wahl der Gütergemeinschaft bilden, Rechtsgeschäfte unter den Ehegatten erschwert sind. So werden **Ehegattenarbeitsverhältnisse** 9

97

ohne Vorbehaltsgutregelung steuerlich nicht anerkannt. Darüber hinaus werden Personengesellschaften zwischen den Ehegatten nicht anerkannt, da sie eine identische Gesamthandsgemeinschaft darstellen.[1]

## D. Gestaltungsmöglichkeiten

### I. Problem: Einbeziehung des vorehelichen Vermögens

10 Bei der Ausgestaltung der Gütergemeinschaft sollte berücksichtigt werden, dass der laienhaften Vorstellung von einer Gütergemeinschaft oft die **Einbeziehung auch des vorehelichen Vermögens** in das Gesamtgut widerspricht. Der Grundsatz der Teilung des Überschusses (§ 1476 BGB) bzw. des Wahlrechts auf Rückerstattung des Wertes eingebrachten Vermögens (§ 1478 BGB) trägt dem nicht ausreichend Rechnung. Einer Einbeziehung vorehelichen Vermögens kann dadurch vorgebeugt werden, dass Vermögenswerte über das Vorbehaltsgut von Mann und Frau ausgeklammert werden. So wird die Gütergemeinschaft dem früheren Güterstand der Errungenschaftsgemeinschaft angenähert, der auch im Ausland teilweise verbreitet ist (Italien).

11 Zu beachten ist, dass ohne besondere Bestimmung des Zuwendenden (§ 1418 Nr. 2 BGB) Schenkungen und Erwerbe von Todes wegen während der Ehe Gesamtgut werden. Hier kann eine abweichende ehevertragliche Regelung geboten sein.

12 Geprüft werden sollte im Übrigen:

- ob nicht weitgehend Vorbehaltsgut gewünscht wird, insbesondere bezüglich des vorehelichen Vermögens und der Hinzuerwerbe aus Schenkung und Erwerb von Todes wegen;
- ob Sondergut (z.B. ein Nießbrauch) zum Vorbehaltsgut erklärt werden muss, um aus der Verwaltung für Rechnung des Gesamtguts herauszukommen (s. § 1417 Abs. 3 BGB);

1 BGH NJW 1975, 1174.

- ob dem Ehegatten, der keine Vermögensgegenstände einbringt, im Auseinandersetzungsfall das Risiko einer Wertminderung der eingebrachten Gegenstände abgenommen werden kann, § 1478 Abs. 1, 3 BGB;
- ob eine gemeinschaftliche Verwaltung (Regelfall) durch wechselseitige Vollmachten vereinfacht werden kann.

## II. Formulierungsbeispiel: Gütergemeinschaft

▼

Wir vereinbaren den Güterstand der Gütergemeinschaft. Die Verwaltung des Gesamtguts steht beiden Ehegatten gemeinschaftlich zu. Diese bevollmächtigen sich wechselseitig, füreinander alle Rechtsgeschäfte und Rechtshandlungen vorzunehmen und Erklärungen entgegenzunehmen einschließlich Grundstücksgeschäften, und zwar befreit von den Beschränkungen des § 181 BGB.

Sämtliches Vermögen, das bei Beginn der Ehe bereits vorhanden war, erklären wir zum Vorbehaltsgut. Insoweit wird auf anliegende Auflistung verwiesen. Der Nießbrauch der Ehefrau am Grundbesitz  wird ebenfalls zum Vorbehaltsgut erklärt. Gleiches gilt für Zuwendungen vonseiten eines Dritten oder Erwerbe von Todes wegen während der Ehe, unabhängig davon, ob der Dritte dies bestimmt.

Gesamtgut wird lediglich das landwirtschaftliche Anwesen des A, gelegen in X-Dorf, sowie zu diesem Anwesen erfolgende Hinzuerwerbe oder Surrogate desselben. Eine Wertminderung bei Beendigung des Güterstandes ist nicht nach § 1478 BGB zu erstatten.

## III. Verringerung der Pflichtteilsansprüche

*Fall*
Der A ist in zweiter Ehe verheiratet und hat Kinder aus erster Ehe. Er möchte seiner zweiten, vermögenslosen Ehefrau möglichst ungeschmälert die alleinige Erbfolge eröffnen, vor allem Pflichtteilsrechte der Kinder soweit wie möglich zurückdrängen.

14  Setzt A die B zur Alleinerbin ein, ist gemäß § 2303 Abs. 1 BGB 1/4 der Erbschaft Pflichtteil der Abkömmlinge. Überträgt A sein Vermögen zu Lebzeiten, gilt für die Berechnung der Pflichtteile diese Übertragung als nicht erfolgt, § 2325 BGB.

15  Nach überkommener Rechtsprechung soll die Begründung einer Gütergemeinschaft zivilrechtlich im Regelfall keine Schenkung sein, zumindest dann nicht, wenn sie einer vernünftigen ehelichen Vermögensordnung entspricht.[2] Folglich könnte durch Begründung der Gütergemeinschaft eine **Verringerung der Pflichtteilsansprüche** erreicht werden, indem die Hälfte der Vermögensmasse aus der Erbfolge herausgenommen wird (rechnerischer Vorteil 1/16). Ob die Rechtsprechung nach Änderung des Schenkungsteuerrechts (Einbringung in Gütergemeinschaft gilt steuerrechtlich seit 1974 als Schenkung) und der Unterstellung der unbenannten Zuwendung unter die Schenkungsteuer[3] noch gilt, ist zweifelhaft.[4]

## E. Formulierungsbeispiel: Aufhebung der Gütergemeinschaft

16  Bei Aufhebung der Gütergemeinschaft ist § 1414 Satz 2 BGB zu beachten. Soll an Stelle der Gütergemeinschaft nicht die Gütertrennung, son-

---

2 BGH DNotZ 1972, 237; *Soergel – Dieckmann*, § 2325 BGB Rn 4 m.w.N.
3 BFH DStR 1994, 615.
4 Bejahend bisher *Meincke*, ErbStG, § 7 Rn 106.

dern der gesetzliche Güterstand gelten, so ist dies im Aufhebungsvertrag ausdrücklich zu erklären.

Die Gütergemeinschaft kann auch durch Urteil aufgehoben werden, s. § 1447 BGB. Wirkung des Aufhebungsurteils ist der Eintritt der Gütertrennung. Die Vereinbarung des gesetzlichen Güterstandes für diesen Fall wird kaum ratsam sein.

▼

§ ▒▒▒ *Güterstandswechsel* 17

Wir heben hiermit den Güterstand der Gütergemeinschaft auf und vereinbaren statt dessen mit Wirkung ab heute für unsere Ehe den gesetzlichen Güterstand. Wir beantragen die Eintragung in das Güterrechtsregister. Der Notar soll den Antrag aber nur stellen, wenn einer von uns ihn hierzu schriftlich auffordert.

§ ▒▒▒ *Auseinandersetzung des Gesamtgutes*

Bezüglich des vorstehend näher bezeichneten, zu unserem Gesamtgut gehörenden Grundbesitzes setzen wir uns wie folgt auseinander: Jeder von uns soll künftig Miteigentümer zu je einem halben Anteil sein. Der Grundbesitz wird übertragen mit allen Rechten und Zubehör.

Wir sind uns über den Eigentumsübergang einig. Wir bewilligen und beantragen die Eintragung der Rechtsänderung im Grundbuch.

▒▒▒ *(Es folgen Regelungen zu Haftung, Besitzübergang etc.)*

# § 11 Ausgleich und Rückforderung von Zuwendungen zwischen Ehegatten

## A. Grundzüge

Eheleuten mag es nahe liegend erscheinen, dass Gegenstände, die einer dem anderen während der Ehe zuwendet, bei Scheitern der Ehe herauszugeben sind. Ein entsprechender Herausgabeanspruch wird aber tatsächlich in den seltensten Fällen bestehen. Beim gesetzlichen Güterstand ist im Rahmen des Zugewinnausgleichs die Übertragung von Vermögensgegenständen nur als Rechnungsposten zu berücksichtigen (s.u. § 11 Rn 11 ff.); ein **dinglicher Rückübertragungsanspruch** ist dagegen in der Regel **ausgeschlossen**. Ähnlich, wenn nicht gravierender, verhält es sich, soweit ein Wahlgüterstand vereinbart wurde. 1

Die Rechtsprechung geht in vielen Fällen bei Zuwendungen unter Ehegatten vom Vorliegen einer sog. **ehebedingten oder unbenannten Zuwendung** aus, nicht aber von einer Schenkung.[1] Kennzeichen solcher Zuwendungen soll sein, dass ihnen die Vorstellung oder Erwartung zugrunde liegt, die eheliche Lebensgemeinschaft werde Bestand haben, oder die sonst um der Ehe willen und als Beitrag zur Verwirklichung der ehelichen Lebensgemeinschaft erbracht werden.[2] Folge der Qualifizierung einer Vermögensübertragung als unbenannte Zuwendung ist, dass sie nicht als unentgeltliche Schenkung anzusehen ist und damit die Regeln über die Schenkung, insbesondere § 530 BGB, keine Anwendung finden. Eine Vermutung für eine Schenkung besteht aber, wenn dieser Terminus ausdrücklich in einer notariellen Urkunde verwendet wird.[3] 2

---

1 BGH FamRZ 1988, 373; NJW 1993, 385.
2 BGH FamRZ 1990, 600.
3 Zur Abgrenzung BGH FamRZ 1990, 600.

**3** Neben der Rechtsfigur der unbenannten Zuwendung hat aber aufgrund der jüngeren Rechtsprechung des BGH[4] die **Ehegatteninnengesellschaft** verstärkte Bedeutung für die Ausgleichung von Vermögensverlagerungen erlangt. Sie soll nach Auffassung des BGH Vorrang vor der Rechtsfigur der unbenannten Zuwendung haben.

**4** Meist scheidet also ein Widerruf der Schenkung wegen groben Undanks gemäß § 530 BGB bei Ehescheidung aus, da es an einer Schenkung fehlt. Auch eine Kondiktion gemäß § 812 Abs. 1 Satz 2, 1. Alt. oder 2. Alt. BGB scheidet aus, weil die Ehe nicht causa der Zuwendung war, sie verpflichtete nicht zu derselben. Gesellschaftsrechtliche Auseinandersetzungsregeln können vor dem Hintergrund der Rechtsprechung des BGH im Einzelfall zu einem Ausgleichsanspruch führen; da der Rechtsprechung aber ein Streben nach Eizelfallgerechtigkeit zugrunde liegt, ist schwer zu prognostizieren, in welchen Fällen diese Grundsätze zu Rückforderungsansprüchen führen. Es besteht insoweit eine Rechtsunsicherheit, der durch klare vertragliche Absprachen vorgebeugt werden kann. Nur in Ausnahmefällen kommen die Grundsätze des Wegfalls der Geschäftsgrundlage in Betracht, weil die Ehe als Geschäftsgrundlage betrachtet werden kann.[5]

**5** Im **Verhältnis zu Dritten**, insbesondere Pflichtteilsberechtigten oder Anfechtungsgläubigern, gilt die unbenannte Zuwendung als „objektiv unentgeltlich" und wird wie eine Schenkung behandelt, sofern nicht eine Unterhaltspflicht oder Gegenleistung zugrunde liegt.[6]

**6** **Steuerlich** liegt im Regelfall eine Schenkung vor.[7] Schenkungsteuer lässt sich dadurch vermeiden, dass zugleich ehevertraglich der Zugewinn (teilweise) ausgeschlossen wird und die Übertragung als Ausgleich dient.[8]

---

4 BGH DNotZ 2000, 514; hierzu *Grziwotz*, DNotZ 2000, 486, 495, der davon ausgeht, dass die Rechtsprechung zu den unbenannten Zuwendungen künftig nur noch beim Bau eines Familienheims relevant sein wird.
5 BGHZ 68, 299.
6 BGH FamRZ 1992, 300.
7 So jetzt BFH DStR 1994, 615 = NJW 1994, 2044, kritisch *Crezelius*, NJW 1994, 3066.
8 *Bauer*, MittBayNot 1994, 302, 306.

## B. Rückforderungsklausel

### 1. Typischer Sachverhalt

Während der Ehe überträgt A der B das Hausgrundstück, um es im Eventualfall vor einem Zugriff der Gläubiger zu schützen. Er bestreitet aus seinen Einkünften weiterhin die Zins- und Tilgungsleistungen der Baufinanzierung. Als Scheidungsantrag gestellt wird, verlangt er die Rückübertragung.

7

### 2. Vorüberlegungen

Die dingliche Rückforderung einer Zuwendung bedarf unabhängig vom Güterstand – will man nicht auf die vage und selten eingreifende Lehre vom Wegfall der Geschäftsgrundlage setzen – einer **ausdrücklichen Regelung** im Sinne einer Rückforderungsklausel. Das gilt sogar verstärkt im gesetzlichen Güterstand, weil der umfassend geregelte Zugewinnausgleich der Rechtsprechung zufolge in aller Regel den Rückgriff auf andere Ausgleichsmöglichkeiten versperrt.

8

Für den Rückforderungsfall muss geregelt sein, dass **Verwendungen** des anderen Ehegatten auf das Objekt ebenfalls erstattet werden (bei Zugewinn: soweit aus Anfangsvermögen).

Verwendungen seitens des Rückfordernden, insbesondere im Rahmen der Schuldentilgung, sind unabhängig von der Außenhaftung (meist Gesamtschuld) darauf zu prüfen, ob sie im Innenverhältnis in voller Höhe Ausfluss seiner Unterhaltspflicht waren oder ihrerseits teilweise ebenfalls Zuwendungen darstellen. Anderenfalls ist Anlass zu weiteren Vereinbarungen, etwa auf Darlehensbasis.

9

Bei ehebedingten Zuwendungen sollten ggf. Pflichtteilsberechtigte gegenständlich beschränkt auf ihr Pflichtteilsrecht beim Tode des Erwerbers verzichten.

## 3. Formulierungsbeispiel: Rückforderung ehebedingter Zuwendungen

10   Der Ehemann ▓▓▓ wendet der Ehefrau ▓▓▓ den Grundbesitz ▓▓▓ als ehebedingte Zuwendung zu.

Die miterschienenen Abkömmlinge ▓▓▓ verzichten ihrer dies annehmenden Mutter gegenüber in Ansehung des übertragenen Grundbesitzes auf die Geltendmachung von Pflichtteils- oder Pflichtteilsergänzungsansprüchen bei ihrem Tode.

Im Falle der rechtskräftigen Scheidung der Ehe hat der Ehemann ▓▓▓ Anspruch auf Rückübertragung des in dieser Urkunde übertragenen Grundbesitzes. Soweit die Ehefrau ▓▓▓ (*bei Zugewinngemeinschaft:* aus Anfangsvermögen) Verwendungen auf den Grundbesitz gemacht hat, sind ihr diese Zug um Zug zu erstatten. Die Ehefrau ist aus der Mithaft für auf dem Grundbesitz dinglich abgesicherte Verbindlichkeiten Zug um Zug gegen Abtretung aller in Ansehung der Belastungen bestehenden Eigentümerrechte zu entlassen. Zweckerklärungen sind entsprechend abzuändern.

▲

Zurückhaltung ist gegenüber den in der Praxis von den Beteiligten mitunter gewünschten Klauseln geboten, denen zufolge der zuwendende Ehegatte jederzeit die **Rückübertragung** des zugewendeten Grundbesitzes oder Vermögens verlangen kann. Eine derartige Vereinbarung ohne weitere Voraussetzungen hinsichtlich der Rückforderbarkeit des zugewendeten Vermögens soll nach jüngerer Rechtsprechung des BGH zur Pfändbarkeit des Rechtes, die Rückübertragung zu verlangen (neben dem Recht auf Rückübertragung), führen.[9]

---

9   BGH FamRZ 2003; *Münch*, ZFE 2003, 269 f.

## C. Wertmäßige Verrechnung von Zuwendungen im Zugewinnausgleich

### 1. Typischer Sachverhalt

Das von A der B übertragene Grundstück hat einen Wert von 100.000 EUR. Weiteres Vermögen ist am Ende der Ehe bei keinem Ehegatten vorhanden.

Die Berechnung des Zugewinns ergibt, dass das Endvermögen der B, das zugleich den Zugewinn darstellt, 100.000 EUR beträgt, während das Endvermögen des A null ist. A hat einen Zugewinnausgleichsanspruch von 50.000 EUR.

Wertmäßig wird im Zugewinnausgleich eine Verrechnung über § 1380 BGB vorgenommen, indem eine Anrechnung auf eine bestehende Ausgleichsforderung stattfindet. Hat der Zuwendungsempfänger (hier B) keine Ausgleichsforderung, findet § 1380 BGB keine Anwendung; es gilt dann das normale Berechnungsverfahren.

### 2. Sachverhaltsvarianten

*Variante 1*
A hat bei Beendigung der Ehe selbst noch weiteres Vermögen in Höhe von 300.000 EUR.

Das Anfangsvermögen des A betrug 100.000 EUR, das Endvermögen beträgt nach Übertragung des Hausgrundstücks 300.000 EUR. Der Zugewinn des A beträgt 200.000 EUR, der Zugewinn der B beträgt 100.000 EUR. B hätte mithin einen Ausgleichsanspruch. Zur Berücksichtigung der Zuwendung wird die Zuwendung jedoch dem Zugewinn des A zugerechnet (§ 1380 Abs. 2 BGB), so dass sich dieser auf 400.000 EUR erhöht. Der Zugewinnausgleichsanspruch der B betrüge 1/2 vom Überschuss des A, also 150.000 EUR. Hierauf ist die Zuwendung voll anzu-

# § 11 Ausgleich und Rückforderung von Zuwendungen zwischen Ehegatten

rechnen (§ 1380 Abs. 1 BGB), so dass B einen Ausgleichsanspruch von 150.000 EUR – 100.000 EUR = 50.000 EUR hat.

Voraussetzung für die Anrechnung gemäß § 1380 BGB ist, dass eine Anrechnung nach dem Willen des übertragenden Ehepartners erfolgen soll, was § 1380 Abs. 1 Satz 2 BGB bei überobligationsmäßigen Geschenken vermutet. Um Streitfragen zu vermeiden, ist eine **klarstellende Erklärung im Übertragungsvertrag** ratsam.

14 *Variante 2*
A hat sich bei Zuwendung des Grundstücks ausdrücklich die dingliche Rückforderung desselben im Fall des Scheiterns der Ehe vorbehalten.

Zum Endvermögen des A von 300.000 EUR fließt das Grundstück selbst wieder hinzu, bzw. der Anspruch auf Rückübertragung, so dass das Endvermögen 400.000 EUR, der Zugewinn 300.000 EUR beträgt. Das Endvermögen der B ist null, ihr Zugewinnausgleichsanspruch beträgt 150.000 EUR.

15 *Variante 3*
Der Grundbesitz wurde während der Ehe aus zugewinnausgleichspflichtigem Vermögen bebaut. Sein Wert beträgt am Ende der Ehezeit 400.000 EUR.

Die Rückübertragung führt dazu, dass die B die Hälfte der Wertsteigerung (150.000 EUR), die ohne Rückübertragung nach Durchführung des Zugewinnausgleichs bei ihr verbleiben würde, verliert. Die Rückübertragung führt auf der anderen Seite aber dazu, dass die Wertsteigerung des Grundbesitzes in den Zugewinn des A fällt und bei diesem vorliegt; er schuldet daher einen Zugewinnausgleich in Höhe des halben Wertzuwachses.

16 *Variante 4*
Das Endvermögen des A ohne Berücksichtigung des Grundbesitzes beträgt 0 EUR. Das Endvermögen der B enthält neben dem Grundbesitz mit einem Wert von 400.000 EUR noch einen Zugewinn von 300.000 EUR.

Nach Rückforderung des Grundbesitzes hat A unter Berücksichtigung des Anfangsvermögens von 100.000 EUR einen Zugewinn von 300.000 EUR, ebenso die B. Die B hat also keinen Ausgleichsanspruch, obwohl ihr bei isolierter Betrachtung des Grundbesitzes wirtschaftlich die Hälfte des Wertzuwachses des Grundbesitzes zuzurechnen war. In solchen Fällen muss gegen eine Rückforderung, die den Zugewinnausgleich zu Lasten des A verkürzt, Vorsorge getroffen werden, wenn die Beteiligten einzelne Vermögensgegenstände vom Zugewinnausgleich ausschließen wollen.

Möglich ist, das **Rückforderungsobjekt insgesamt vom Zugewinnausgleich auszunehmen**, so dass insbesondere Wertsteigerungen, Verwendungen und objektbezogene Verbindlichkeiten nicht in die Berechnung einbezogen werden. Das ist vor allem dann zu erwägen, wenn es sich um eine reine formale Verschiebung der Eigentumsverhältnisse handelt, etwa zur Vermeidung eines Gläubigerzugriffs. Problematisch ist, dass in diesen Fällen der Ehepartner, der Verwendungen auf das zurück zu übertragende Vermögensobjekt macht, diese mit Rückübertragung ersatzlos verliert. 17

### 3. Formulierungsbeispiel: Rückforderungsansprüche und Verwendungsersatz

▼

Verlangt ▨ die Rückübertragung des Grundbesitzes, bleiben der Grundbesitz selbst, eventuell auf ihn getätigte Verwendungen sowie auf ihm lastende Verbindlichkeiten für die Durchführung des Zugewinnausgleichs unberücksichtigt. Sie werden weder zur Berechnung des Anfangs- noch des Endvermögens eines Ehegatten hinzugezogen. Etwaige Verwendungen der B auf den Grundbesitz werden nicht erstattet. Wird das Rückforderungsverlangen nicht gestellt, verbleibt es jedoch bei § 1380 BGB. 18

**19** In allen vorangegangenen Fällen entsteht ein Rückforderungsrecht erst mit Beendigung des Güterstandes. Das Rückforderungsrecht selbst ist als zweckgebundenes, höchstpersönliches Recht gemäß §§ 399 BGB, 852 ZPO einer Pfändung durch Gläubiger nicht zugänglich.[10]

## D. Behandlung gemeinsamer Schulden

### 1. Typischer Sachverhalt

**20** A hat im Anfangsvermögen ein Grundstück im Wert von 100.000 EUR. Während der Ehe bebauen A und B das Grundstück und nehmen zu diesem Zweck 200.000 EUR Darlehen auf. Bei Beendigung der Ehe hat das Grundstück einen Verkehrswert von 400.000 EUR.

### 2. Rechtliche Grundlagen

**21** Der Zugewinn des A beträgt nach Abzug des Anfangsvermögens vom Endvermögen 300.000 EUR. Fraglich ist, wie die Verbindlichkeiten von 200.000 EUR zu berücksichtigen sind. Die Rechtsprechung wendet unabhängig vom Zugewinnausgleichsrecht für gemeinsame Verbindlichkeiten **§ 426 Abs. 1 Satz 1 BGB** im Innenverhältnis an, und zwar auch bei Gütertrennung.[11] Danach bedarf es der Feststellung, welche Regelung zur Schuldenverteilung von den Parteien ausdrücklich oder stillschweigend vereinbart wurde. Im Zweifel sind Zins- und Tilgungsleistungen, die ein Ehegatte während der Ehe auf das Familienheim oder sonstige gemeinsam genutzte Vermögensgegenstände erbringt, Teil seines Beitrages zum Familienunterhalt.

**22** Soweit die gesamtschuldnerische Ausgleichspflicht bei intakter Ehe durch die eheliche Lebensgemeinschaft überlagert war, lebt sie mit dem Schei-

---

10 *Wüllenkemper*, JR 1988, 353.
11 BGHZ 87, 265; BGH FamRZ 1988, 596, 1031.

tern der Ehe (Zerrüttungszeitpunkt) ohne besondere Erklärung wieder auf.[12] Rückwirkend findet ein Gesamtschuldnerausgleich aber nicht statt. Bei Beendigung der Ehe wird für das Innenverhältnis wegen Wegfalls der Geschäftsgrundlage meist derjenige, der künftig am Objekt nicht mehr beteiligt ist, einen Freistellungsanspruch haben.

Aus dem Vorstehenden ergeben sich folgende Konsequenzen für die Gestaltung von Eheverträgen:   23

- Soll klargestellt werden, dass Verwendungen des Nichteigentümer-Ehegatten auf das Objekt auf jeden Fall zurückzugewähren sind, ist eine Darlehensregelung angezeigt.
- Für die Vermögensauseinandersetzung muss vorgesehen sein, dass der Nichteigentümer-Ehegatte aus der Schuldhaft entlassen wird und der Eigentümer-Ehegatte nicht dinglich für Verbindlichkeiten des anderen Ehegatten weiter haftet (Beschränkung der Zweckbestimmungserklärung).
- Für den Zugewinnausgleich muss festgestellt werden, ob die Darlehensforderung zum Anfangsvermögen des Darlehensgebers gehören soll. Im Hinblick auf diese Regelung bedarf die gesamte Vereinbarung notarieller Beurkundung.

## 3. Formulierungsbeispiel: Behandlung gemeinsamer Schulden

▼

B haftet als Gesamtschuldner für die Baufinanzierung des Grundbesitzes   24
▓▓▓▓ in ▓▓▓▓. Im Innenverhältnis gelten Zins- und Tilgungsleistungen auf dieses Objekt als je zur Hälfte erbracht. Die Beteiligten vereinbaren, dass die auf B entfallenden Tilgungsleistungen, nicht aber die Zinsleistungen – zinslos addiert –, darlehensweise gewährt werden. Das Darlehen ist erst bei Beendigung der Ehe zwischen den Beteiligten kündbar. Endet die

---

12 BGH NJW 1995, 652.

## § 11 Ausgleich und Rückforderung von Zuwendungen zwischen Ehegatten

Ehe der Beteiligten durch Tod eines Ehegatten, so erlischt die Darlehensforderung, sofern B nicht über sie ganz oder teilweise von Todes wegen zugunsten ihrer Abkömmlinge aus erster Ehe verfügt hat. Ab Kündbarkeit ist das Darlehen mit 5 vom Hundert über dem jeweiligen Basiszinssatz zu verzinsen.

Endet die Ehe in anderer Weise als durch Tod, ist B aus der Schuldhaft für die auf dem Grundbesitz dinglich gesicherten Darlehensverbindlichkeiten zu entlassen. Zugunsten des A sind Zweckbestimmungserklärungen betreffend die Grundpfandrechte dahin einzuschränken, dass diese ab diesem Zeitpunkt nur noch für Verbindlichkeiten des A Sicherheit leisten.

Die Abtretung oder Pfändung von Rechten, die aufgrund dieser Vereinbarung entstehen, wird ausgeschlossen. Für einen eventuellen künftigen Zugewinnausgleich zwischen den Beteiligten zählt die Darlehensforderung der B zu deren Endvermögen.

# § 12 Fälle mit Auslandsberührung, deutsch-deutsche Fragen

## A. Grundzüge

Sind Ehepartner verschiedener oder ausländischer Nationalität, stellt sich  1
die Frage, welches Recht für ihre Ehe Anwendung findet. Zentrale Vorschrift für die Beantwortung dieser Frage ist **Art. 14 EGBGB**. Die Vorschrift gilt unmittelbar nur für die Bestimmung des allgemeinen Ehewirkungsstatuts (das z.b. Verfügungsbeschränkungen erfasst); sie wird aber auch für die Erstanknüpfung des Güterrechtsstatuts (Art. 15 Abs. 1 EGBGB) sowie für die Anknüpfung im Bereich der Scheidungsvoraussetzungen (Art. 17 Abs. 1 EGBGB) und des Versorgungsausgleichs (Art. 17 Abs. 3 EGBGB) zur Grundlage genommen. Das Haager Ehewirkungsabkommen, das völkerrechtlich noch an das Mannesrecht anknüpfte, ist Ende 1987 von der Bundesrepublik Deutschland gekündigt worden.

> *Fall*  2
> A ist Deutscher. Er heiratet während einer Tätigkeit in Brüssel eine Niederländerin. Nach einigen Jahren wird A wieder in die Bundesrepublik Deutschland versetzt. Die Eheleute verlegen ihren Wohnsitz dorthin. Im Rahmen eines Hauskaufes stellt sich die Frage, ob A ehebedingten Verfügungsbeschränkungen unterliegt.

Nach Art. 14 Abs. 1 EGBGB gilt für die allgemeinen Ehewirkungen  3
a) das Recht des Staates, dem beide Ehegatten angehören oder
b) das Recht des Staates, dem beide Ehegatten während der Ehe zuletzt angehörten, wenn einer von ihnen diesem Staat noch angehört, sonst
c) das Recht des Staates, in dem beide Ehegatten ihren gewöhnlichen Aufenthalt haben, oder
d) das Recht des Staates, in dem beide Ehegatten ihren letzten gewöhnlichen Aufenthalt während der Ehe hatten, sofern dort noch einer seinen gewöhnlichen Aufenthalt hat, hilfsweise

e) das Recht des Staates, dem die Ehegatten auf andere Weise am engsten verbunden sind.

4 Soll beurteilt werden, ob A ehebedingten Verfügungsbeschränkungen unterliegt, ist **nach der vorgenannten Reihenfolge** das anwendbare Recht zu ermitteln. Zu beachten ist, dass das Ehewirkungsstatut wandelbar ist. Während des Aufenthalts in Brüssel galt nach c) belgisches Recht. Ab dem Zeitpunkt der Verlegung des Wohnsitzes nach Deutschland kommt e) zur Anwendung, es gilt also deutsches Recht.

5 *Fallvariante 1*
*Wie voriger Fall. A und B haben in Brüssel gemeinsam eine Eigentumswohnung erworben. Sie fragen sich, nach welchem Recht sich ihre güterrechtlichen Ansprüche an der Wohnung richten.*

6 Für das Güterrecht bestimmt Art. 15 Abs. 1 EGBGB die Anwendung des Rechtes, das *bei der Eheschließung* für die allgemeinen Wirkungen der Ehe maßgebend war. Das **Güterrechtsstatut** ist grundsätzlich **unwandelbar**: Unabhängig von der weiteren Entwicklung des Ehewirkungsstatuts bleibt es für das Güterrechtsstatut bei dem zur Zeit der Eheschließung festzustellenden Statut. Ausnahmsweise wandelt es sich, soweit von der besonderen güterrechtlichen Rechtswahlmöglichkeit (Art. 15 Abs. 2 EGBGB) Gebrauch gemacht wird. Da bei Eheschließung das Ehewirkungsstatut auf belgisches Recht verwies, haben die Eheleute also den belgischen gesetzlichen Güterstand einer Errungenschaftsgemeinschaft mit Gesamtgutsvermutung, sofern nicht das belgische Recht in eine andere Rechtsordnung verweist. Das ist nicht der Fall.

7 Die Antwort auf die Frage, ob Änderungen der belgischen Rechtsordnung nach Verlegung des Wohnsitzes in die Bundesrepublik Deutschland noch berücksichtigt werden oder eine so genannte Versteinerung stattfindet, ist umstritten.[1] Eine „Versteinerung" ist entgegen Teilen der Rechtsprechung

---

1 Vgl. Palandt – Heldrich, Art. 14 EGBGB Rn 3; Soergel – Kegel, Art. 15 EGBGB Rn 4.

abzulehnen, da sie zur Anwendung veralteter Normen führt und nicht einzusehen ist, warum bei Wechsel der Anknüpfungspunkte eine Versteinerung sachgerecht sein kann, wenn dies ohne einen entsprechenden Wechsel nicht der Fall ist.

Für die güterrechtlichen Ansprüche von A und B an der Wohnung in Brüssel ist folglich belgisches Güterrecht maßgebend.

*Fallvariante 2* 8
Wie voriger Fall. A und B wollen sich scheiden lassen. Im Rahmen der Vorbereitung eines Vertrages über die Scheidungsfolgen stellt sich nach Bestimmung des Güterrechtsstatuts die Frage, welches Recht den Versorgungsausgleich und welches den nachehelichen Unterhalt regelt.

Maßgebend für die Bestimmung des **Versorgungsausgleichsstatuts** ist 9 Art. 17 Abs. 3 EGBGB. Dieser verweist auf Art. 17 Abs. 1 Satz 1 EGBGB. Für die Bestimmung des **Unterhaltsstatuts** ist Art. 18 Abs. 4 EGBGB maßgebend, der ebenfalls auf Art. 17 Abs. 1 Satz 1 EGBGB verweist. Abzustellen ist daher auf das allgemeine Ehewirkungsstatut, das *bei Eintritt der Rechtshängigkeit der Scheidung* maßgebend ist. Dies ist nach dem vorstehend Gesagten deutsches, nicht belgisches Recht, da das Ehepaar seinen gemeinsamen Wohnsitz nach Deutschland verlegt hat.

Das belgische Recht kennt keinen Versorgungsausgleich, wie er im deut- 10 schen Recht bekannt ist. Mangels separaten Versorgungsausgleichs regelt das belgische Güter- und Unterhaltsrecht versorgungsrechtliche Aspekte mit. Dies führt im konkreten Fall zu dem potentiellen Problem, dass derjenige Ehepartner, der Versorgungsansprüche geltend machen kann, doppelt abgesichert wird: Im Rahmen des Versorgungsausgleichs nach anzuwendendem deutschen Recht und im Rahmen des Güterrechts nach anzuwendendem belgischen Recht.

Dieses Beispiel verdeutlicht, dass bei Ehen mit Auslandsbezug oft ein Be- 11 dürfnis besteht, durch Rechtswahl einer Rechtsordnung für die verschiedenen ehetypischen Regelungsbereiche soweit möglich sicherzustellen, dass **ein in sich stimmiges Regelwerk** die ehelichen Vermögensverhältnisse regelt und nicht verschiedene Teilbereiche mehrerer nicht auf einander abgestimmter Rechtsordnungen.

## B. Rechtswahl

### I. Typischer Sachverhalt

12  Wie voriger Fall. A und B sind noch in Brüssel ansässig. Während eines Aufenthalts in Bonn erwerben sie dort eine Eigentumswohnung. Bei dieser Gelegenheit lassen sie sich über die sachgerechte Gestaltung ihrer Rechtsverhältnisse beraten. Sie möchten möglichst die Anwendung deutschen oder niederländischen Rechtes vereinbaren.

### II. Wahl des Ehewirkungsstatuts

13  Wählen die Eheleute *vor der Eheschließung* das allgemeine Ehewirkungsstatut, so hat diese Wahl mittelbar Auswirkungen auf das Ehegüterrechtsstatut, da Art. 15 Abs. 1 EGBGB für den Güterstand auf das Recht verweist, das *bei Eheschließung* für die allgemeinen Ehewirkungen maßgebend ist.

14  Eine Rechtswahl, durch die die Eheleute die Rechtsordnung bestimmen, welche die allgemeinen Ehewirkungen regelt, ist nur unter engen Voraussetzungen möglich. Es darf

- kein Ehegatte Staatsangehöriger des Staates sein, in dem beide Ehegatten ihren gewöhnlichen Aufenthalt haben, oder
- die Ehegatten dürfen ihren gewöhnlichen Aufenthalt nicht in demselben Staat haben;

darüber hinaus müssen beide Ehegatten verschiedene Staatsangehörigkeiten besitzen, Art. 14 Abs. 3 EGBGB. Sind diese Voraussetzungen gegeben, können die Eheleute das Recht des Staates wählen, dem einer von ihnen angehört. Die Rechtswahl bedarf der Form eines Ehevertrages.

Im Fallbeispiel ist die 1. Alternative einschlägig. Die Eheleute können zwischen deutschem und niederländischem allgemeinen Ehewirkungsstatut wählen. Die Rechtswahl macht das Ehewirkungsstatut unwandelbar. Soweit eine gemeinsame Staatsangehörigkeit erlangt wird, enden die Wirkungen der Rechtswahl allerdings. 15

### III. Wahl des Güterrechtsstatuts

#### 1. Vorüberlegungen

Wählen A und B nach ihrer Eheschließung gemäß Art. 14 EGBGB für die allgemeinen Ehewirkungen deutsches Recht, so hat das auf den Güterstand keinen Einfluss mehr, weil er bei Eheschließung unwandelbar festgelegt wurde. Jedoch ist auch der Güterstand durch Rechtswahl änderbar (Art. 15 Abs. 2 EGBGB), einzige Voraussetzung ist hier die unterschiedliche Staatsangehörigkeit der Eheleute. Wählbar sind 16

- das Recht des Staates, dem einer der Ehegatten angehört,
- das Recht des Staates, in dem zumindest einer der Ehegatten seinen gewöhnlichen Aufenthalt hat,
- das Recht des Lageortes für unbewegliches Vermögen.

A und B können also deutsches oder niederländisches Recht (1. Alternative), belgisches Recht (2. Alternative) oder – nur beschränkt auf den Grundbesitz in Deutschland – deutsches Recht wählen. Wählen sie nur für den Grundbesitz deutsches Recht, gibt es einen so genannten **gespaltenen Güterstand**. 17

**§ 12** Fälle mit Auslandsberührung, deutsch-deutsche Fragen

**18** Umstritten ist, ob es möglich ist, für einzelne unbewegliche Vermögensobjekte die **Rechtswahl separat** zu treffen.[2] Bei objektbezogener Rechtswahl ist Zurückhaltung geboten. In der Regel gibt man den Beteiligten Steine statt Brot, wenn man ihnen rät, für einzelne Vermögenswerte unterschiedliche Güterrechtsordnungen zu wählen. Zunächst mag die Abwicklung beispielsweise von Grundstückskaufverträgen durch eine derartige Rechtswahl erleichtert werden. Kommt es aber zur Beendigung des Güterstandes, wird sich zeigen, dass eine objektbezogene Rechtswahl Probleme nicht löst, sondern nur vertagt und in der Regel gleichzeitig zusätzliche schafft. Denn die objektbezogene Rechtswahl führt regelmäßig zu einer Güterrechtsspaltung mit kaum absehbaren Anpassungs- und Angleichungsproblemen.

### 2. Formulierungsbeispiel: Rechtswahl

**19** Wir haben am ▓▓▓ in Brüssel die Ehe miteinander geschlossen. Der Ehemann ist deutscher Staatsangehöriger, die Ehefrau niederländische Staatsangehörige. Zur Festlegung unserer ehelichen Rechtsverhältnisse bestimmen wir:

Für die güterrechtlichen Wirkungen unserer Ehe soll das Recht der Bundesrepublik Deutschland gelten.

*(Alternativ:)*

**20** Für die güterrechtlichen Wirkungen unserer Ehe soll hinsichtlich des in Deutschland belegenen unbeweglichen Vermögens das Recht der Bundesrepublik Deutschland gelten.

*(Falls gewünscht:)* Wir vereinbaren den Güterstand der Gütertrennung gemäß § 1414 BGB.

---

2 Vgl. *Palandt – Heldrich*, Art. 15 EGBGB, Rn 22; LG Mainz NJW-RR 1994, 73; *Schotten*, DNotZ 1994, 566 m.w.N.; *ders.*, Das Internationale Privatrecht in der notariellen Praxis, Rn 163 ff.

*(Eventuell zusätzlich:)* Für die allgemeinen Wirkungen unserer Ehe soll das Recht der Bundesrepublik Deutschland gelten.

Bezüglich der Wahl des allgemeinen Ehewirkungsstatuts ist zu beachten und darüber zu belehren, dass durch diese Wahl das auf die Scheidung (Art. 17 Abs. 1 EGBGB), den Versorgungsausgleich (Art. 17 Abs. 3 EGBGB) und den nachehelichen Unterhalt (Art. 18 Abs. 4 EGBGB) anzuwendende Recht aufgrund der grundsätzlichen Unwandelbarkeit des allgemeinen Ehewirkungsstatuts (Art. 14 Abs. 3 EGBGB) präjudiziert wird. 21

Durch eine Wahl des Güterrechtsstatuts werden alle güterrechtlichen Gestaltungsmöglichkeiten des anwendbaren Rechts eröffnet. Praktisch kann es sich jedoch empfehlen, bei einer auf das unbewegliche Vermögen beschränkten Güterrechtswahl, insbesondere dann, wenn eine gleiche Miteigentumsverteilung stattfindet, Gütertrennung zu wählen, weil dieser Güterstand auseinandersetzungsneutral ist. 22

Hätten A und B im Beispielsfall niederländisches Recht gewählt, müsste nach § 47 GBO in das Grundbuch als Beteiligungsverhältnis die Gütergemeinschaft niederländischen Rechts eingetragen werden (in Belgien: Errungenschaftsgemeinschaft, s.o.). 23

### 3. Formulierungsbeispiel: Rechtswahl und Beendigung des bisher geltenden Güterstandes

*Fall* 24
A und B haben ihren Wohnsitz bereits in die Bundesrepublik Deutschland verlegt. Es stehen jedoch weitere Auslandsaufenthalte bevor. Lässt sich das deutsche Recht auch für diese Zeit fixieren?

Hinsichtlich des allgemeinen Ehewirkungsstatuts liegen die Voraussetzungen für eine Rechtswahl zurzeit nicht vor, da beide Ehegatten ihren 25

## § 12 Fälle mit Auslandsberührung, deutsch-deutsche Fragen

gewöhnlichen Aufenthalt in einem Staat haben, dem einer der Ehegatten angehört. Es wird jedoch allgemein für zulässig gehalten, **vorsorglich** eine Rechtswahl für den Fall auszusprechen, dass ihre Voraussetzungen einmal vorliegen. Damit wäre klargestellt, dass z.b. die Versetzung des A nach Saudi-Arabien nicht zu unliebsamen Überraschungen führt.

26 Hinsichtlich des Güterrechtsstatuts ist eine Rechtswahl ohne Einschränkung jederzeit möglich. Ist aber abzusehen, dass die Eheleute nicht auf Dauer in Deutschland leben werden und eine Rückkehr nicht sicher ist, so ist bezüglich des Vorschlags, deutsches Güterrecht zu wählen, Zurückhaltung geboten, insbesondere wenn und weil nicht ohne weiteres geklärt werden kann, ob der zukünftige Aufenthaltsstaat eine Rechtswahl nach deutschem Recht anerkennen wird.

27 Umstritten ist, ob eine Rechtswahl auch mit Wirkung ex tunc möglich ist. Gegen die **Rückwirkung der Rechtswahl** werden Bedenken vorgetragen.[3] Bei einer Rechtswahl ohne Rückwirkung ist es regelmäßig geboten, Regelungen über die Auseinandersetzung des endenden Güterstandes zu treffen. Bei Wahl des deutschen Güterrechtes (gesetzlicher Güterstand) ist es mitunter sinnvoll klarzustellen, welche bereits vorhandenen Vermögenswerte zum Anfangsvermögen der Eheleute gehören sollen. Etwaiges Gesamthandseigentum kann in Bruchteilseigentum umgewandelt werden. Soweit bereits Grundbesitz in Deutschland mit einem Beteiligungsverhältnis entsprechend ausländischem Güterrecht erworben wurde, ist möglicherweise eine Grundbuchberichtigung erforderlich, wenn das Beteiligungsverhältnis anlässlich der Rechtswahl abgeändert wird.

---

3 *Palandt – Heldrich*, Art. 15 EGBGB Rn 21; *Schotten*, Das Internationale Privatrecht in der notariellen Praxis, Rn 167.

Fälle mit Auslandsberührung, deutsch-deutsche Fragen § 12

**Formulierungsbeispiel: Rechtswahl und Beendigung des bisher geltenden Güterstandes**

▼

Für die güterrechtlichen Wirkungen unserer Ehe wählen wir mit Wirkung 28 ab heute das Recht der Bundesrepublik Deutschland. Für unsere Ehe soll fortan der gesetzliche Güterstand gelten.

Hinsichtlich unseres bisher geltenden Güterstandes erklären wir Folgendes: Zu Beginn unserer Ehe hatte die Ehefrau Vermögen im Wert von 50.000 EUR. Der Ehemann hatte kein Vermögen; er hat aber während der Ehe Vermögen im Wert von 100.000 EUR geerbt. Ferner wurde während der Ehe ein Zugewinn in Höhe von 50.000 EUR erwirtschaftet.

Im Hinblick auf die Beendigung des bisher geltenden Güterstandes vereinbaren wir Folgendes: Soweit das vorhandene Vermögen der Eheleute oder Teile davon aufgrund des bisher geltenden Güterstandes Gesamthandsvermögen ist, wandeln wir dieses Gesamthandsvermögen in Bruchteilsvermögen um, an dem jeder Ehegatte zu 1/2 Anteil beteiligt sein soll. Wir beantragen, die Berichtigung des Beteiligungsverhältnisses im Grundbuch von  einzutragen.

Darüber hinaus stellen wir klar, dass hinsichtlich des gesetzlichen Güterstandes nach deutschem Recht das Anfangsvermögen der Ehefrau bezogen auf den Beginn unserer Ehe mit 50.000 EUR angesetzt wird; das Anfangsvermögen des Ehemanns wird bezogen auf den vorgenannten Erbfall mit 100.000 EUR angesetzt.

▲

## C. Ehemalige DDR-Bürger, Vertriebene, Aussiedler, Flüchtlinge

### I. Rechtslage vor dem 3.10.1990

29 Besonderheiten hinsichtlich des Güterstandstatuts ergaben sich bei DDR-Bürgern, Volksdeutschen, Vertriebenen und Aussiedlern bei der Anknüpfung an die Staatsangehörigkeit.

30 **Ehemalige DDR-Bürger:** Besaßen beide Ehegatten die deutsche Staatsangehörigkeit, galt im Verhältnis zur DDR gleichwohl nicht internationales, sondern interlokales Privatrecht. Für die Anknüpfung war nicht die Staatsangehörigkeit, sondern das Recht des gewöhnlichen Aufenthalts maßgebend.[4] Dieser Aspekt ist mit dem 3.10.1990 entfallen.

31 **Vertriebene, Aussiedler:** Deutsche im Sinne des Artikels 116 Abs. 1 GG ohne deutsche Staatsangehörigkeit im staatsangehörigkeitsrechtlichen Sinne wurden international privatrechtlich deutschen Staatsangehörigen gleichgestellt.[5]

32 **Flüchtlinge:** Sonstige Flüchtlinge, die der Obhut internationaler Organisationen unterstehen, welche von den Vereinten Nationen mit der Betreuung von verschleppten Personen und Flüchtlingen beauftragt sind, oder auf die die Genfer Flüchtlingskonvention vom 28.7.1951 anwendbar ist, werden nach dem Recht des gewöhnlichen Aufenthaltes oder des Wohnsitzes behandelt.[6]

Bei den vorgenannten Gruppen können sich darüber hinaus bei späterem Wechsel der Anknüpfungsmerkmale aufgrund des Prinzips der Unwandelbarkeit des Güterstandes besondere Fragestellungen ergeben.

---

4 Herrschende Meinung, zur Gegenmeinung vgl. *Palandt – Heldrich*, EGBGB, Anhang zu Art. 3 Rn 4.
5 Art. 9 II Nr. 5 FamRÄndG vom 11.8.1961, BGBl I, 1221 ff.
6 Vgl. BGH NJW 1982, 2732.

## Fälle mit Auslandsberührung, deutsch-deutsche Fragen § 12

*Fall* **33**
A und B waren DDR-Flüchtlinge. Sie haben in der DDR 1985 geheiratet.

Das Gesetz über den Güterstand von Vertriebenen und Flüchtlingen vom 4.8.1969 (BGBI I, 1067) bestimmt für Vertriebene und Flüchtlinge im Sinne der §§ 1, 3 und 4 des Bundesvertriebenengesetzes, dass ihr Güterstand in den gesetzlichen Güterstand der Bundesrepublik Deutschland übergeleitet wird oder werden kann.

- Waren die Ehegatten am 1.10.1969 bereits in der Bundesrepublik Deutschland ansässig, erfolgte die Überleitung automatisch, wenn sie ihren abweichenden Güterstand nicht im Güterrechtsregister registrieren ließen.
- Für alle Fälle ab 1.10.1969 galt das Gleiche, wenn nicht innerhalb eines Jahres ab Übersiedlung dem zuständigen Amtsgericht gegenüber – auch einseitig – die Erklärung abgegeben wurde, dass der bisherige Güterstand beibehalten und die Zugewinngemeinschaft abgelehnt wird. Diese Erklärung musste notariell beurkundet werden. Der fortgeltende Güterstand konnte in das Güterrechtsregister eingetragen werden.

Seit 1.4.1966 galt nach dem Familiengesetzbuch der DDR dort eine „Vermögensgemeinschaft", die einer Errungenschaftsgemeinschaft ähnelt (§§ 13–16 und 39–41 DDR-FGB).

*Fall* **34**
A und B sind Sudetendeutsche (heute Tschechien bzw. Slowakei), die dort im Jahre 1943 die Ehe miteinander geschlossen haben.

A und B waren zur Zeit der Eheschließung großdeutsche Staatsangehörige. Sie gelten auch heute internationalprivatrechtlich als Deutsche, Art. 116 GG. Das Gesetz über den Güterstand der Vertriebenen und Flüchtlinge gilt allerdings für sie nicht, weil sie zur Zeit der Eheschließung einen partikularrechtlichen deutschen Güterstand im „Großdeutschen Reich" erworben haben.[7] Das Gleichberechtigungsgesetz hat zum 1.4.1953 gemäß Art. 117 GG unmittelbar Auswirkungen in der Weise gehabt, dass eine BGB-Gütertrennung eingeführt wurde.

Bei Güterständen von Vertriebenen und Flüchtlingen, die vor Beendigung des zweiten Weltkrieges begründet wurden, gelten Besonderheiten, wie das vorangehende Beispiel zeigt.

## II. Rechtslage nach dem 3.10.1990

35 Die oben angeführten Regelungen haben für frühere DDR-Staatsbürger nur noch zur Beurteilung abgeschlossener Sachverhalte in der Vergangenheit Bedeutung. „Vertriebene" in diesem Sinne sind nach wie vor aber die sog. „Aussiedler", s. § 1 Bundesvertriebenengesetz.

36 Einwohner des Gebietes der früheren DDR fallen nunmehr unter die güterrechtliche Regelung des Art. 234 § 4 des Einigungsvertrages. Sie konnten innerhalb von zwei Jahren ab dem Beitritt durch Erklärung gegenüber dem Kreisgericht ihren Güterstand beibehalten. Haben sie eine solche Erklärung, die notariell beurkundet werden musste, nicht abgegeben, gilt für sie der allgemeine Güterstand der BGB-Zugewinngemeinschaft. Jeder Ehegatte kann gemäß § 39 FGB-DDR, der insoweit fortgilt, eine Auseinandersetzung über das bisher in Vermögensgemeinschaft gehaltene Vermögen verlangen. Diese Auseinandersetzung setzt zunächst die Feststellung des in der Ehe erworbenen gemeinschaftlichen Vermögens (nebst Verbindlichkeiten) voraus, das – liegen keine besonderen Gründe für eine Bevorzugung eines Ehegatten, z.B. besondere Bedürftigkeit, besonderer Einsatz für die Vermögensmehrung, vor – den Ehegatten wertmäßig zur Hälfte zusteht.[8] Die gegenständliche Zuweisung erfolgt im

---

7 BGH FamRZ 1976, 212.
8 Vgl. *Grandke*, Familienrecht, 3. Aufl. Berlin (DDR) 1981, S. 133 f.

## Fälle mit Auslandsberührung, deutsch-deutsche Fragen § 12

Nichteinigungsfalle auf Klage eines Ehegatten durch Urteil. Der Ehegatte, der Eigentümer wird, kann mit einer „Werterstattung" belegt werden. Der Auseinandersetzungsanspruch verjährt als familienrechtlicher Anspruch nicht, vgl. § 194 Abs. 2 BGB. Die Auseinandersetzung ist im Übrigen durch formlose Einigung möglich, nur eine Grundstücksübertragung bedarf notarieller Beurkundung. Eine Auflassung ist nicht erforderlich, wenn die Ehegatten Miteigentümer des Grundbesitzes zu je 1/2 Anteil bleiben wollen, da der Einigungsvertrag Art. 234 § 4a von Gesetzes wegen anordnet, dass Eigentum zu gleichen Bruchteilen besteht. Die Grundbuchberichtigung erfolgt gemäß § 14 Grundbuchbereinigungsgesetz von Amts wegen. Bis zur Durchführung der Auseinandersetzung besteht die Vermögensgemeinschaft als Liquidationsgemeinschaft – beschränkt auf das bis 3. Oktober 1990 vorhandene gemeinschaftliche Vermögen – fort (vgl. § 1471 Abs. 2 BGB) und kann als solche z.B. auch Grundbesitz ohne vorherige Grundbuchberichtigung veräußern.

*Fall* 37

A und B – ehemalige DDR-Bürger – haben durch notariell beurkundete Erklärung den Güterstand der Vermögensgemeinschaft beibehalten. A beteiligt sich durch Übernahme einer Stammeinlage an einer neu gegründeten GmbH. Kann die B nun Gesellschaftsrechte mit ausüben?

Bei Vermögensgemeinschaft fallen Erwerbe in der Ehe in das gemeinschaftliche Vermögen, z.B. auch ein GmbH-Anteil. Um insoweit für die Mitgesellschafter unliebsame Überraschungen zu verhindern, sind entweder beschränkende Regelungen im Gesellschaftsvertrag erforderlich oder die Herausnahme des Anteils aus der Vermögensgemeinschaft. Dies ist durch formlose Vereinbarung der Ehegatten möglich, die den Mitgesellschaftern nachzuweisen ist.

## § 13

# Teil IV: Vereinbarungen über den Versorgungsausgleich

## § 13 Gesetzliche Ausgleichsformen – Grundzüge

### A. Der Versorgungsausgleich

Versorgungsausgleich ist der Ausgleich der während der Ehe erworbenen Anwartschaften oder Aussichten auf eine Versorgung wegen Alters oder verminderter Erwerbsfähigkeit. Zweck des Versorgungsausgleichs ist die **Verwirklichung des Zugewinnausgleichs im Bereich der Altersversorgung**. Auf den Güterstand der Ehegatten kommt es aber nicht an. Der Ausgleich der Versorgungsanrechte hat auch eine unterhaltsrechtliche Komponente. Die Bedürftigkeit des Versorgungsausgleichsberechtigten ist dennoch keine Voraussetzung für den Versorgungsausgleich. 1

Der Versorgungsausgleich erfolgt grundsätzlich mit dinglicher Wirkung, d.h. der Ausgleichsberechtigte erlangt einen **eigenen Anspruch gegen den Versorgungsträger**. Erreicht wird die dingliche Teilung der Versorgungsanrechte in der Regel durch das sog. Rentensplitting (§ 1587b Abs. 1 BGB) bzw. Quasi-Splitting (§ 1587 Abs. 2 BGB). Ferner sieht das Gesetz die Möglichkeit der Realteilung (§ 1 Abs. 2 VAHRG), des erweiterten Quasi-Splittings (§ 1 Abs. 3 VAHRG), des Supersplittings (§ 3b Abs. 1 Nr. 1 VAHRG) und der Beitragsentrichtung (§ 3b Abs. 1 Nr. 2 VAHRG) vor. Führen diese nicht zum vollständigen Ausgleich, kommt schließlich ein schuldrechtlicher Versorgungsausgleich in Betracht (§ 1587f BGB). 2

**Folgende Versorgungsanrechte** unterliegen dem Versorgungsausgleich: Rentenanwartschaften aus der gesetzlichen Rentenversicherung, Beamten- und beamtenähnliche Versorgung, betriebliche Altersversorgung, be- 3 rufsständische Versorgung sowie private Rentenversicherungen. Durch § 1587a Abs. 5 BGB werden ausländische oder internationale Versorgungsanrechte erfasst sowie inländische, die nicht unter die in § 1587a Abs. 2 Nr. 1–5 BGB genannten Versorgungsarten fallen.

4 **Private Kapitallebensversicherungen** unterliegen, auch wenn sie der Altersversorgung dienen, nicht dem Versorgungsausgleich, selbst wenn sie mit einem Rentenwahlrecht abgeschlossen werden, es sein denn, das **Rentenwahlrecht** wurde bei Ende der Ehezeit bereits ausgeübt.[1] Gleiches soll für **Kapitaldirektversicherungen** im Bereich der betrieblichen Altersversorgung gelten, die zum Zwecke der Befreiung von der gesetzlichen Rentenversicherung abgeschlossen wurden.[2] Derartige Versicherungen unterliegen ggf. dem Zugewinnausgleich.

**Rentenversicherungen** mit Kapitalwahlrecht unterliegen grundsätzlich dem Versorgungsausgleich; anders verhält es sich, wenn das Kapitalwahlrecht bis zur Rechtshängigkeit ausgeübt wurde; dann unterliegt die Rentenversicherung dem Zugewinnausgleich. Nach neuerer Rechtsprechung des BGH soll die Rentenversicherung mit Kapitalwahlrecht selbst dann dem Zugewinnausgleich unterliegen, wenn das Kapitalwahlrecht erst nach Rechtshängigkeit des Scheidungsantrags ausgeübt wird.[3]

Die Behandlung von Kapitallebensversicherungen und Rentenversicherungen verdeutlicht, wie wichtig es ist, die Regelungen beim Versorgungsausgleich und Zugewinnausgleich aufeinander abzustimmen, um dem Risiko vorzubeugen, dass durch die Wahl einer bestimmten Versicherung an sich ausgleichspflichtige Vermögenswerte dem Versorgungsausgleich oder Zugewinnausgleich unbewusst oder durch Manipulation entzogen werden.

Gerichtlich noch nicht entschieden ist, soweit ersichtlich, ob die sog. **Riester-Rente** dem Versorgungsausgleich unterliegt; dies dürfte ange-

---

1 *Palandt–Brudermüller*, § 1587 BGB Rn 14.
2 *Schwab/Hahne*, Handbuch des Scheidungsrechts, VI Rn 24.
3 BGH DNotZ 2003, 542 und DNotZ 2003, 544 m. Anm. *Zimmermann*.

sichts der gesetzgeberischen Motivation, eine Altersvorsorge zu schaffen, zu bejahen sein.[4]

Ausgenommen vom Versorgungsausgleich sind Anrechte, die weder mit Hilfe des Vermögens noch durch Arbeit der Ehegatten begründet oder aufrechterhalten worden sind (z.b. Leistungen nach dem KindererziehungsleistungsG, aus der gesetzlichen Unfallversicherung oder Hinterbliebenenversorgung). 5

Der Versorgungsausgleich setzt die Erfassung der einzelnen Versorgungsansprüche und -anwartschaften voraus. Die verschiedenen Versorgungsrechte können **volldynamisch** sein[5] (d.h. sie erfahren sowohl in der Anwartschafts- als auch in der Leistungsphase eine an die allgemeinen Einkommensverhältnisse angepasste Werterhöhung), **statisch** (d.h. die Anwartschaften erfahren in beiden Phasen keine Werterhöhung) oder **teildynamisch** sein (d.h. die Anwartschaften erfahren in der Anwartschafts- oder in der Leistungsphase eine Werterhöhung). Die gesetzliche Rentenversicherung und die Beamtenversorgung sind volldynamisch. Um die Vergleichbarkeit nicht volldynamischer Anwartschaften mit volldynamischen zu erreichen, sind die nicht volldynamischen Anwartschaften umzurechnen. Durch die Umrechnung wird ein Barwert ermittelt, der den aktuellen Wert aller künftigen Leistungen aus einer Anwartschaft versicherungsmathematisch darstellt. Auf Grundlage des Barwertes ist die Regelaltersrente zu ermitteln, die sich ergäbe, wenn der Barwert im Zeitpunkt der Rechtshängigkeit des Scheidungsantrages in die gesetzliche Rentenversicherung eingezahlt würde, § 1587a Abs. 3 Nr. 2 BGB. Die Umrechnung erfolgt auf der Grundlage der nach Beanstandung durch den BGH[6] aktualisierten Barwertverordnung, § 1587a Abs. 3 Nr. 2 Satz 2 BGB.[7] Bei der Berechnung des Versorgungsausgleichs sind nur die 6

---

4 DNotI-Report 2002, 115 f.
5 S. § 1 Abs. 1 S. 2 BarwertVO.
6 BGH FamRZ 2001, 1698.
7 Abgedruckt in *Paland – Brudermüller*, Anhang zu § 1587a BGB. Die BarwertVO wurde vom BGH gebilligt, BGH FamRZ 2003, 1639. Zu den Auswirkungen der neuen BarwertVO s. *Bergner*, NJW 2003, 1625 ff.

während der Ehezeit erworbenen Anwartschaften einzubeziehen, § 1587 Abs. 1 BGB. Die Ehezeit wird in § 1587 Abs. 2 BGB abweichend von der Ehezeit definiert, die für die Berechnung des Zugewinnausgleichs zugrunde gelegt wird (§§ 1373, 1374 und 1384 Abs. 1 BGB).

7  Die Feststellung und Bewertung der Versorgungsanrechte sowie die Ermittlung des Wertunterschieds der Versorgungsanrechte erfolgt durch das **Familiengericht**.

8  Ungeklärt ist derzeit noch, ob und ggf. wie sich die neu geregelte Besteuerung von Versorgungsbezügen auf den Versorgungsausgleich auswirken wird.

### B. Splitting und Quasi-Splitting (§ 1587b Abs. 1, 2 BGB)

9  Durch den Versorgungsausgleich sollen der Idee des Gesetzes zufolge die **gesetzlichen Versorgungsanrechte geteilt** werden. Im engeren Sinne ist Grundprinzip des Versorgungsausgleichs also das sog. **Splitting**, d.h. das Abspalten von Versorgungsanwartschaften im Scheidungsfalle. Dieses Grundprinzip ist von der ursprünglichen Konzeption des Gesetzes her lediglich in § 1587b Abs. 1 BGB verwirklicht, soweit es **Rentenanwartschaften in der gesetzlichen Rentenversicherung** (GRV) anbetrifft. Hierunter fallen die Anwartschaftsrechte im Sinne des § 1587a Abs. 2 Nr. 2 BGB, d.h. alle Rentenanwartschaften aus der gesetzlichen Rentenversicherung, die gesetzlichen Rentenanpassungen unterliegen:

- Pflichtrentenanwartschaften aus der Angestelltenversicherung,
- Pflichtrentenanwartschaften aus der Rentenversicherung der Arbeiter mit Handwerkerversicherung,
- Pflichtrentenanwartschaften aus der knappschaftlichen Rentenversicherung,
- Anwartschaften aus freiwilliger Weiterversicherung in der gesetzlichen Rentenversicherung, nicht jedoch aus Höherversicherung oder

Steigerungsbeträgen nach § 269 SGB VI, ferner keine Anwartschaften gegen ausländische Rentenversicherungsträger.

Zur Erlangung von Kenntnissen über das Bestehen von Versorgungsanwartschaften sieht § 109 Abs. 3 Satz 1 und 2 SGB VI einen **Auskunftsanspruch gegen den Versorgungsträger** vor. Dieses Auskunftsrecht erstreckt sich auch auf ehezeitliche Anwartschaften des anderen Ehegatten, wenn dieser seiner Auskunftspflicht nicht vollständig nachgekommen ist. Der Auskunftsanspruch erstreckt sich auf die Höhe der für die bisherige Ehezeit zu berechnenden Rentenanwartschaften aufgrund der dem Versicherungsträger vorliegenden Versicherungsunterlagen. Zu beachten ist aber, dass der Versicherte nur dann hinreichend verlässliche Angaben erhält, wenn er vor dem Auskunftsersuchen seinen bisherigen Versicherungsverlauf geklärt hat (sog. **Kontenklärung**) bzw. die zur Kontenklärung erforderlichen Tatsachen mitteilt, oder wenn ein bereits geklärtes Konto vorliegt (regelmäßig nicht bei Beginn der Versicherungszeit vor 1970). Das Gericht überträgt Rentenanwartschaften auf ein Rentenkonto des Ausgleichsberechtigten. Sie werden dort in **Entgeltpunkte** – soweit die zu übertragenden Anrechte im Beitrittsgebiet erworben wurden, in Entgeltpunkte Ost – umgerechnet. 10

Die Splitting-Entscheidung des Gerichts lautet etwa folgendermaßen: 11

„Von dem Versicherungskonto-Nr. ... des ... bei ... werden auf das (*oder*: ein zu errichtendes) Versicherungskonto-Nr. ... des ... bei ... Anwartschaften der gesetzlichen Rentenversicherung in Höhe von monatlich ... EUR, bezogen auf den ... *(Ende der Ehezeit)*, übertragen. Der Monatsbetrag der zu übertragenden Rentenanwartschaften ist in Entgeltpunkte (*oder:* Entgeltpunkte Ost) umzurechnen."

Dem **Quasi-Splitting** unterliegen gemäß § 1587b Abs. 2 **Anwartschaften** i.S.d. § 1587a Abs. 2 Nr. 1 **gegen Versorgungsträger des öffentlichen Dienstes**, insbesondere Anstellungskörperschaften von Beamten (BV). Nach § 1 Abs. 3 des Gesetzes zur Regelung von Härten im Versorgungsausgleich (VAHRG, v. 21.2.1983) findet ein Quasi-Splitting fer- 12 ner bei Anrechten gegen einen öffentlich-rechtlichen Versorgungsträger statt, sofern diese keine Teilung der Versorgung innerhalb ihrer Institution zulassen (**Realteilung** i.S.d. § 1 Abs. 2 VAHRG). Damit ist das Quasi-Splitting ausgedehnt worden auf öffentlich-rechtliche Zusatzversorgungsträger (z.b. VBL-Zusatzversorgung) und die meisten berufsständischen Versorgungswerke etwa der Ärzte etc. Bei der Ausgleichsberechnung ist diese Erweiterung des Anwendungsbereiches des Quasi-Splittings aber gesondert zu behandeln, weil sie nicht in den Ausgleichsaldo nach § 1587b BGB fällt (siehe sogleich unten).

13 Quasi-Splitting bedeutet, dass im Versorgungsfall die Aufwendungen des Versorgungsträgers, auf den Anwartschaften „übertragen" werden, von dem Versorgungsträger, aus dessen Anwartschaftsbestand die Versorgung abgeleitet wurde, erstattet werden. Einzelheiten hierzu regelt die sog. Erstattungsverordnung. Die Entscheidung, ein Quasi-Splitting durchzuführen, könnte wie folgt lauten:

14 „Zu Lasten der für den ... bei ... bestehenden Versorgungsanwartschaften werden auf dem Konto-Nr. ... des ... bei dem ... Anwartschaften der gesetzlichen Rentenversicherung in Höhe von monatlich ... EUR, bezogen auf den ... *(Ende der Ehezeit)*, begründet. Der Monatsbetrag der zu übertragenden Rentenanwartschaften ist in Entgeltpunkte *(oder: Entgeltpunkte Ost)* umzurechnen."

15 Das Quasi-Splitting geht also immer in die gesetzliche Rentenversicherung, der frühere Versorgungsträger ist aufwendungserstattungspflichtig. Unterliegen der Entscheidung Anwartschaften (AW), die in beide Ausgleichsformen fallen, sind sie nach § 1587b Abs. 3 Satz 3 BGB im Wege der Saldierung nur als Überschuss in eine Richtung auszugleichen. Im Ausgleich gesondert zu behandeln sind die Anwartschaften, die unter das VAHRG fallen.[8]

---

8 Vgl. OLG Hamburg FamRZ 1985, 80.

## Gesetzliche Ausgleichsformen – Grundzüge § 13

*Beispiel*  **16**
A und B lassen sich scheiden. Es stehen sich bei A und B folgende Ehezeitversorgungen – ggf. bereits bereinigt durch Umwertung nach § 1587a Abs. 3 BGB – gegenüber:

| A | | B |
|---|---|---|
| 400 GRV (Gesetzl. Rentenvers.) | | 200 GRV |
| 100 BV (Beamtenversorgung) | | 80 BV |
| 100 BAV (Betriebsrente) | | – |
| 600 AW (Anwartschaften) | | 280 AW |
| Wertdifferenz: | | 320 AW |
| Ausgleichsforderung: | | 160 AW |
| davon § 1587b Abs. 1, 2 BGB-Anwartschaften: | | 110 AW |
| durch Splitting (§ 1587b Abs. 1 BGB) zu übertragen: | | 60 AW |
| durch Quasi-Splitting (§ 1587b Abs. 2 BGB) zu begründen: | | 50 AW |

Der Ausgleich der BAV-Anwartschaften in Höhe von 50 AW richtet sich danach, ob diese unverfallbar sind oder nicht (siehe sogleich).

Erläuterung: **17**
a) Zunächst wird die Wertdifferenz insgesamt ermittelt.
b) Dann wird ermittelt, was durch Splitting übertragen werden kann. Hierbei wird die GRV-Anwartschaft des Verpflichteten den GRV- und BV-Anwartschaften des Berechtigten gegenübergestellt und die Wertdifferenz ermittelt (§ 1587b Abs. 1 BGB). Die Hälfte der Wertdifferenz wird durch Splitting ausgeglichen.
c) Im nächsten Schritt wird die Restausgleichsverpflichtung aus GRV- und BV-Anwartschaften in Quasi-Splitting ausgeglichen. Dazu werden den Anwartschaften des Verpflichteten gemäß § 1587a Abs. 2 Nr. 1 BGB (BV-Anwartschaften) und § 1587a Abs. 2 Nr. 2 BGB die entsprechenden Anwartschaften des Berechtigten gegenübergestellt. Soweit die Anwartschaften des Verpflichteten unter Berücksichtigung des Ausgleichs gemäß § 1587b Abs. 1 BGB die Anwartschaften des

### § 13 Gesetzliche Ausgleichsformen – Grundzüge

Berechtigten übersteigen, werden diese durch Begründung von Anwartschaften in der gesetzlichen Rentenversicherung ausgeglichen.

## C. Auswirkungen des Härteregelungsgesetzes (§ 1 Abs. 2, 3 VAHRG)

18   Einige Versorgungsanrechte können nicht auf dem Wege des Splittings oder Quasi-Splittings ausgeglichen werden. Um dennoch einen umfassenden Versorgungsausgleich zu ermöglichen, sieht das VAHRG **weitere Ausgleichsarten** vor. Mit diesen ergänzenden Regelungen schließt das VAHRG Lücken, die die Entscheidungen des BVerfG[9] zur Verfassungswidrigkeit des § 1587b Abs. 3 BGB (uneingeschränkter Ausgleich von Anwartschaften, die nicht nach § 1587b Abs. 1 und 2 BGB ausgleichbar sind, durch Beitragsentrichtung) und zur Verfassungswidrigkeit des dadurch erweiterten Anwendungsbereichs des schuldrechtlichen Versorgungsausgleichs[10] verursachten. Der Anwendungsbereich des schuldrechtlichen Versorgungsausgleichs wurde damit eingeschränkt und sein subsidiärer Charakter unterstrichen.

19   Das VAHRG hat in seinen ersten Paragraphen vor allem eine Ersatzlösung für die verfassungswidrige Ausgleichsform der Beitragsentrichtung geboten. Danach gilt, dass alle Anwartschaften, die nicht als gesetzliche Rentenanwartschaften oder Beamtenversorgungsanwartschaften ausgeglichen werden können, in **folgender Reihenfolge** und **folgenden Ausgleichsformen** ausgeglichen werden sollen:

- sofern die Versorgung es zulässt, durch echte Realteilung (Begründung von Anrechten außerhalb der gesetzlichen Krankenversicherung; § 1 Abs. 1 VAHRG),

---

9   FamRZ 1983, 342.
10  BVerfG FamRZ 1986, 543.

- sofern es sich um öffentlich-rechtliche Versorgungsträger, etwa berufsständische Versorgungswerke, handelt, hilfsweise durch sinngemäßes Quasi-Splitting (§ 1 Abs. 3 VAHRG),
- hilfsweise durch sog. begrenztes Supersplitting gemäß § 3b Abs. 1 Nr. 1 VAHRG oder Beitragszahlung gemäß § 3b Abs. 1 Nr. 2 VAHRG;
- in allen Fällen, die weder nach § 1587b Abs. 1 und 2 BGB noch den vorstehenden Formen ausgleichbar sind, durch schuldrechtlichen Versorgungsausgleich (§ 2 VAHRG).

Das Härteregelungsgesetz führt in der Praxis zu folgenden praktischen **Konsequenzen**: 20

Ein sofortiger Ausgleich durch **Realteilung** kommt fast nur bei Lebensversicherungsanwartschaften vor. Ausnahmen bilden z.b. die Ärzteversorgung Baden-Württemberg, die Kassenärztliche und die Tierärztliche Versorgung Hessens, die Zahnärzteversorgung Westfalen-Lippe und Rheinland-Pfalz, die Rechtsanwaltsversorgung Bayern sowie die Notarversorgungen Köln, Koblenz und Saarland. Ferner haben eine Reihe von Versorgungswerken eine echte Realteilung vorgesehen, wenn der Ausgleichsberechtigte der gleichen oder einer vergleichbaren Berufsgruppe angehört.[11] Realteilung bedeutet nicht, dass der ausgleichsberechtigte Ehegatte in das Versorgungswerk selbst aufgenommen werden muss. Es können auch Verbundsysteme z.b. mit Lebensversicherungen vorgesehen sein, die praktisch zu einer Aussteuerung über eine Lebensversicherung führen.

Die Ausgleichsentscheidung könnte etwa lauten: 21

„Zu Lasten der Versorgungsanrechte des ... bei der ... wird eine Versorgungsanwartschaft in Höhe einer Monatsrente von ... EUR für den ... bei der ... begründet."

---

11 Übersicht bei *Soergel – Zimmermann*, VAHRG § 1 Rn 52.

## § 13 Gesetzliche Ausgleichsformen – Grundzüge

22 Das erweiterte **Quasi-Splitting** kommt vornehmlich bei den öffentlich-rechtlichen berufsständischen Versorgungsträgern in Betracht, ferner z.b. bei der Altershilfe für Landwirte, bei der Schornsteinfegerversorgung, der hüttenknappschaftlichen Zusatzversorgung, der Zusatzversorgung des öffentlichen Dienstes, der Höherversicherung in der gesetzlichen Rentenversicherung und verschiedenen Abgeordnetenversorgungen. Quasi-Splitting bedeutet in diesem Fall, dass die Aufwendungen, die der gesetzliche Rentenversicherungsträger durch „Quasi-Übertragung" von Anwartschaften im Versorgungsfall dereinst hat, nach der Erstattungsverordnung vom abgebenden Versorgungsträger ausgeglichen werden müssen. Es kommt also zu einem Verrechnungsverbund außerhalb der gesetzlichen Vorsorgesysteme.

23 Nach § 3b Abs. 1 Nr. 1 bzw. Nr. 2 VAHRG (**begrenztes Supersplitting/ Beitragszahlung**) können insbesondere unverfallbare Anrechte der betrieblichen Altersversorgung ausgeglichen werden.

In allen anderen Fällen, insbesondere im Bereich der betrieblichen Altersversorgung, findet der **schuldrechtliche Versorgungsausgleich** nach § 2 VAHRG statt. Dieser schuldrechtliche Ausgleich erfasst Versorgungsanwartschaften, die ursprünglich nach § 1587b Abs. 3 BGB sofort im Wertausgleich auszugleichen waren. Die früher schon im schuldrechtlichen Versorgungsausgleich auszugleichenden Anwartschaften, z.B. verfallbare betriebliche Altersversorgung,[12] fallen nicht in den Anwendungsbereich des Härteregelungsgesetzes.

> *Beispiel*
> A ist im Zeitpunkt der Ehescheidung
> Fall 1: seit 9 Jahren
> Fall 2: seit 10 Jahren
> Angehöriger eines Betriebes mit Versorgungsanwartschaft in Höhe von 100 EUR. Er hat außerdem eine gesetzliche Rentenanwartschaft von 500 EUR. Seine Frau B hat eine gesetzliche Rentenanwartschaft von 600 EUR.

---
12 Vgl. § 1587f Nr. 4 BGB.

Ausgleich im Fall 1:

| A | B |
|---|---|
| 500 GRV | 600 GRV |
| 500 AW | 600 AW |

Die B ist ausgleichspflichtig. Die betriebliche Versorgung des A wird nicht berücksichtigt, da sie noch nicht unverfallbar ist (§ 1587a Abs. 2 Nr. 3 Satz 3 BGB). Sie ist später schuldrechtlich auszugleichen.

Ausgleich im Fall 2:

| A | B |
|---|---|
| 500 GRV | 600 GRV |
| 100 BAV | – |
| 600 AW | 600 AW |

A und B haben für den sofortigen Wertausgleich gleich hohe Anwartschaften. Ein Versorgungsausgleich findet zunächst nicht statt. Bei der Ermittlung des Versorgungsüberschusses wird nach § 1587a Abs. 2 Nr. 3 BGB mit § 1587b Abs. 3 BGB, § 2 VAHRG die unverfallbare betriebliche Versorgung mit berücksichtigt. Denn §§ 1 und 2 VAHRG geben lediglich Ersatzausgleichsformen für die verfassungswidrige Form der sofortigen Beitragsentrichtung nach § 1587b Abs. 3 BGB, ändern also nichts an der Versorgungswertermittlung des § 1587a BGB.

24

## D. Regelung des Versorgungsausgleichs in anderer Weise (§ 3b Abs. 1 VAHRG)

Das Verhältnis des § 3b Abs. 1 Nr. 1 VAHRG zu § 2 VAHRG lässt sich besser verstehen, wenn man die Gesetzesgeschichte betrachtet. Die vor Einführung des § 3b Abs. 1 Nr. 1 VAHRG vorgesehene weite Ausgestal-

25

tung der Auffangfunktion des schuldrechtlichen Versorgungsausgleichs in § 2 VAHRG wurde für verfassungswidrig erklärt,[13] dies vor allem aus drei Gründen:

- Der **schuldrechtliche Versorgungsausgleich** sei als Auffangtatbestand für den Ausgleichsberechtigten unzumutbar, insbesondere im Hinblick auf die Tatsache, dass jeglicher Anspruch mit dem Tod des Ausgleichspflichtigen entfällt.
- Beitragszahlungen zur Erfüllung der Ausgleichspflicht, wie früher in § 1587b Abs. 3 BGB vorgesehen, seien keineswegs schlechthin unzulässig und unzumutbar, sie sollten als Ausgleichsform weiter zu Verfügung stehen.
- Nicht zu akzeptieren sei, dass das Härteregelungsgesetz die Abfindung des schuldrechtlichen Ausgleichsanspruchs, also eine Kapitalisierung gemäß § 1587l BGB, generell ausschließe (früher § 2 Abs. 2 VAHRG).

**26** Diese Einwände wurden sämtlich durch das Gesetz über weitere Maßnahmen auf dem Gebiet des Versorgungsausgleichs vom 8.12.1986 (BGBl I, 2317) beseitigt.

Entgegen den ursprünglichen Vorstellungen wurde das Versorgungsausgleichsrecht nicht vollständig neu konzipiert, sondern auf der Basis des Härteregelungsgesetzes weiter ausgebaut. Das Gesetz wurde Dauerrecht. Im Sinne des BVerfG wurde allerdings vor die letzte Ausgleichsstufe, den Versorgungsausgleich nach § 2 VAHRG, ein Katalog von den schuldrechtlichen Versorgungsausgleich vermeidenden **anderen Ausgleichsmöglichkeiten** eingefügt, im Einzelnen:

- Nach § 3b Abs. 1 Nr. 1 VAHRG ist durch das Familiengericht zunächst zu prüfen, ob ein anderes vor oder in der Ehezeit erworbenes Anrecht des Verpflichteten i.S. des § 1587b Abs. 1 oder 2 BGB zum Ausgleich herangezogen werden kann, und zwar bis zu einer Bagatellgrenze, die für das zu übertragende Anrecht maximal 2 % der jährlich vom BMA

---

13 BVerfG FamRZ 1986, 543.

durch Rechtsverordnung bestimmten Bezugsgröße gemäß § 18 SGB IV beträgt, bezogen auf das Ende der Ehezeit. Die Anwendung der Vorschrift steht im pflichtgemäßen Ermessen des Familiengerichts, soweit mehrere auszugleichende Anrechte noch vorhanden sind, auch die Auswahl unter denselben. Eine erweiterte Realteilung nach § 1 Abs. 2 VAHRG muss von der Versorgungssatzung allerdings zugelassen sein.[14] Diese Verfahren nennt man auch „**begrenztes Super-Splitting**".

- Führt diese Lösung noch nicht zum Ziel, stellt § 3b Abs. 1 Nr. 2 Satz 2 VAHRG wieder den Versorgungsausgleich durch Beitragszahlung zur Verfügung, die vom Familiengericht nach pflichtgemäßem Ermessen angeordnet werden kann, soweit dem Verpflichteten dies nach seinen wirtschaftlichen Verhältnissen zumutbar ist, unter Umständen auch durch Gewährung von Ratenzahlung etc.
- In § 2 VAHRG wurde auch die Möglichkeit der Abfindung nach § 1587l BGB wieder vorgesehen. Dies setzt allerdings die Geltendmachung eines entsprechenden Anspruchs durch den Ausgleichsberechtigten voraus. Die Abfindung ist nach § 1587l Abs. 3 BGB nur durch Zahlung von Beiträgen zur gesetzlichen Rentenversicherung oder zu einer privaten Lebensversicherung mit bestimmter Ausgestaltung möglich.
- Scheiden alle vorstehenden Möglichkeiten zur Vermeidung des schuldrechtlichen Versorgungsausgleichs aus, findet dieser statt, allerdings nunmehr in der Form des § 3a VAHRG mit so genanntem **verlängertem schuldrechtlichen Versorgungsausgleich**. Das bedeutet, dass unabhängig davon, ob die vorgesehene Versorgungsordnung dies gestattet, bei Fällen, in denen ein schuldrechtlicher Versorgungsausgleich zu zahlen wäre, der Verpflichtete aber zu diesem Zeitpunkt bereits verstorben ist, eine Hinterbliebenenversorgung gewährt wird, sofern die Versorgungsordnung überhaupt und unabhängig von einer Scheidung Hinterbliebenenversorgung vorsieht. Dieser verlängerte schuldrechtliche Versorgungsausgleich wird als Anspruch nach dem

---

14 *Wagenitz*, FamRZ 1987, 1, 3.

Tod des Ausgleichspflichtigen durch den Ausgleichsberechtigten unmittelbar dem Versorgungsträger gegenüber geltend gemacht. Der Regelung stand § 22 Beamtenversorgungsgesetz Pate. Handelt es sich allerdings um einen schuldrechtlichen Versorgungsausgleich aufgrund Parteivereinbarung, ist zusätzlich die Zustimmung des Versorgungsträgers zur Verlängerung erforderlich.

**27** *Beispiel*
Das eingangs dargestellte Beispiel wird wie folgt modifiziert:

| A | B |
|---|---|
| 400 GRV | 200 GRV |
| 100 BV | 80 BV |
| 50 (§ 1 Abs. 2 VAHRG) | – |
| 150 (§ 1 Abs. 3 VAHRG) | – |
| 100 Betriebliche AV (§ 2 VAHRG) | 150 BAV |
| 800 AW | 430 AW |

a) Feststellung des Ausgleichspflichtigen
Ausgleichspflichtig ist A, weil er einen Überschuss an Ehezeitanwartschaften in Höhe von 370 AW hat. Auszugleichende Hälfte hiervon: 185 AW. Bei der Feststellung der Ausgleichspflicht sind auch Anrechte zu berücksichtigen, die nach § 2 VAHRG in den schuldrechtlichen Versorgungsausgleich verwiesen werden (siehe oben).

b) Die GRV- und BV-Anwartschaften werden nach § 1587b BGB zunächst saldiert und ausgeglichen (siehe oben). Der hieraus resultierende Überschuss von 110 AW wird zu 60 AW durch Splitting und zu 50 AW durch Quasi-Splitting übertragen.

c) Der weitere Ausgleich richtet sich nach der gesetzlich vorgesehenen Rangfolge,[15] die durch das Härteregelungsgesetz nicht verändert wurde. Zunächst ist also festzustellen, welcher Anteil durch Realteilung nach § 1 Abs. 2 VAHRG ausgeglichen werden kann. Hier sind dies 50 AW.

---

15 Vgl. BGH FamRZ 1983, 1003.

d) Durch Quasi-Splitting nach § 1 Abs. 3 VAHRG können 150 AW ausgeglichen werden. Insgesamt sind aber nach Durchführung des Ausgleichs der gesetzlichen und Beamtenversorgungsanwartschaften lediglich noch 75 AW zu verteilen. Die weitere Verteilung ist umstritten.[16] Nach *Hahne/Glockner* sind die nach §§ 1 und 2 VAHRG ausgleichspflichtigen Versorgungen insgesamt verhältnismäßig zu verteilen (Quotierungsmethode). Dem hat sich nun der BGH angeschlossen.[17] Größere Sicherheit für den Berechtigten bildet nach *Bergner* das Prinzip der strengen Rangfolge mit der Folge, dass die 75 überschüssigen AW zu 25 AW nach § 1 Abs. 2 VAHRG, zu 50 AW nach § 1 Abs. 3 VAHRG aufzuteilen sind. Ein schuldrechtlicher Ausgleich entfällt völlig. Soweit nach der ersten Methode noch 25 AW in den schuldrechtlichen Versorgungsausgleich fielen, greift nun aber § 3b VAHRG ein.

### E. Schuldrechtlicher Versorgungsausgleich (§§ 1587f ff. BGB, § 2 VAHRG)

Der schuldrechtliche Versorgungsausgleich war gemäß §§ 1587 f ff. BGB von Anbeginn an als Ausgleichsform vorgesehen. Er wird ergänzt durch § 2 VAHRG, der weitere Versorgungsanrechte bestimmt, die dem schuldrechtlichen Versorgungsausgleich unterliegen. Der schuldrechtliche Versorgungsausgleich war als Ersatzausgleichsform konzipiert für Fälle, in denen der gesetzliche Wertausgleich von gesetzlichen Rentenanwartschaften aus versicherungstechnischen Gründen nicht mehr möglich war oder der ursprünglich vorgesehene Ausgleich durch Einzahlung in die gesetzliche Rentenversicherung bei privaten Versorgungsanwartschaften tatsächlich vor Eintritt des Versorgungsfalles nicht mehr erfolgt war.

28

---

16 Vgl. *Hahne/Glockner,* FamRZ 1983, 221 einerseits; *Bergner,* DRV 1983, 209, 225 f. andererseits; differenzierend *Gutdeutsch/Lardschneider,* FamRZ 1983, 845, 851: grundsätzlich Rangfolge, aber Quotierung in derselben Ausgleichsart; vgl. *Soergel – Vorwerk,* VAHRG § 1 Rn 11, *Johannsen/Henrich – Hahne,* VAHRG § 3b Rn 6 ff., Rspr.-Nachweise bei RGRK – *Wick,* § 1 VAHRG Rn 9.
17 FamRZ 1994, 90.

## § 13 | Gesetzliche Ausgleichsformen – Grundzüge

Der schuldrechtliche Versorgungsausgleich besteht in Zahlung einer unterhaltsähnlichen Geldrente gemäß § 1587g BGB im Versorgungsfall. Der schuldrechtliche Versorgungsausgleich dient von der Konzeption des Gesetzes her lediglich als **Hilfslösung**. Er hat nämlich folgende **Nachteile**:

- er wird nur auf Antrag gewährt, § 1587f BGB,
- er steht unter verschärften Anspruchsvoraussetzungen (beide Ehegatten haben schon eine laufende Versorgung oder ein Ehegatte hat eine solche und der andere hat das 65. Lebensjahr vollendet oder ist nicht mehr erwerbsfähig), § 1587g Abs. 1 BGB,
- er sichert keine eigenständige Versorgung, begründet als schuldrechtlicher Anspruch insbesondere keine Anwartschaften wie in der gesetzlichen Rentenversicherung, etwa auf Hinterbliebenenversorgung.

29  Der schuldrechtliche Versorgungsausgleich ist grundsätzlich vom Gesetz auch eröffnet, wenn eine **Parteivereinbarung** ihn vorsieht (§ 1587f Nr. 4 BGB, hierzu sogleich). Er hat Querverbindungen zum gesetzlichen Unterhaltsrecht, ist aber unabhängig von der Bedürftigkeit des Berechtigten und der Leistungsfähigkeit des Verpflichteten zu gewähren.[18]

30  Einer Entscheidung des BFH zufolge kann der schuldrechtliche Versorgungsausgleich als dauernde Last abziehbar sein, weil er der Höhe nach abänderbar ist.[19] Voraussetzung hierfür ist allerdings, dass steuerbare und steuerpflichtige Einkünfte des Ausgleichspflichtigen auf den Berechtigten übertragen werden.

31  Das Gesetz trifft für die Kollision von Unterhalt und Ausgleichsrente keine Regelung. Die Härteklausel des § 1587h Nr. 1 BGB schützt den Ausgleichspflichtigen nur vor übermäßiger Inanspruchnahme, wenn der Ausgleichsberechtigte nicht auf die Ausgleichsrente angewiesen ist und seinen Unterhalt im Übrigen selbst bestreiten kann. Die Kollision soll bei

---

18 BGH FamRZ 1985, 263, 265.
19 BFH DStR 2003, 2213.

grundsätzlichem Vorrang der Ausgleichsrente im Leistungsfall nach Billigkeit gemäß § 1581 BGB gelöst werden.[20] Die Entscheidung über den schuldrechtlichen Versorgungsausgleich ist auch aus diesem Grunde erst im Versorgungsfall möglich, so dass vorgezogene Feststellungsbegehren prozessual für unzulässig zu erachten sind.[21]

Die Entscheidung über einen schuldrechtlichen Ausgleichsanspruch lautet etwa folgendermaßen: 32

„Der ... hat an den ... vom ... *(Datum)* an eine monatliche Ausgleichsrente von ... EUR zu zahlen."

Stirbt der Ausgleichverpflichtete, entfällt der Anspruch auf schuldrechtlichen Versorgungsausgleich entgegen der ursprünglichen Gesetzesregelung nicht. Es findet vielmehr gemäß § 3a VAHRG ein **verlängerter schuldrechtlicher Versorgungsausgleich** statt. Der Anspruch des Ausgleichsberechtigten richtet sich gegen den Träger der auszugleichenden Versorgung; es ist gerichtet auf Fortzahlung des schuldrechtlichen Versorgungsausgleichs, wenn und soweit der Versorgungsträger eine Hinterbliebenenversorgung vorsieht. 33

## F. Abänderungsmöglichkeiten

Die rechtsdogmatisch einschneidendste Regelung enthält das VAHRG von 1986 in § 10a, der die seit Anbeginn der Einführung des Versorgungsausgleichs stets geforderte Korrekturmöglichkeit bei **wesentlicher Änderung der Verhältnisse** vorsieht. Auf Antrag wird eine familiengerichtliche Entscheidung abgeändert, wenn 34

- eine wesentliche Wertverschiebung bei der Ermittlung der auszugleichenden Anwartschaft, und zwar um über 10 %, stattgefunden hat,

---

20 Vgl. *Udsching,* Versorgung und Unterhalt nach Scheidung, Göttingen 1979; *Göppinger/Wenz,* Rn 384: Vermögensstamm ist anzugreifen.
21 BGH FamRZ 1984, 251.

- ein Anrecht nachträglich unverfallbar geworden und damit vorrangig in den Wertausgleich einzubeziehen ist,
- ein zunächst schuldrechtlich auszugleichendes Anrecht nach Änderung entsprechender Bestimmungen der Versorgungsordnung nunmehr durch Splitting oder Quasi-Splitting ausgeglichen werden kann.

Voraussetzung einer Abänderung ist aber die Vollendung des 55. Lebensjahres durch einen der Ehegatten oder dass bereits Versorgungen gewährt werden.

35 Diese Bestimmungen sind gemäß § 10a Abs. 9 VAHRG auf Vereinbarungen über den Versorgungsausgleich anzuwenden, sofern die Abänderung nicht ausgeschlossen wurde. Hierzu gibt es eine wichtige **Übergangsbestimmung**, nämlich § 13 Abs. 1 Nr. 2 VAHRG. Danach können Vereinbarungen nur abgeändert werden, soweit die Bindung an die Vereinbarung auch unter besonderer Berücksichtigung des Vertrauens des Antragsgegners in die getroffene Vereinbarung für den Antragsteller unzumutbar ist. Wurde im Zusammenhang mit der Vereinbarung über den Versorgungsausgleich auch anderes (Zugewinn, Unterhalt etc.) geregelt, findet eine Abänderung nicht statt, es sei denn, dass die Regelung im Übrigen auch ohne den Versorgungsausgleich getroffen worden wäre. Die Bestimmung wurde auf Betreiben der Bundesnotarkammer eingefügt und soll dem besonderen Vertrauensschutz Rechnung tragen. Scheidungsvereinbarungen zur Gesamtauseinandersetzung sind also regelmäßig im Teil Versorgungsausgleich später auch bei wesentlicher Änderung der Verhältnisse nicht abänderbar, soweit sie vor dem 1.1.1987 getroffen wurden. Für Vereinbarungen nach diesem Zeitpunkt muss die Abänderbarkeit – wenn nicht gewünscht – in der Vereinbarung selbst ausgeschlossen werden.

36 Trotz ihrer Ausführlichkeit löst die Regelung nicht alle Fälle, denn neben §§ 10a Abs. 9, 13 Abs. 1 Nr. 2 VAHRG dürften noch die Grundsätze des Wegfalls der Geschäftsgrundlage zu beachten sein. Diese wurden durch die Rechtsprechung zumindest im Hinblick auf die Gesetzesänderungen zum Versorgungsausgleichsrecht zur Korrektur von Vereinbarungen herangezogen.

Beispiele: 37

- OLG Düsseldorf FamRZ 1984, 1115: Übertragung von Grundbesitz zur Vermeidung eines Versorgungsausgleichs durch Beitragsentrichtung vor Entscheidung zur Verfassungswidrigkeit dieser Ausgleichsform (aus tatsächlichen Gründen allerdings verneint).
- OLG Schleswig FamRZ 1986, 70: Vereinbarung über eine Ausgleichszahlung zur Neutralisierung der Belastung durch einen Versorgungsausgleich durch Beitragszahlung vor In-Kraft-Treten des VAHRG (Wegfall bejaht).
- BGH FamRZ 1987, 578: Übertragung von Grundbesitz zur Abwendung eines Versorgungsausgleichs durch Beitragsentrichtung (Wegfall der Geschäftsgrundlage im Hinblick auf Rechtsgedanken des § 779 Abs. 1 BGB verneint).
- S. aber auch BGH FamRZ 1994, 96: Verzicht im Hinblick auf neue Ehe, Wegfall der Geschäftsgrundlage, weil diese scheitert.

§ 14

# § 14 Grundlagen für abweichende Vereinbarungen und Schranken

## A. §§ 1408 Abs. 2, 1587o BGB

In einem Ehevertrag können die Ehegatten den Versorgungsausgleich aus-    1
schließen, § 1408 Abs. 2 Satz 1 BGB, und folglich auch modifizieren.
Daneben ermöglicht es § 1587o BGB, Vereinbarungen über den Versorgungsausgleich zu treffen, die unter dem Vorbehalt der familiengerichtlichen Genehmigung stehen.[1]

Nach der Entstehungsgeschichte des Gesetzes[2] war die Einbeziehung des Versorgungsausgleichs in den Bereich der Vereinbarungsbefugnisse der Beteiligten umstritten. Als Kompromiss wurde festgehalten, dass Vereinbarungen über den Versorgungsausgleich grundsätzlich zugelassen sein sollen, dass sie aber im unmittelbaren Zusammenhang mit Scheidungsverfahren unter zwei Gesichtspunkten einer besonderen Überprüfung zu unterwerfen seien:

- es soll verhindert werden, dass in der Drucksituation der Scheidung das besondere Anliegen, dem Ausgleichsberechtigten eine eigenständige Alterssicherung zu verschaffen, zu leicht zur Disposition der Beteiligten steht,
- es soll vermieden werden, dass Manipulationen zu Lasten der Sozialversicherung vereinbart werden (vgl. § 1587o Abs. 1 Satz 2 BGB).[3]

Durch die Jahresfrist des § 1408 Abs. 2 BGB, innerhalb derer Scheidungsvereinbarungen genehmigungsbedürftig sind, sollte eine Schutzfrist

---

[1] Vgl. insgesamt *Glockner/Voucko-Glockner*, Versorgungsausgleich in der Praxis, § 5; AnwK-BGB/*Friederici*, § 1587o Rn 24 ff.
[2] Vgl. BT-Drucks. 7/4361; 7/4694.
[3] BGH NJW 2001, 3333.

zur Vermeidung von Missbrauchsfällen eingeführt werden. Auch Scheidungsvereinbarungen über den Versorgungsausgleich haben grundsätzlich aber ehevertraglichen Charakter im Sinne der Dispositionsfreiheit der Parteien. Die Schutzvorschrift des § 1408 Abs. 2 BGB beschreibt die gesetzliche Vermutung einer Gefahrenlage, sie stellt ein „Gefährdungsverbot" im Vorfeld des „Verletzungsverbots" des § 138 BGB auf.[4]

## B. Verhältnis § 1408 Abs. 2 BGB zu § 1587o BGB

2  § 1408 BGB einerseits und § 1587o BGB andererseits werden oft als alternative gesetzliche Regelungen gesehen. Dies ist weder von der ratio des Gesetzes noch von der Rechtswirklichkeit her zutreffend.

§ 1587o BGB erfasst **Vereinbarungen, die im Zusammenhang mit der Scheidung** getroffen werden. Sie können in Form eines gerichtlichen Vergleiches (§ 127a BGB) oder in Form eines notariellen Vertrages getroffen werden. In jedem Fall unterliegen sie dem Erfordernis der **Genehmigung** durch das Familiengericht, anders als Vereinbarungen gemäß § 1408 BGB. Der Grund für die unterschiedliche Behandlung der themengleichen Vereinbarungen ist zum einen in dem unterschiedlichen Zeitpunkt zu sehen, in dem die Vereinbarungen getroffen werden, und zum anderen im unterschiedlichen Bedürfnis des verzichtenden Ehepartners nach **Schutz vor Übervorteilung**. Im Scheidungsstadium ist das Schutzbedürfnis regelmäßig größer als im Stadium der intakten Ehe.

Für das Scheidungsstadium ordnet § 1587o BGB das gerichtliche **Genehmigungserfordernis** an. Hieraus folgt, dass Vereinbarungen gemäß § 1408 Abs. 2 Satz 1 BGB nicht mehr wirksam geschlossen werden können, sobald der Scheidungsantrag rechtshängig geworden ist. Andernfalls könnte der gerichtliche Genehmigungsvorbehalt umgangen werden. Nach Rechtshängigkeit des Scheidungsantrags können nur noch Vereinbarungen gemäß § 1587o BGB getroffen werden. § 1408 Abs. 2 Satz 2 BGB

---

4 So *Soergel – Gaul*, § 1408 BGB Rn 44.

führt zu einer Ausdehnung des Schutzgedankens des § 1587o BGB. Vereinbarungen gem. § 1408 Abs. 2 Satz 1 BGB sind unwirksam, wenn innerhalb eines Jahres nach Vertragsschluss Antrag auf Scheidung der Ehe gestellt wird.

Soweit wenigstens ein Ehepartner für den anderen erkennbar Scheidungsabsichten hegt, sind Vereinbarungen gemäß § 1587o BGB auch vor Rechtshängigkeit des Scheidungsantrags möglich.[5] Innerhalb der Frist des § 1408 Abs. 2 Satz 2 BGB ist eine entsprechende Motivationslage grundsätzlich anzunehmen.[6] Die Genehmigung kann in diesen Fällen aber erst nach Stellung des Scheidungsantrags eingeholt werden.[7]

Die Rechtsprechung zur Verfassungsmäßigkeit dieses Genehmigungsvorbehalts zeigt, dass der Genehmigungsvorbehalt nicht als Beschränkung der grundsätzlich vorhandenen Privatautonomie ausgelegt werden darf. Das Bundesverfassungsgericht[8] erkennt die **Verfassungsmäßigkeit des Genehmigungsvorbehalts** an, weil der Gesetzgeber zu Recht den Schutz des Ausgleichsberechtigten sicherstellen wollte. Es wird aber weiter ausgeführt:

„Die Versagung der Genehmigung setzt voraus, daß die vereinbarte Leistung unter Einbeziehung der Unterhaltsregelung und der Vermögensauseinandersetzung offensichtlich nicht zur Sicherung des Berechtigten für den Fall der Erwerbsunfähigkeit und des Alters geeignet ist oder zu keinem nach Art und Höhe angemessenen Ausgleich unter den Ehegatten führt. Das Merkmal der Offensichtlichkeit erweitert den Vereinbarungsspielraum der Ehegatten und entbindet die Familiengerichte von der Verpflichtung, einen bis ins einzelne gehenden Vergleich zwischen den sich aus dem Vertrag ergebenden Leistungen und dem Ergebnis eines fiktiv durchgeführten Versorgungsausgleichs vorzunehmen. Wenn Versagungsgründe vorliegen, führen diese zwar

---

5 *Palandt – Brudermüller,* § 1587o BGB Rn 2.
6 BGH NJW 1986, 2318.
7 OLG Frankfurt NJW 1979, 1368.
8 DNotZ 1982, 568 = FamRZ 1982, 769.

dazu, daß die Genehmigung der Vereinbarung nicht erteilt werden ‚soll'; diese schonende Fassung trägt aber ebenfalls dem Verhältnismäßigkeitsgrundsatz Rechnung."
Im Folgenden rechtfertigt das Bundesverfassungsgericht dann, dass Vereinbarungen nach § 1408 BGB, die mit mehr als einem Jahr Abstand vor dem Scheidungsantrag getroffen wurden, nicht genehmigungsbedürftig seien, was zeigt, dass eine durchgängige Betrachtungsweise vorgenommen wurde.

Ähnlich hält der BGH[9] den Genehmigungsvorbehalt für verfassungsmäßig, legt aber in der betreffenden Entscheidung die Genehmigungsfähigkeit äußerst weit aus. Hierbei wird festgestellt, § 1587o Abs. 2 Satz 4 BGB „könne nicht als abschließende Regelung der Genehmigungsvoraussetzungen angesehen werden." Entscheidend wird auf die anderweitige Absicherung des Ausgleichsberechtigten abgestellt, im konkreten Fall sogar durch eine aus künftiger Ehe zu erwartende lebensversicherungsvertragliche Absicherung.[10]

4  Daraus folgt:

- Bei allen Vereinbarungen über den Versorgungsausgleich werden Scheidungsfolgen geregelt, unabhängig von der Frage, wie nahe die Scheidung bevorsteht.
- Das Anliegen des Schutzes des „schwächeren" ausgleichsberechtigten Partners ist in allen Vereinbarungen über den Versorgungsausgleich zu beachten, bei Vereinbarungen nach § 1408 BGB über die Prüfung der objektiven und subjektiven Sittenwidrigkeit gemäß § 138 BGB, bei Vereinbarungen nach § 1587o BGB nach den sich objektiv hieran anlehnenden Kriterien des § 1587o Abs. 2 Satz 4 BGB.
- § 1408 Abs. 2 BGB enthält eine rein formale zeitliche Schranke für den Genehmigungsvorbehalt, begründet aber typologisch keinen Unterschied zwischen Vereinbarungen vor Jahresfrist und innerhalb Jahresfrist.

9 DNotZ 1982, 569 = FamRZ 1982, 471.
10 Vgl. auch BGH FamRZ 1987, 578.

## Grundlagen für abweichende Vereinbarungen und Schranken  § 14

- Der Genehmigungsvorbehalt des § 1587o BGB ist verfassungskonform nur in einer Weise anwendbar, die die Dispositionsfreiheit der Ehegatten nicht unzulässig einengt mit der Maßgabe:
  - dass Manipulationen zu Lasten der Sozialversicherungsträger verhindert werden sollen,
  - dass offensichtlich unangemessene und ungeeignete Regelungen, die objektiv den Charakter der Sittenwidrigkeit tragen, verhindert werden sollen. Lediglich die subjektiven Elemente der Sittenwidrigkeit sind bei Vereinbarungen nach § 1587o BGB nicht mehr für die Genehmigung ausschlaggebend.

Insgesamt folgt daraus, dass bei der Prüfung der inhaltlichen Zulässigkeit von Vereinbarungen über den Versorgungsausgleich drei Fallgruppen zu unterscheiden sind:

- rein vorsorgende Vereinbarungen vor oder bei intakter Ehe,
- Vereinbarungen über Scheidungsfolgen in kriselnder Ehe mit möglicherweise bevorstehender Scheidung,
- Scheidungsvereinbarungen gemäß § 1587o BGB.

Zwischen den beiden letzten Fällen ergibt sich in der Rechtsprechung kein gravierender Unterschied mit der Folge, dass die inhaltliche Prüfung bei Genehmigung einer Vereinbarung nach § 1587o BGB der Sittenwidrigkeitsprüfung ähnelt (im Einzelnen siehe hierzu sogleich unten). Auch prüft das Familiengericht eine einmal vorgelegte Vereinbarung von Amts wegen.[11]

Formal wird deshalb auch für zulässig erachtet, eine als Scheidungsvereinbarung zu betrachtende Vereinbarung vor Eintritt in die Jahresfrist des § 1408 Abs. 2 BGB bereits als Vereinbarung nach § 1587o BGB zu konzipieren und zur Genehmigung vorzulegen.[12] Anderenfalls entstünde zeitlich eine Regelungslücke. Bei mehrdeutiger Konstruktion oder Formulierung ergibt die Auslegung bei Bevorstehen einer Scheidung eine Ver-

5

---

11  BGH FamRZ 1987, 578.
12  Vgl. *Soergel – Vorwerk*, § 1587o BGB Rn 19.

einbarung nach § 1587o BGB,[13] es sei denn, es handelte sich um einen Ehevertrag im Zuge eines Versöhnungsversuchs.[14]

Eine **Umdeutung** einer ehevertraglichen Regelung gemäß § 1408 Abs. 2 BGB in eine Scheidungsfolgenvereinbarung ist dennoch nicht möglich.[15]

6 Es stellt sich die Frage, ob an der Praxis der „verkappten Scheidungsvereinbarung" nach § 1408 BGB mit der **Verfahrensabsprache** zur Stellung des Scheidungsantrags erst nach Ablauf der Jahresfrist festgehalten werden soll. Dagegen spricht, dass die volle inhaltliche Verantwortlichkeit für die Ausgewogenheit der Regelung bei den Beteiligten liegt, entsprechend auch die Belehrungspflicht des Notars dem schwächeren Vertragsteil gegenüber besteht. Bewusste Umgehungsvereinbarungen könnten auch unter diesem Gesichtspunkt angegriffen werden. Daraus folgt als Mindestlehre, dass eine umfassende Belehrung über die Risiken eines Scheidungsfolgenvertrages im Stadium der kriselnden Ehe besonders wichtig ist.

7 *Beispiel*[16]
In notariellem Vertrag vom 5.11.1980 haben die Parteien den gesetzlichen Güterstand aufgehoben, gleichzeitig den Versorgungsausgleich ausgeschlossen, auf jeglichen Unterhalt verzichtet und eine Hausratsverteilungsregelung getroffen. Seit dem 29.6.1981 lebten die Parteien getrennt, Scheidungsantrag wurde am 26.10.1981 eingereicht, nach Prozesskostenhilfeprüfung am 8.7.1982 zugestellt. Die Ehefrau macht Sittenwidrigkeit der Ausschlussvereinbarung geltend.

Das OLG Bamberg verneinte die Merkmale der Sittenwidrigkeit in objektiver und subjektiver Hinsicht. Dass sich die Ehe der Parteien bereits in der Krise befunden habe, mache den Vertrag nicht unwirksam. Zwar habe der Gesetzgeber Verträge über den Ausschluss des Versorgungsausgleichs

---

13 OLG Düsseldorf FamRZ 1986, 68; bestätigt von BGH FamRZ 1987, 465.
14 OLG Koblenz FamRZ 1986, 1220.
15 OLG Hamburg FamRZ 1991, 1067; *Soergel – Gaul*, § 1408 BGB Rn 28.
16 OLG Bamberg FamRZ 1984, 483

bei bestehenden konkreten Scheidungsabsichten erschweren wollen, diesem Zweck genüge aber die Vorschrift des § 1408 Abs. 2 Satz 2 BGB. Schließlich seien die Beteiligten vom beurkundenden Notar umfassend auf die Folgen des Vertrages und dessen Risiken hingewiesen worden. Sich von sämtlichen nachteiligen Scheidungsfolgen freizeichnen zu wollen, ist an sich nicht sittenwidrig.[17]

Die Entscheidung des OLG Bamberg bestätigt die formale Betrachtungsweise, dass eine Genehmigungspflicht nur innerhalb der Jahresfrist des § 1408 Abs. 2 BGB vorliegt.[18] Sie zeigt aber die **erhöhten Prüfungsanforderungen an Vereinbarungen in kriselnden Ehen**. Deshalb empfiehlt sich selbst bei Abschluss von Verträgen nach § 1408 BGB bei bevorstehender Scheidung, inhaltlich ähnliche Anforderungen an die Prüfung und Belehrung wie bei Scheidungsvereinbarungen zu stellen.

Diesem Anliegen sollte man auch bei der Abfassung der Vereinbarung Rechnung tragen, um Haftungsrisiken mangels gewissenhafter Erfüllung der Prüfungs- und Belehrungspflichten auszuschließen.

8

Anzugeben sind:

- alle Tatsachen, auf die sich die Vereinbarung der Beteiligten stützt, insbesondere die bisher der angewachsenen Versorgung zugrunde liegenden Zeiten der Erwerbstätigkeit,
- die Gründe, die die Beteiligten bewegen, die getroffene Vereinbarung als ausgewogen und nicht einseitig nachteilig zu erachten,
- die auch in § 1587o Abs. 2 Satz 4 BGB erwähnten Kriterien der Gesamtauseinandersetzung in vermögensrechtlicher, unterhaltsrechtlicher und versorgungsausgleichsrechtlicher Hinsicht.

Gegen eine solche ausführliche Darstellung vorgebrachte Bedenken unter dem Gesichtspunkt der Förderung von Anfechtungsmöglichkeiten bzw.

---

17 BGH FamRZ 1991, 306.
18 Vgl. auch BGH FamRZ 1987, 365; OLG Düsseldorf FamRZ 1987, 953; OLG Frankfurt FamRZ 1986, 1005.

der Berufung auf den Wegfall der Geschäftsgrundlage müssen hinter der objektiven Notwendigkeit der Risikoprüfung zurückstehen.

9 Von einer verkappten Scheidungsvereinbarung zu unterscheiden ist der geheime Vorbehalt einer Scheidungsabsicht. Dieser führt allenfalls zu einer Anfechtungsmöglichkeit gemäß § 123 BGB.[19]

## C. Kombinierte Vereinbarungen nach §§ 1408 Abs. 2, 1587o BGB

### I. Vorüberlegungen

10 Wegen der aufgezeigten Bedenken gegen eine rein ehevertragliche Regelung im erkennbaren Vorstadium eines Scheidungsverfahrens empfiehlt es sich, die Vereinbarung **auf eine evtl. Scheidung abzustimmen**.[20] Eine Vereinbarung nach § 1587o BGB muss sich inhaltlich nicht von der ehevertraglichen Vereinbarung des § 1408 BGB unterscheiden. Sie sollte lediglich **genaue Ausführungen zur Angemessenheit und Geeignetheit** der Ersatzlösung enthalten. Im Hinblick auf die Vermeidung einer Unwirksamkeitsgefahr aus § 138 BGB sind derartige Erwägungen jedoch auch in der Vereinbarung nach § 1408 BGB sinnvoll (siehe oben).

11 Die kombinierte Vereinbarung darf formulierungsmäßig nur die formale Schranke des § 1408 Abs. 2 Satz 2 BGB beseitigen. Werden hingegen eine Vereinbarung nach § 1408 und eine nach § 1587o BGB selbständig nebeneinander gestellt, wertet die Rechtsprechung dies, selbst wenn das Sperrjahr eingehalten wird, bei einem Scheidungszusammenhang nur als Scheidungsvereinbarung. Für eine ehevertragliche Regelung sei kein Raum.[21] Eine Vereinbarung nach § 1408 BGB kann nicht ohne Zustim-

---

19 OLG Düsseldorf FamRZ 1987, 953.
20 Zur Zulässigkeit der Kombination BGH FamRZ 1987, 467.
21 OLG Düsseldorf FamRZ 1986, 68.

mung der Ehegatten in eine solche nach § 1587o BGB umgedeutet werden.[22]

## II. Formulierungsbeispiel: Ausschluss des Versorgungsausgleichs gem. §§ 1408 Abs. 2, 1587o BGB

▼

Die Beteiligten schließen den Versorgungsausgleich nach §§ 1587 ff. BGB aus. Sie nehmen diesen Verzicht wechselseitig an.

Die Beteiligten gehen davon aus, dass der vorstehende Ausschluss des Versorgungsausgleichs im Hinblick auf die Gesamtauseinandersetzung der Eheleute in dieser Vereinbarung angemessen ist. Durch die Übertragung des Grundbesitzes auf die Ehefrau mit der Folge, dass ihr nach heutigem Stand monatliche Mieteinnahmen von 700 EUR zufließen, wurde ihr eine eigenständige Einkunftsquelle und Sicherung für den Altersfall geschaffen. Die beiderseitigen Versorgungsanwartschaften aus der Ehezeit differieren nach den Berechnungen des Rentensachverständigen X lediglich um 500 EUR zugunsten des Ehemannes. Angesichts der übertragenen Vermögenswerte und der Versorgungssituation der Beteiligten wird die Absicherung der Ehefrau für den Alters- und Invaliditätsfall für geeignet und angemessen erachtet.

Der Notar hat darauf hingewiesen, dass vorstehende Ausschlussvereinbarung unwirksam wird, wenn innerhalb eines Jahres Antrag auf Scheidung der Ehe gestellt wird. Mit Rücksicht darauf vereinbaren die Beteiligten, dass es für den Fall der Stellung eines Scheidungsantrags innerhalb der Jahresfrist bei der Vereinbarung bleibt und dieselbe lediglich der Genehmigung des Familiengerichts bedarf. Die Beteiligten werden ggf. diese Genehmigung selbst herbeiführen.

---

22 BGH FamRZ 1983, 459.

### III. Formulierungsbeispiel: Ausschluss des Versorgungsausgleichs gem. §§ 1408 Abs. 2, 1587o BGB (Zusatzvereinbarung)

13 Vorstehende salvatorische Klausel ist einer Verfahrensabrede zur Stellung des Scheidungsantrags vorzuziehen. Denkbar ist jedoch, dass verfahrensrechtlich wirksame Vereinbarungen zur Stellung des Scheidungsantrags parallel getroffen werden. Derartige **Verfahrensvereinbarungen** binden die Beteiligten. Von Bedeutung kann insbesondere sein, auf welcher rechtlichen Grundlage ein Scheidungsantrag dereinst gestellt werden wird. Ggf. empfiehlt sich ein entsprechender Zusatz.

14 Die Beteiligten vereinbaren, dass für den Fall der Stellung des Scheidungsantrages innerhalb der Jahresfrist vorstehende Vereinbarung als solche gemäß § 1587o BGB fortgelten soll.

Dies soll jedoch nur der Fall sein, wenn der Scheidungsantrag mit Zustimmung des anderen Ehegatten gemäß § 1566 Abs. 1 BGB gestellt wird.

### D. Allgemeine Schranken der Vertragsfreiheit

15 Unter dem Gesichtspunkt von Scheidungsvereinbarungen sind nach dem bisher Gesagten auch Vereinbarungen im Vorfeld der Scheidung nach § 1408 BGB zu behandeln. Die Möglichkeiten, Vereinbarungen zu treffen, laufen bei § 1408 BGB und § 1587o BGB im Wesentlichen gleich.[23] Zulässigkeitsschranken ergeben sich aus

- § 134 BGB, soweit Gesetzwidriges vereinbart wird,
- § 138 BGB, soweit Sittenwidriges vereinbart wird,

---

[23] BGH FamRZ 1986, 890; *Soergel – Gaul*, § 1408 BGB Rn 35.

## Grundlagen für abweichende Vereinbarungen und Schranken § 14

- § 1587o Abs. 2 Satz 4 BGB, soweit im aktuellen Scheidungszusammenhang offensichtlich Unangemessenes oder zur Absicherung Ungeeignetes vereinbart wird.

Die Schranken der Gesetz- und Sittenwidrigkeit stellen sich auch bei Vereinbarungen ohne aktuellen Scheidungszusammenhang. Da der BGH den Versorgungsausgleich zum Kernbereich der gesetzlichen Scheidungsfolgen zählt, ist darauf zu achten, dass der Ausschluss des Versorgungsausgleichs in Verbindung mit anderen ehevertraglichen Vereinbarungen nicht zu einer einseitigen Belastung eines Ehegatten und damit zur Unwirksamkeit des Vertrages führt.[24]

Folgende Beispiele zeigen, dass Aussagen zur zulässigen Gestaltung **nur unter Vorbehalt typologisierbar** sind.

*Beispiel 1* 16
Verlobte kommen zum Notar und wollen Gütertrennung, Unterhalts- und Versorgungsausgleichsverzicht vereinbaren.

Eine solche Vereinbarung verstößt nicht gegen gesetzliche Bestimmungen, zu prüfen wäre aber die Frage der Sittenwidrigkeit. Nach BGH FamRZ 1983, 137 beurteilt sich die Sittenwidrigkeit des Unterhaltsverzichtes u.a. danach, ob konkrete Anhaltspunkte für eine Sozialhilfebedürftigkeit in Auswirkung des Verzichts vorliegen.[25] Maßgeblich für diese Beurteilung ist der Zeitpunkt des Vertragsschlusses.[26] Dies zeigt, dass die Zulässigkeitsprüfung bei rein vorsorgenden Vereinbarungen einen weiteren Vereinbarungsspielraum zulässt, weil mit aktuellen Gefährdungssituationen nicht zu rechnen ist. Entsprechendes gilt erst recht für den Versorgungsausgleich, der nicht den aktuellen Alimentationsbezug wie der Unterhalt hat.[27]

---

24 S. oben § 2 Rn 2 ff.
25 Vgl. auch BGH NJW 1991, 913.
26 BGH a.a.O.; anders OLG Hamburg FamRZ 1991, 88.
27 Vgl. *Zimmermann/Becker*, FamRZ 1983, 1, 9 m.w.N. in Fn 123.

**17** *Beispiel 2*

Ehemann A besitzt ein Hausgrundstück. Dieses wird veräußert gegen Gewährung einer lebenslänglichen Rente an die Eheleute gemäß § 428 BGB. Die Eheleute schließen jedoch einen Versorgungsausgleich der Ehefrau angesichts dieser Veräußerungsrente aus.

Das Beispiel zeigt, dass auch Vermögensdispositionen während der Ehe ohne aktuellen Scheidungsbezug Auswirkungen auf die Versorgungsausgleichsentscheidung haben können. Im Beispiel wäre eine möglicherweise nicht ausgleichspflichtige Vermögensposition in eheliches Versorgungsvermögen umgewandelt worden. Eine derartige Modifizierung des Versorgungsausgleichs kann nicht an Überlegungen zur Zulässigkeit solcher Vereinbarungen im Scheidungsfalle gemessen werden.

**18** *Beispiel 3*[28]

Die Ehe der Parteien wurde 1959 geschlossen. Aus ihr gingen zwei Kinder hervor. Mittlerweile ist die Ehefrau wieder berufstätig. 1977 wird „mit Rücksicht darauf, dass in der Ehe Schwierigkeiten" aufgetreten sind, eine Vereinbarung geschlossen, worin auf Zugewinn, Unterhalt und Versorgungsausgleich „entschädigungslos" verzichtet wird. U.a. wurde während der Ehe ein Hausgrundstück des Ehemannes bebaut. Nach Ablauf des Sperrjahres wird alsbald die Scheidung beantragt.

In solchen Fällen ist die Zulässigkeit der Vereinbarung aufgrund der objektiven Fakten schon sehr zweifelhaft. Infolge der erheblichen Verzichtswerte und der langen Ehedauer wurde vom OLG Köln Sittenwidrigkeit angenommen.[29] Die nachfolgend gestellte Frage, ob ein entschädigungsloser Verzicht zulässig ist, richtet sich also nach der Ausgangssituation im Einzelfall. Nur unter diesem Vorbehalt können nachstehend typische Fälle behandelt werden, wobei – wie das Beispiel des OLG Köln zeigt – Vereinbarungen nach § 1408 BGB im Hinblick auf § 138 BGB besonders in kriselnder Ehe überprüft werden müssen.

---

28 OLG Köln DNotZ 1981, 444.
29 Vgl. auch OLG Karlsruhe FamRZ 1991, 332; abl. *v. Hornhardt*, DNotZ 1981, 548.

## E. Die Schranke des § 1587o Abs. 1 Satz 2 BGB

### 1. Vorüberlegungen

Die Ehepartner können bei der Regelung des Versorgungsausgleichs nach allgemeiner Regel keine Verträge zu Lasten Dritter schließen. Diesem Grundsatz entspricht § 1587o Abs. 1 Satz 2 BGB. Diese Bestimmung verbietet es, durch Vereinbarung Anwartschaftsrechte nach § 1587b Abs. 1 oder 2 zu begründen oder zu übertragen. Jede Übertragung dieser Art ist stets ein Eingriff in die Leistungspflicht des Versorgungsträgers.  **19**

Die Einschränkung des § 1587o Abs. 1 Satz 2 BGB gilt auch für Eheverträge nach § 1408 Abs. 2 BGB.[30] Sie gilt ferner für die Ausgleichsformen der §§ 1 Abs. 2, 3 und 3 b VAHRG.[31]

Die Bestimmung des § 1587o Abs. 1 Satz 2 BGB stellt damit eine **leicht zu übersehende Schranke** für die ehevertragliche Regelung des Versorgungsausgleichs und Vereinbarung nach § 1587o BGB dar.

§ 1587o Abs. 1 Satz 2 BGB wird weit ausgelegt. Der Bestimmung ist nach allgemeiner Meinung nicht nur zu entnehmen, dass Eheleute Anwartschaften in einer gesetzlichen Rentenversicherung nicht übertragen oder begründen können. Darüber hinaus soll es überhaupt unzulässig sein, Änderungen des gesetzlichen Versorgungsausgleichs vorzunehmen.[32]  **20**

Insbesondere sollen Vereinbarungen unzulässig sein,

- durch die mittelbar mehr Versorgungsanrechte als gesetzlich nach § 1587b Abs. 1 und 2 BGB vorgesehen übertragen werden sollen;[33]
- durch die die gesetzlichen Teilungsquoten (§ 1587a Abs. 1 BGB) geändert werden;

---

30 *Soergel – Gaul*, § 1408 BGB Rn 34, vgl. auch BGH FamRZ 1990, 273.
31 *Soergel – Vorwerk*, § 1587o BGB Rn 12.
32 *Staudinger – Eichenhofer*, § 1587o BGB Rn 14.
33 Vgl. BGH FamRZ 1981, 1051; *Schmeiduch*, FamRZ 1979, 762; *Zimmermann/Becker*, FamRZ 1983, 1, 2 mit Nachw. der unterschiedlichen Rechtsprechung der unteren Gerichte.

- durch die vor- oder nacheheliche Versicherungszeiten einbezogen werden;
- durch die Anrechte bei der Ausgleichsform Splitting oder Quasi-Splitting berücksichtigt werden, für die das Gesetz eine andere Ausgleichsform vorsieht;
- die auf eine Änderung der rentenversicherungsrechtlichen Berechnungsfaktoren zielen;
- wenn ein Teilausschluss von Anrechten außerhalb der gesetzlichen Rentenversicherung dazu führen würde, dass zu hohe Anrechte in der gesetzliche Rentenversicherung übertragen würden.[34]

21 Bei der Prüfung, ob ein Verstoß gegen § 1587o Abs. 1 Satz 2 BGB vorliegt, ist zunächst festzustellen, welche Übertragungen und Begründungen von Rentenanwartschaften gemäß §§ 1587b Abs. 1 und 2 BGB ohne Berücksichtigung der vertraglichen Vereinbarung vorzunehmen wären. Anschließend ist die entsprechende Feststellung unter Berücksichtigung der vertraglichen Vereinbarung vorzunehmen. Soweit im letzteren Fall mehr Rentenanwartschaften übertragen oder begründet werden als im ersten Fall, liegt ein Verstoß gegen § 1587o Abs. 1 Satz 2 BGB vor.[35]

### 2. Typischer Sachverhalt

22 A und B vereinbaren, dass ein Versorgungsausgleich nur stattfinden soll, wenn Kinder aus ihrer Ehe hervorgehen. Für diesen Fall soll der Ausgleich lediglich ab der Geburt des ersten gemeinsamen Kindes vorgenommen werden. Anwartschaften, die vor diesem Zeitpunkt erworben wurden, sollen in jedem Fall außer Acht bleiben. A erwirbt während der Ehe in der gesetzlichen Rentenversicherung Anwartschaften von 300 Entgeltpunkten bis zur Geburt des ersten Kindes und weitere Anwartschaften in Höhe von 500 Entgeltpunkten bis zur Rechtshängigkeit des Scheidungsantrages. B erwirbt während der Ehe bis zur Geburt des ersten Kindes

---

34 BGH FamRZ 1988, 153; AnwK-BGB/*Friederici*, § 1587o Rn 28 ff.
35 Vgl. RGRK – *Wick*, § 1587o BGB Rn 20.

Anwartschaften in der gesetzlichen Rentenversicherung in Höhe von 400 Entgeltpunkten und keine weiteren ab der Geburt des ersten Kindes.

Hier liegt ein Verstoß gegen § 1587o Abs. 1 Satz 2 BGB vor, da bei Beachtung der Vereinbarung zwischen A und B mehr Anwartschaften übertragen werden müssten, als gemäß § 1587b Abs. 1 BGB zulässig ist. Gemäß § 1587b Abs. 1 BGB sind Anwartschaften in Höhe von 200 Entgeltpunkten von A auf B zu übertragen. Würde die zwischen ihnen getroffene Vereinbarung zugrunde gelegt, wären demgegenüber Anwartschaften in Höhe von 250 Entgeltpunkten von A auf B zu übertragen.[36]

23

### 3. Vorbeugende Klauseln bzgl. § 1587o Abs. 1 Satz 2 BGB

Vereinbarungen, die gegen § 1587o Abs. 1 Satz 2 BGB verstoßen, sind gemäß § 134 BGB **nichtig**. Dem Parteiwillen wird die harsche Nichtigkeitsfolge in der Regel nicht gerecht. Regelmäßig wird es dem Parteiwillen vielmehr entsprechen, eine von ihnen getroffene Vereinbarung auf den zulässigen Inhalt zu reduzieren, falls andernfalls ein Verstoß gegen § 1587o Abs. 1 Satz 2 BGB und folglich die Nichtigkeit der gesamten Vereinbarung droht. Dementsprechend ist es sachgerecht, Vereinbarungen, soweit deren Wortlaut dem nicht entgegensteht, in der Weise einschränkend auszulegen, dass sie einen zulässigen Inhalt haben.

24

Die Prognose, ob eine Vereinbarung gegen § 1587o Abs. 1 Satz 2 BGB verstoßen wird, ist oft schwierig bis unmöglich, da nicht vorhersehbar ist, wie sich die Rentenanwartschaften der Eheleute einwickeln werden. Wirksamkeitsproblemen kann durch nachfolgende Formulierungen vorgebeugt werden.

---

36 Zum genauen Berechnungsverfahren s. BGH FamRZ 1990, 273; OLG Nürnberg FamRZ 1995, 177.

**§ 14** | Grundlagen für abweichende Vereinbarungen und Schranken

### 4. Formulierungsbeispiel: Vorbeugende Klausel bzgl. § 1587o Abs. 1 Satz 2 BGB (Variante I)

25  Die Anwendbarkeit vorstehender Regelung ist derart beschränkt, dass in keinem Fall mehr Anwartschaften übertragen oder begründet werden sollen, als gemäß § 1587o Abs. 1 Satz 2 BGB übertragen werden könnten.

▲

### 5. Formulierungsbeispiel: Vorbeugende Klausel bzgl. § 1587o Abs. 1 Satz 2 BGB (Variante II)

26  Soweit unter Verstoß gegen § 1587o Abs. 1 Satz 2 BGB durch die Nichtberücksichtigung der vorstehend bestimmten Rentenanwartschaften eine Ausgleichspflicht eines Ehepartners entsteht oder sich eine bestehende Ausgleichspflicht erhöht, schließen die Beteiligten den Versorgungsausgleich gemäß § 1587b Abs. 1 und 2 BGB aus. Sie vereinbaren bezüglich der entstehenden bzw. sich erhöhenden Ausgleichspflicht, dass diese durch schuldrechtlichen Versorgungsausgleich/Abschluss einer Lebensversicherung erfüllt werden soll.

Eine vertragliche Reduzierung der auf den Ausgleichsberechtigten zu übertragenden Anwartschaften i.S.d. § 1587b Abs. 1 und 2 BGB ist immer möglich.[37] Auch können die Eheleute vereinbaren, dass der Versicherungsausgleich statt durch Splitting oder Quasi-Splitting durch Entrichtung von Beiträgen erfolgen soll.

---

37  BGH FamRZ 1986, 890, 892.

## 6. Weitere Beispielsfälle

Die Problematik des § 1587o Abs. 1 Satz 2 BGB soll anhand der folgenden Beispiele vertieft werden. 27

*Beispiel 1*
A hat 500 EUR ausgleichspflichtige Ehezeitanwartschaften in der gesetzlichen Rentenversicherung und 50 EUR ausgleichspflichtige Ehezeitanwartschaften aus betrieblicher Altersversorgung. Er soll nach Vereinbarung 550 Anwartschaften übertragen.

Eine derartige Vereinbarung ist wegen Verstoßes gegen § 1587o Abs. 1 Satz 2 BGB unzulässig.[38] Dieser Fall lag den früheren Entscheidungen zum Supersplitting regelmäßig zugrunde, weil mit einer solchen höheren Übertragung die Ausgleichsform der Beitragsentrichtung in die gesetzliche Rentenversicherung vermieden werden sollte. Dieser Zwang besteht heute nicht mehr.

An seine Stelle getreten ist die ausufernde Regelung zum schuldrechtlichen Versorgungsausgleich in § 2 VAHRG mit den Nachteilen für den Ausgleichsberechtigten. Vor allem aber sieht § 3b VAHRG die Möglichkeit vor, durch richterliche Entscheidung bis zum Grenzwert ein Supersplitting zur Vermeidung des schuldrechtlichen Versorgungsausgleichs anzuordnen, was der Diskussion generell eine andere Tendenz gibt.

*Beispiel 2* 28
Die B ist ausgleichspflichtig. Bei ihrer Ehezeitenanwartschaftsberechnung in der gesetzlichen Rentenversicherung müssen Ausbildungszeiten substituiert werden. Nach altem Recht war infolge Verfassungswidrigkeit des § 1255b Abs. 4 RVO eine Regelungslücke vorhanden (Anrechnung von nur 75 % des Durchschnittsbemessungsfaktors bei Frauen), die in der Vereinbarung mit einer Anrechnung auf der Basis von 100 % geschlossen werden sollte.

---

38 BGH, FamRZ 1981, 1051.

## § 14 Grundlagen für abweichende Vereinbarungen und Schranken

In diesem Fall erfolgt eine Höherbewertung der Anwartschaften des Ausgleichsberechtigten mit der Folge eines höheren Ausgleichs. Auch eine solche Höherbewertung stellt eine unzulässige Vereinbarung dar. Konkret fragt sich aber, ob eine Regelungslücke nicht im Weg des Vergleichs geschlossen werden können muss.

29 *Beispiel 3*
Der A ist ausgleichspflichtig mit 800 Ehezeitanwartschaften aus der gesetzlichen Rentenversicherung, der B stehen lediglich 200 verfallbare Anwartschaften aus betrieblicher Altersversorgung zu. Diese 200 Anwartschaften sind bei der Ausgleichsberechnung in den Saldo einzubeziehen, obwohl sie nur schuldrechtlich ausgeglichen werden. Die Beteiligten vereinbaren, dass die 200 Anwartschaften als verfallbar behandelt werden und nicht saldiert werden.

30 In diesem Fall ist der Ausgleichssaldo zugunsten des Ausgleichsberechtigten durch Herausnahme einer Versorgung aus der Anrechnung verbessert worden. Auch dies führt zu einem Verstoß gegen § 1587o Abs. 1 S. 2 BGB. Die gleiche Konstellation stellt sich allgemein bei der Herausnahme unsicherer Versorgungen, etwa einer Auslandsversorgung, aus dem Versorgungssaldo.[39] Allerdings wird zunehmend diskutiert, ob solche mittelbaren Eingriffe ohne das Ziel, den Wertausgleichssaldo zu erhöhen, anerkannt werden sollen.[40] Die Rechtsprechung ist uneinheitlich.[41]

Zweck des § 1587o Abs. 1 Satz 2 BGB ist die **Vermeidung von Manipulationen zu Lasten der Sozialversicherung**. Insbesondere sollen dem Sozialversicherungsträger nicht durch Vereinbarung schlechtere Risiken aufgebürdet werden können (Beispielsfall: ausgleichsberechtigt ist jüngere Ehefrau, die früher rentenberechtigt wird und eine längere Bezugserwartung hat). Zweck ist die Beschränkung der Entscheidungsmöglich-

---

39 Vgl. OLG Koblenz FamRZ 1983, 406.
40 Vgl. *Langenfeld*, FamRZ 1987, 9.
41 Befürwortend OLG Zweibrücken FamRZ 1987, 76, aufgehoben von BGH FamRZ 1988, 153, vgl. auch BGH FamRZ 1990, 273; RGRK – *Wick*, § 1587o BGB Rn 13 m.w.N.

## Grundlagen für abweichende Vereinbarungen und Schranken § 14

keiten im familiengerichtlichen Verfahren auf die Ausgleichsregel des § 1587b Abs. 1 und 2 BGB. Das gilt auch für Entscheidungen des Familiengerichts selbst, wie § 1587b Abs. 4 BGB a.e. zeigt. Gleichwohl ist die strenge Auslegung von § 1587o Abs. 1 Satz 2 BGB nur mit Einschränkungen zutreffend.

Die Entscheidungskompetenz des Familiengerichts wird nicht beschnitten im Bereich des § 1587c BGB. Dort ist über den Ausgleich überhaupt, also auch über den Umfang des Ausgleichs, jede Billigkeitsentscheidung möglich. Entsprechend ist eine Vereinbarung, die von § 1587c BGB gedeckt wird, trotz möglichen Widerspruchs zu § 1587o Abs. 1 Satz 2 BGB anzuerkennen.

*Beispiel 4* 31
Bei einer im Ausgleichssaldo zu berücksichtigenden betrieblichen Altersversorgung streiten die Beteiligten um die Anerkennung von Vordienstzeiten. Der Streit müsste gerichtlich zwischen Arbeitgeber und Arbeitnehmer ausgetragen werden. Stattdessen wird ein arbeitsrechtlicher Vergleich geschlossen.

Fraglich ist, ob im Bereich der öffentlich-rechtlichen Anwartschaften selbst solche Vergleiche zur Beilegung von Ungewissheiten möglich sind, beispielsweise in Fällen wie dem der Verfassungswidrigkeit von § 1255b Abs. 4 RVO.[42]

Zulässig muss es sein, als gesetzwidrig eingestufte Ungleichbehandlungen bei der Berechnung von Anwartschaften zu eliminieren, insbesondere bei der Dynamikbewertung im Sinne des § 1587a Abs. 3 BGB.

*Beispiel 5* 32
Eine betriebliche Altersversorgung wird satzungsgemäß nicht angepasst, unterliegt aber der Preisanpassung nach § 16 Betriebsrentengesetz. Gleichwohl wird sie als statische Versorgung voll abgewertet. Es

---

[42] Für ungeklärte Fehlzeiten vgl. OLG Frankfurt FamRZ 1987, 494.

handelt sich um eine trotz Neufassung der BarwertVO allseits kritisierte Regelungslücke, die mit einem Zuschlag nach § 1587a Abs. 5 BGB geschlossen wird.

Das Beispiel zeigt, dass Beurteilungsspielräume im Rahmen der Berechnungsverfahren selbst zugestanden werden müssen. Insoweit dienen Vereinbarungen, die gewichtigen Rechtsansichten Rechnung tragend eine Berechnungsform festlegen, der Klärung der Rechtslage unter den Beteiligten.[43]

33 Der erweiterte öffentlich-rechtliche Versorgungsausgleich des § 3b Abs. 1 Nr. 1 VAHRG spricht dafür, mehr Spielraum für Vereinbarungen zu gewähren. Wenn sich eindeutig absehen lässt, dass eine Verschiebung die Splittinggrenze dieser Bestimmung nicht übersteigt, sollten auch aufgrund Vereinbarung zumindest mittelbare Eingriffe – z.B. die Herausnahme einer Versorgung – zugelassen werden.[44]

Bei Realteilung und Quasi-Splitting nach § 1 Abs. 2, 3 VAHRG mit Zustimmung des Versorgungsträgers muss die Grenze des § 1587o Abs. 1 Satz 2 BGB nicht eingehalten werden.

---

43 Tabellen zur Barwertverordnung u.a. abgedruckt in *Palandt – Brudermüller*, Anhang zu § 1587a.
44 Vgl. *Soergel – Vorwerk*, § 1587o BGB Rn 13; *Langenfeld*, MittRhNotK 1988, 111, 112; *Johannsen/Henrich – Hahne*, § 3b VAHRG Rn 30.

# § 15 Vereinbarungen nach § 1408 Abs. 2 BGB

## A. Vollständiger Ausschluss

### I. Rechtliche Grundlagen und Beispiele

Der vollständige Ausschluss des Versorgungsausgleichs dürfte zumindest bei vorsorgenden Vereinbarungen den **Regelfall** bilden. Er ist gemäß § 1408 Abs. 2 BGB zulässig. Seine Zulässigkeit insbesondere im späteren Ehe- und Vorfeld des Scheidungsstadiums hängt davon ab, welche Vermögenswerte aufgegeben bzw. gegenübergestellt werden. Problematisch ist dann der sog. **entschädigungslose Verzicht**.

1

> *Beispiel*[1]
> In einer Vereinbarung nach § 1587o BGB wurde der Versorgungsausgleich ausgeschlossen. Der Ehemann hatte Anwartschaften in Höhe von 814,20 EUR, die Ehefrau von 282,60 EUR. Die Ehefrau berief sich darauf, dass sie demnächst wieder heirate und eine Absicherung durch Lebensversicherungen versprochen bekommen habe.

2

Im Verhältnis der Beteiligten untereinander ist dieser vollständige Verzicht „entschädigungslos". Die Zulässigkeit eines solchen Auschlusses ohne Gegenleistung kann nur im Einzelfall geprüft werden. Im Beispiel hat der BGH sogar die Angemessenheit i.S.d. § 1587o BGB bejaht, weil von dritter Seite eine Versorgung versprochen gewesen sei, obwohl erhebliche Versorgungswerte im Raum standen. Daraus folgt, dass ein Ausschluss ohne Gegenleistung im normalen Ehestadium und selbst im Vorfeld eines Scheidungsverfahrens bei auch nur wahrscheinlicher anderweitiger Absicherung als zulässig erachtet werden muss.

3

---

1 BGH DNotZ 1982, 569.

## § 15 Vereinbarungen nach § 1408 Abs. 2 BGB

**4** Eine solche anderweitige Absicherung kann darstellen:

- eigenes wesentliches Vermögen,
- eine eigene – nach weiterem Ausbau – vollwertige Versorgung,
- sonstige Ansprüche gegen Dritte, ausgenommen Unterhaltsansprüche.

**5** Zu bedenken ist ferner, dass bei vollständigem Ausschluss nur des Versorgungsausgleichs die gesetzliche Unterhaltsverpflichtung des anderen Ehegatten auch im Altersfall erhalten bleibt. Die grundsätzliche Eignung von Unterhaltsleistungen als Versorgungsersatz wird selbst bei Prüfung nach § 1587o BGB überwiegend anerkannt. Soll eine Vereinbarung aber auf diesen Aspekt hin gerechtfertigt werden, empfiehlt sich die Absicherung der Unterhaltsleistung im Altersfall durch Einräumung eines entsprechenden Rentenversprechens,[2] um Unwägbarkeiten aus dem Gesichtspunkt der Leistungsfähigkeit und Bedürftigkeit zu verringern.

**6** Bei Genehmigungsverfahren nach § 1587o BGB wird überwiegend ein Ausgleichsverzicht anerkannt, wenn Ehegatten in etwa eine gleiche soziale Biographie (volle Berufstätigkeit, vollwertige Versorgungsanwartschaften) haben, so dass das sozialpolitische Bedürfnis für die Ausgleichsdurchführung entfällt.[3] Erst recht muss dann eine Vereinbarung unbedenklich sein, die nach § 1408 BGB getroffen wird und auf die Unwägbarkeiten des künftigen biographischen Verlaufs durch entsprechende Einschränkung Rücksicht nimmt. Bei Ehen, in denen nicht von vornherein unabhängig vom künftigen Verlauf die eigenständige Vermögens- und Versorgungssicherung im Alter feststeht, sollte grundsätzlich über einen beschränkten Verzicht nachgedacht werden.

**7** *Beispiel*

Eheleute A und B sind beide berufstätig. Sie wollen den Versorgungsausgleich ausschließen, weil sie eine sog. partnerschaftliche Ehe, in

---

2 *Göppinger/Börger*, Vereinbarungen anläßlich der Ehescheidung, § 3 Rn 437.
3 MünchKomm – *Strobel*, § 1587o BGB Rn 37; *Becker*, Versorgungsausgleichs-Verträge, Rn 418 ff. m.w.N.

der jeder Partner durch eigene Berufstätigkeit Altersversorgung aufbaut, weiter zu führen gedenken. Sie sind im Alter auf die noch anwachsende Versorgung wahrscheinlich angewiesen.

Es empfiehlt sich, die möglichen Fälle der Unterbrechung des Ausbaus der Versorgung, insbesondere Zeiten der Erwerbslosigkeit, zu definieren und zum Wegfall des Ausgleichsausschlusses führen zu lassen.

## II. Gestaltungsmöglichkeiten

### 1. Formulierungsbeispiel: Aufhebung des Ausschlusses des Versorgungsausgleichs

▼

Der Versorgungsausgleich wird ausgeschlossen. 8

Der Ausschluss wird jedoch rückwirkend wieder wirksam, wenn

- aus der Ehe Kinder hervorgehen und die Ehefrau deshalb ihre Berufstätigkeit – auch nur vorübergehend – aufgibt,
- einer der Beteiligten eine Erwerbstätigkeit – gleich aus welchem Grunde – mindestens ein Jahr lang nicht mehr ausgeübt hat,
- einer der Beteiligten erwerbsunfähig wird, mit dem Zeitpunkt der amtlichen Feststellung der Erwerbsunfähigkeit,
- einer der Beteiligten/die Ehefrau die berufliche Tätigkeit auf weniger als 50 % der durchschnittlichen wöchentlichen Arbeitszeit der betreffenden Branche reduziert, mit dem Zeitpunkt eines Jahres ab Ablauf des Eintritts des betreffenden Ereignisses.

▲

Nachteil derartiger Vereinbarungen ist, dass die **genaue Definition** der 9 auflösenden Bedingung nicht immer möglich ist. Auch widerspricht die Bedingungsautomatik vielfach dem Charakter der Vereinbarung, die auf die Entschließungsfreiheit der Eheleute regelmäßig besondere Rücksicht

## § 15 Vereinbarungen nach § 1408 Abs. 2 BGB

nehmen sollte. In den vorstehenden Fällen dürfte es daher auch aus Gründen der Rechtsklarheit mitunter sinnvoller sein, keine Bedingungsautomatik vorzusehen, sondern ein Rücktrittsrecht zu vereinbaren. Das hat den weiteren Vorteil, dass bei Zweifeln über den Eintritt des Rücktrittsfalles nicht erst im vielleicht Jahre später liegenden Scheidungsfalle, sondern im unmittelbaren zeitlichen Zusammenhang eine – notfalls gerichtliche – Klärung herbeigeführt werden kann. Einzuräumen ist aber, dass kurze Rücktrittsfristen den Berechtigten in eine Zwangslage versetzen können; darüber hinaus birgt die Rücktrittsvariante die Gefahr, dass sie im entscheidenden Moment schlicht vergessen wird.

### 2. Formulierungsbeispiel: Rücktrittsrecht bezüglich des vereinbarten Ausschlusses des Versorgungsausgleichs

**10** Für den Fall, dass ▓▓▓ *(siehe oben)* behält sich die Ehefrau den Rücktritt von vorstehender Vereinbarung vor. Im Falle des Rücktritts entfällt der Versorgungsausgleichsausschluss rückwirkend. Der Rücktritt ist binnen zwei Jahren ab Eintritt des zum Rücktritt berechtigenden Ereignisses möglich. Er ist notariell zu beurkunden. Für die Fristwahrung genügt die Aufnahme der notariellen Niederschrift über den Rücktritt. Der Rücktritt wird wirksam mit Zustellung einer Ausfertigung an den anderen Ehegatten.

### 3. Formulierungsbeispiel: Bedingter Ausschluss des Versorgungsausgleichs

**11** Möglich ist ferner der Ausschluss des Versorgungsausgleichs für den Fall, dass die Ehe eine bestimmte Dauer nicht überschreitet.[4]

---

4 *Soergel – Gaul*, § 1408 BGB Rn 29; a.A. LG Kassel MittBayNot 1979, 26.

Vereinbarungen nach § 1408 Abs. 2 BGB § 15

▼

Die Beteiligten schließen den Versorgungsausgleich für den Fall aus, dass 12
innerhalb von fünf Jahren ab Eheschließung/dem heutigen Tage Antrag
auf Scheidung der Ehe – gleich auf welcher rechtlichen Grundlage – gestellt wird. Maßgeblich für die Fristwahrung ist der Eingang der Antragsschrift bei Gericht.

▲

### 4. Formulierungsbeispiel: Zeitlich eingeschränkter Ausschluss des Versorgungsausgleichs

Schließlich ist allgemein denkbar, dass der Versorgungsausgleich lediglich 13
für bestimmte Zeiträume, also temporär mit der Möglichkeit des Wiederauflebens nach Ablauf des Zeitraumes ausgeschlossen wird.

▼

Die Beteiligten schließen den Versorgungsausgleich für den Zeitraum aus, 14
für den sie in Zukunft einen gemeinsamen Hausstand nicht unterhalten.

*(Oder retrospektiv:)*

Die Beteiligten vereinbaren, dass ein Versorgungsausgleich nur in Ansehung der Versorgungsanwartschaften stattfinden soll, die seit dem ▆▆▆▆/
heutigen Tage erworben wurden.

▲

### 5. Formulierungsbeispiel: Individuelle Definition des Begriffs der Ehezeit

Sämtliche vorstehenden Vereinbarungsmöglichkeiten liegen aber bereits 15
im Grenzbereich zur Modifikation des gesetzlichen Versorgungsaus-

gleichs. Alternativ muss insbesondere bei Vereinbarungen, die einen bedingten Ausschluss vorsehen, stets überlegt werden, ob den Beteiligten nicht eine Regelung vorschwebt, die lediglich eine dem Zweck des Versorgungsausgleichs nach ihrer Auffassung widersprechende Einbeziehung von Versorgungsteilen vermeiden soll. Dann können sachgerechte Ergebnisse möglicherweise eher über eine abweichende Definition der für die Versorgungsberechnung zugrunde zu legenden Ehezeit erreicht werden. Diese Modifizierung ist auch am ehesten berechnungsverfahrensneutral.

**16** *Beispiel*
Die Beteiligten gehen vom Leitbild einer „partnerschaftlichen" Ehe aus, in der jeder Partner durch eigene Berufstätigkeit Altersversorgung aufbaut. In diesem Prozess unterschiedlich anwachsende Versorgungen sollen nicht zum Anlass für einen Ausgleich genommen werden. Alle Risiken durch mögliche Unterbrechungen dieses Erwerbsprozesses sollen jedoch ausgeschlossen sein.

**Formulierungsbeispiel: Individuelle Definition des Begriffs der Ehezeit**

**17** Die Beteiligten vereinbaren, dass für ihre Ehe der Versorgungsausgleich nur für die Zeiten durchgeführt werden soll, in denen ein Ehegatte weder eine sozialversicherungspflichtige Beschäftigung ausgeübt noch Berufs- oder Erwerbsunfähigkeitsrente erhalten hat. Nur diese Zeiten gelten als Ehezeit im Sinne des § 1587 Abs. 2 BGB.

## B. Modifizierungen

**18** Die nachfolgend dargestellten Möglichkeiten einer Modifizierung gelten grundsätzlich für Vereinbarungen nach § 1408 BGB und § 1587o BGB.

Die **Schranken des § 1587o Abs. 1 Satz 2 BGB** (insbesondere das Verbot des Supersplitting) gelten uneingeschränkt auch im Bereich des § 1408 BGB.[5]

## I. Herausnahme einzelner Versorgungen

### 1. Typischer Sachverhalt

A hat ein elterliches Haus in die Ehe eingebracht, das er auf der Basis einer lebenslangen Rente veräußert. Die Veräußerungsrente soll auch im Scheidungsfall dem A allein verbleiben.

19

### 2. Rechtliche Grundlagen

Nach § 1587 Abs. 1 BGB unterliegt die Veräußerungsrente dem Versorgungsausgleich, weil sie in der Ehezeit begründet wurde und eine lebenslange Altersversorgung bezweckt,[6] wenn auch aus ererbtem Vermögen.[7] Vermögen, das in seiner Substanz weder dem Zugewinnausgleich noch dem Versorgungsausgleich unterliegt, kann allein aufgrund der Verwendung zur Bildung von Versorgungsansprüchen ausgleichspflichtig werden. Ein entsprechender Ausschluss erscheint zulässig und geboten (Entsprechendes gilt für den Ausschluss von privaten Rentenversicherungen).

20

Zu beachten ist allerdings, dass eine Herausnahme einer einzelnen Versorgung im Scheidungsfall zu einer Veränderung des Ausgleichssaldos führen kann. Wäre A ausgleichsberechtigt, weil z.B. nur seine Ehefrau B Rentenanwartschaften im Sinne des § 1587a Abs. 2 Nr. 1 und 2 BGB begründet hat, würde die Herausnahme den Ausgleichssaldo zugunsten des

21

---

5 *Langenfeld*, FamRZ 1994, 201, 203 m.w.N.
6 Vgl. *Johannsen/Henrich – Hahne*, § 1587 BGB Rn 17.
7 Hierzu *Soergel – Vorwerk*, § 1587 BGB Rn 17.

## § 15 Vereinbarungen nach § 1408 Abs. 2 BGB

A erhöhen, bzw. erst einen Ausgleichssaldo zugunsten des A begründen. Insoweit besteht die Gefahr eines Verstoßes gegen § 1587o Abs. 1 Satz 2 BGB. Unter Berücksichtigung dieser Unwirksamkeitsgefahr könnte wie nachfolgend dargestellt formuliert werden.

### 3. Formulierungsbeispiel: Herausnahme einzelner Versorgungen aus dem Versorgungsausgleich

▼

**22** Die Beteiligten vereinbaren, dass der Versorgungsausgleich nach §§ 1587 ff. BGB für ihre Ehe durchgeführt wird, dass jedoch die dem Ehemann aus dem Verkauf des Hausgrundbesitzes ▬▬▬ zufließende Rente bei einem künftigen Ausgleich unberücksichtigt bleibt.

Soweit (unter Verstoß gegen § 1587o Abs. 1 Satz 2 BGB) durch die Nichtberücksichtigung dieser Rentenleistung eine Ausgleichspflicht der Ehefrau entsteht oder sich eine bestehende Ausgleichspflicht erhöht, schließen die Beteiligten den Versorgungsausgleich aus.

*(Alternativ:)*

**23** Soweit (unter Verstoß gegen § 1587o Abs. 1 Satz 2 BGB) durch die Nichtberücksichtigung dieser Rentenleistung eine Ausgleichspflicht der Ehefrau entsteht oder sich eine bestehende Ausgleichspflicht erhöht, vereinbaren die Beteiligten, dass in Höhe des Erhöhungsbetrages der schuldrechtliche Versorgungsausgleich stattfinden soll.

**24** Ebenso kann sich ein Regelungsbedarf etwa bei **Lebensversicherungen** ergeben. Diese fallen, wenn ein Rentenstammrecht begründet wird, in den Versorgungsausgleich, Kapitalversorgung hingegen nicht.[8] Wurde in einer Kapitalversicherung ein Rentenwahlrecht ausgeübt, handelt es sich um eine ausgleichspflichtige Rentenversicherung. Haben also Ehegatten

---

8 BGH FamRZ 1983, 156.

ihre Versorgung auf Lebensversicherungsbasis aufgebaut, kann die unterschiedliche Gestaltung bezüglich der Bezugsform zu im Sinne des Versorgungsausgleichs willkürlichen Ergebnissen führen mit der Folge, dass z.b. eine Rentenversicherung ausgeklammert werden sollte.

Weitere Gründe für die Herausnahme einer einzelnen Versorgung können insbesondere **Unwägbarkeiten bezüglich der künftigen Realisierung** der Ansprüche sein. So wird beispielsweise eine unverfallbare betriebliche Altersversorgung als ausgleichspflichtig erachtet. Wenn sie auch nur nach § 2 VAHRG schuldrechtlich auszugleichen ist, wird sie doch in den Ausgleichssaldo, also die Berechnung des Überschusses, der insgesamt ausgeglichen wird, einbezogen. Dies kann je nach Charakter der Zusage und Bonität des Arbeitgebers unerwünscht sein. 25

## II. Änderungen im Berechnungsverfahren

### 1. Abänderung des Ausgleichszeitraums; Formulierungsbeispiele

Die Abänderung der Ehezeit wurde bereits vorstehend in Bezug auf die Ausklammerung von Zeiten der Berufstätigkeit beider Ehegatten behandelt. Weitere Überlegungen zu einer Änderung des Ausgleichszeitraums müssen insbesondere für die Einbeziehung von Anwartschaften aus Altehen[9] angestellt werden. 26

---

9 Vgl. AG Charlottenburg FamRZ 1983, 76.

## § 15 Vereinbarungen nach § 1408 Abs. 2 BGB

**Formulierungsbeispiel: Abänderung des Ausgleichszeitraums (Variante I)**

▼

27 Wir schließen den Versorgungsausgleich mit der Maßgabe aus, dass Ehezeit im Sinne des § 1587 Abs. 2 BGB lediglich die Zeit ab dem ▬▬▬ sein soll.

Zeitlich begrenzt werden kann der Versorgungsausgleich auch in die Zukunft, insbesondere im Hinblick auf Fälle des Getrenntlebens.

**Formulierungsbeispiel: Abänderung des Ausgleichszeitraums (Variante II)**

▼

28 Wir schließen den Versorgungsausgleich für unsere Ehe ab dem Zeitpunkt aus, ab dem ein Getrenntleben im Sinne der §§ 1565, 1566 BGB vorliegt und für eine Scheidung unserer Ehe zugrunde gelegt wird.

Allgemein kann ferner über Kindererziehungs- und Erwerbsminderungszeiten hinaus sonstiger Anlass zum temporären Ausschluss des Versorgungsausgleichs bestehen.

**Formulierungsbeispiel: Abänderung des Ausgleichszeitraums (Variante III)**

▼

29 Ein etwaiger Anspruch auf Versorgungsausgleich der Ehefrau wird hiermit für die Zeit ausgeschlossen, während der diese im Betrieb ihres Ehemannes als ▬▬▬ mit einem üblichen Gehalt beschäftigt wird. Die Zeit dieser Beschäftigung gilt nicht als Ehezeit im Sinne des § 1587 Abs. 2 BGB.

## 2. Abänderung der Ausgleichsquote; Formulierungsbeispiele

*Beispiel* 30
A ist Beamter des höheren Dienstes und mit der B seit Beginn seiner Dienstzeit verheiratet. Die B hatte währenddessen kein eigenes Einkommen. Kurz vor der Pensionierung droht eine Ehescheidung.

Die Anwartschaften des A würden in einem solchen Falle durch Versorgungsausgleich auf etwa die Hälfte reduziert mit der Folge, dass sein eigener und möglicherweise der Unterhalt unterhaltsberechtigter Abkömmlinge gefährdet ist. Einen gewissen Schutz bietet § 5 VAHRG, demzufolge der Ausgleichspflichtige eine ungekürzte Versorgung erhält, wenn er dem noch nicht rentenberechtigten Ausgleichspflichtigen zusätzlich Unterhalt zu gewähren hat. Dieser Schutz versagt jedoch, wenn z.B. der lebensaltersmäßig erheblich jüngere Ausgleichsberechtigte berufstätig und nicht unterhaltsberechtigt ist oder wenn auf Unterhalt verzichtet wurde. Der Gefahr kann durch Verringerung der Ausgleichsquote vorgebeugt werden,[10] beispielsweise wie folgt: 31

**Formulierungsbeispiel: Abänderung der Ausgleichsquote**

▼

Die Beteiligten vereinbaren, dass im Falle eines Versorgungsausgleichs, bei dem der A ausgleichspflichtig ist, dessen Versorgungsüberschuss – soweit er auf Versorgungsanrechten gegenüber dem Land Nordrhein-Westfalen beruht – nur zu 30 % ausgeglichen wird. 32

▲

Vorteil einer solchen Regelung aus der Sicht des Ausgleichsberechtigten ist die Begründung eines eigenen Rentenstammrechts. Der Ausgleichspflichtige ist zusätzlich unterhaltspflichtig, für den Unterhaltsfall aber zusätzlich durch § 5 VAHRG geschützt. Nicht möglich ist damit aber die Vermeidung der Kürzung der Versorgung des Ausgleichspflichtigen bei 33

---

10 Vgl. BGH FamRZ 1986, 890.

fehlender Unterhaltsverpflichtung. Man kann auch einen schuldrechtlichen Versorgungsausgleich vereinbaren, diesen jedoch zeitlich und/oder umfangsmäßig beschränken.

34 Möglich ist auch eine mittelbare Beschränkung der Ausgleichsquote durch Begrenzung des Umfangs des Versorgungsausgleichs, was dann in Betracht kommt, wenn einem der Ehegatten eine seinem bisherigen Werdegang adäquate Versorgungsanwartschaft erhalten werden soll.

**Formulierungsbeispiel: Begrenzung des Umfangs des Versorgungsausgleichs**

▼

35 Die Beteiligten vereinbaren, dass bei Scheidung der Versorgungsausgleich nach § 1587b BGB nur insoweit stattfinden soll, als er erforderlich ist, um für den Ausgleichsberechtigten Entgeltpunkte zu begründen, die für seinen bisherigen Versicherungsverlauf durchgängig 1,2 Entgeltpunkte je Versicherungsjahr ergeben.

*(Ggf. Zusatz:)*

36 Vorstehende Ausgleichsgrenze gilt nur für Anwartschaften, die dem Ausgleichspflichtigen in der gesetzlichen Rentenversicherung erwachsen sind und den gesetzlichen Rentenanpassungen unterliegen.

▲

37 Eine solche Klausel muss ggf. durch o.g. Zusatz weiter modifiziert oder beschränkt werden, wenn Quelle einer Übertragung mehrere Anrechte sein können, etwa Anwartschaften in der gesetzlichen Rentenversicherung sowie aus der Zusatzversorgung des öffentlichen Dienstes (Quasi-Splitting nach § 1 Abs. 3 VAHRG). Anderenfalls entstünde die Unklarheit, zugunsten welcher Ausgleichsposition eine solche Beschränkung des Ausgleichs eingreift.

## 3. Änderung der Einzelberechnung nach § 1587a BGB

### a) Salvatorische Klausel; Formulierungsbeispiel

Bei Eingriffen in die Einzelberechnung von Versorgungsanwartschaften ist stets auf das Verbot des Supersplitting gemäß § 1587o Abs. 1 Satz 2 BGB zu achten. Zur Vermeidung der Unwirksamkeitsgefahr empfiehlt es sich, bei Vereinbarungen während der Ehe bzw. im Vorfeld des Scheidungsverfahrens folgende salvatorische Klausel aufzunehmen: 38

**Formulierungsbeispiel: Salvatorische Klausel zum Verbot des § 1587o Abs. 1 Satz 2 BGB**

▼

Vorstehende Vereinbarung greift nur ein, wenn und soweit durch sie nicht über das gesetzlich zulässige Maß hinaus mehr Anwartschaftsrechte in einer gesetzlichen Rentenversicherung nach § 1587b Abs. 1 oder 2 BGB oder nach § 1 Abs. 3 VAHRG begründet oder übertragen werden. 39

▲

Damit ist der Bestand der Vereinbarungen im Übrigen für den Unwirksamkeitsfall gesichert. Es erscheint nicht angemessen, zu diesem Zweck für den Fall des Supersplitting die Versorgungsausgleichsvereinbarung insgesamt vertraglich für unwirksam zu erklären.[11] Zu erwägen ist je nach Falllage auch, die salvatorische Klausel mit einer schuldrechtlichen Verpflichtung zu versehen, im Falle der Unwirksamkeit den Ausgleichsberechtigten durch andere geeignete Mittel, etwa Lebensversicherungsanwartschaften, so zu stellen, als wäre die Vereinbarung durchgeführt worden.[12] 40

---

11 So aber *Langenfeld*, FamRZ 1994, 203.
12 OLG Stuttgart FamRZ 1986, 1007.

## § 15 Vereinbarungen nach § 1408 Abs. 2 BGB

**b) Abänderungen im Bewertungsbereich; Formulierungsbeispiel**

41 Abänderungen im Bewertungsbereich können auch ohne konkrete Berechnung im Scheidungsverfahren angezeigt sein.

42 *Beispiel*
*A wechselt den Arbeitgeber. In seinem neuen Anstellungsvertrag erhält er eine Ruhegehaltszusage, nach der die bei der künftigen Berechnung seines Ruhegehalts zugrunde zu legende Betriebszugehörigkeit um seine gesamte Vordienstzeit beim früheren Arbeitgeber erweitert wird.*

Durch eine solche Berücksichtigung von Vordienstzeiten können sich Ruhegehaltsansprüche – insbesondere auf Führungsebene – vervielfachen und den Rahmen einer nach den Vorstellungen der Eheleute ausgleichspflichtigen Versorgung sprengen.

**Formulierungsbeispiel: Bestimmung des Bewertungsbereichs**

▼

43 Die Beteiligten vereinbaren, dass der Versorgungsausgleich bezüglich der Ruhegehaltszusage der x-AG zugunsten des A nur insoweit stattfindet, als der Berechnung Zeiten der Betriebszugehörigkeit bei der x-AG zugrunde gelegt werden. Die Anrechnung früherer Dienstzeiten bleibt im Falle des Versorgungsausgleichs sowohl für die Berechnung der Versorgungshöhe als auch für die Bestimmung der Zeiten der Betriebszugehörigkeit unberücksichtigt.

Soweit durch die Nichtberücksichtigung dieser Versorgungsanrechte eine gesetzliche Ausgleichspflicht der Ehefrau entsteht oder sich eine entsprechende bestehende Ausgleichspflicht erhöht, schließen die Beteiligten den Versorgungsausgleich aus.

### c) Vereinbarungen zur Bewertung der Dynamik einer Versorgung; Formulierungsbeispiel

Denkbar sind auch Vereinbarungen zur Bewertung der Dynamik einer Versorgung, die von der Rechtsprechung teilweise unterschiedlich beurteilt wird.

*Beispiel*
A ist Mitglied der Ärzteversorgung Niedersachsen, die nach der Rechtsprechung volldynamisch ist und nicht nach § 1587a Abs. 3 BGB abgewertet werden muss.[13] Die B ist Mitglied der Zahnärzteversorgung Niedersachsen, die im Hinblick auf das Finanzierungsverfahren lediglich teildynamisch ist[14] und mithin nach § 1587a Abs. 3 BGB, § 2 BarwertVO abzuwerten ist. Die Leistungsverläufe der Versicherungen in der Vergangenheit sind jedoch ähnlich, so dass die Beteiligten diese Differenzierung nicht wünschen, weshalb wie folgt formuliert werden könnte:

**Formulierungsbeispiel: Bewertung der Dynamik einer Versorgung**

▼

Die Beteiligten vereinbaren bezüglich der Durchführung eines künftigen Versorgungsausgleichs, dass die Anwartschaften der B bei der Zahnärzteversorgung Niedersachsen als dynamisch betrachtet werden sollen und mithin nominal in die Ausgleichsberechnung einzustellen sind.

### d) Eigene Einschätzung des Wertes der Versorgungsanwartschaften; Formulierungsbeispiel

Schließlich könnte sogar daran gedacht werden, eine eigene Einschätzung des Wertes der Versorgungsanwartschaften vorzunehmen. So ist z.B. vielfach für die Beteiligten die Einschätzung, eine unverfallbare betriebliche

---
13 Vgl. OLG Celle FamRZ 1983, 933.
14 Vgl. BGH FamRZ 1989, 155; OLG Celle FamRZ 1986, 913.

Altersversorgung sei so gesichert, dass sie in die Ausgleichsberechnung des Wertausgleichs Eingang findet, nicht nachvollziehbar.

**Formulierungsbeispiel: Eigene Einschätzung des Wertes der Versorgungsanwartschaften**

▼

48 Die Beteiligten vereinbaren, dass bei Durchführung eines Versorgungsausgleichs die Versorgungsanrechte des A bei der x-AG lediglich als verfallbare Anwartschaften im Sinne des § 1587a Abs. 2 Nr. 3 Satz 3 BGB gelten, also nicht bei Berechnung des Versorgungsausgleichs im Scheidungsfalle berücksichtigt werden und lediglich künftig schuldrechtlich ausgeglichen werden sollen.

*(Alternativ:)*

49 Die Beteiligten vereinbaren, dass die Versorgungsanrechte des A bei der x-AG lediglich als statische Versorgung im Sinne des § 1587a Abs. 3 BGB in die Ausgleichsberechnung eingehen und als solche nach der BarwertVO abzuwerten sind.

50 Auf diese Weise ist es möglich, den Rechtsgedanken des § 2313 BGB, der von der Rechtsprechung nicht auf den Zugewinnausgleich (mit Versorgungsausgleich) angewendet wird,[15] im Vereinbarungswege in die Berechnung einzuführen.

### III. Vereinbarung einer anderen Ausgleichsform

51 Die nachfolgenden Überlegungen dienen zunächst dazu, den möglichen Regelungsrahmen durch **Austausch von Versorgungen** abzustecken. Hinzukommen muss bei Scheidungsvereinbarungen die Prüfung der Gesichertheit und Angemessenheit der alternativen Regelung gemäß § 1587o Abs. 2 Satz 4 BGB, die später behandelt wird.

---

15 Vgl. BGH FamRZ 1983, 882.

## 1. Versorgungsausgleich durch Beitragsentrichtung

### a) Grundlagen

Die Verfassungswidrigkeit des Versorgungsausgleichs gemäß § 1587b Abs. 3 BGB a.f. hindert nicht daran, diese Ausgleichsform vertraglich zu vereinbaren.[16] Der Einschätzung, eine solche Ausgleichsform zu vereinbaren sei wegen der hohen Belastung regelmäßig nicht sinnvoll,[17] kann nicht gefolgt werden, weil es u.U. sinnvoller erscheint, eine Vermögensaufwendung im Zusammenhang mit der Scheidung sofort in die Auseinandersetzung einzustellen, als die Kürzung der Versorgungsanwartschaften für den Altersfall und damit die Verlagerung des Versorgungslückenproblems in Kauf zu nehmen. Durch § 3b Abs. 1 Nr. 2 VAHRG hat die Ausgleichsform im Gegenteil neue Anerkennung erfahren. Gleichwohl ist eine Einzahlung in die gesetzliche Rentenversicherung nur dann sinnvoll, wenn sie gerade bei der Versorgungssituation des Ausgleichsberechtigten zu einer wesentlichen Verbesserung der Anwartschaft beizutragen geeignet ist. Im Regelfall gibt es – und dies gilt insbesondere für vorsorgende Vereinbarungen außerhalb des Scheidungsverfahrens – wirtschaftlich effektivere Ausgleichsmittel. Die Einzahlung ist auch nur möglich, wenn nach allgemeinem Rentenrecht eine gesetzliche Grundlage für die Entrichtung freiwilliger Beiträge besteht, zum Beispiel als freiwillige Versicherung nach § 7 SGB VI oder Antragspflichtversicherung nach § 4 SGB VI.[18] 52

Zweifelhaft ist die Zulässigkeit der Vereinbarung von Beitragsentrichtungen über den Umfang der sonst bei dem Ausgleichspflichtigen abzusplittenden Rentenanwartschaften hinaus.[19] Zu beachten ist, dass Wartezeiten in der gesetzlichen Rentenversicherung durch Beitragsentrichtung nur in dem Umfang entstehen, wie Ehezeitanwartschaften übertragen werden, 53

---

16 BT-Drucks. 9/2296, S. 9; *Bergner*, DRV 1983, 29, 213; *Borth*, Versorgungsausgleich in anwaltschaftlicher und familiengerichtlicher Praxis, S. 238 ff.
17 So *Borth*, a.a.O.
18 RGRK – *Wick*, § 1587l BGB Rn 13.
19 Verneinend *Zimmermann/Becker*, FamRZ 1983, 1, 3 a.A. *Langenfeld*, Handbuch, Rn 627.

# § 15 Vereinbarungen nach § 1408 Abs. 2 BGB

also z.b. die kleine Wartezeit von 60 Versicherungsmonaten bei einer kürzeren Ehedauer nicht durch Übertragung erfüllt werden kann (s. § 52 SGB VI). Wegen der Unwägbarkeit der Auswirkung einer Beitragsentrichtung in ferner Zukunft scheidet die Vereinbarung einer solchen außerhalb eines Zusammenhangs mit einem Scheidungsverfahren regelmäßig aus, es sei denn, diese Ausgleichsform wird nur fakultativ eröffnet:

### b) Formulierungsbeispiel: Versorgungsausgleich durch Beitragsentrichtung

**54** Die Beteiligten vereinbaren, dass der Versorgungsausgleich nicht durch Übertragung oder Begründung von Rentenanwartschaften gemäß § 1587b Abs. 1, 2 BGB durchgeführt werden soll, sondern durch Entrichtung von Beiträgen in die gesetzliche Rentenversicherung entsprechend § 1587b Abs. 3 BGB i.d.F. des Gesetzes vom 14.6.1976 (BGBl I, 1421). Der Erschienene zu 1. hat als Beiträge zur Begründung von Anwartschaften in der gesetzlichen Rentenversicherung in Höhe von ▬▬▬ EUR monatlich, bezogen auf den ▬▬▬ (Ende der Ehezeit), zugunsten der Erschienenen zu 2. auf das Versicherungskonto-Nr. ▬▬▬ bei ▬▬▬ (zuständiger Versorgungsträger) den Betrag von ▬▬▬ EUR zu zahlen.

▲

### c) Formulierungsbeispiel: Versorgungsausgleich durch Beitragsentrichtung (vorsorgend)

**55** Die Beteiligten vereinbaren, dass der Versorgungsausgleich nach Wahl des Ausgleichsberechtigten entweder durch Beitragsentrichtung in die gesetzliche Rentenversicherung entsprechend der ursprünglich geltenden Regelung des § 1587b Abs. 3 BGB i.d.F. des Gesetzes vom 14.6.1976 (BGBl I, 1421) – sofern zum Zeitpunkt der beabsichtigten Beitragsentrichtung eine gesetzliche Möglichkeit zur Entrichtung freiwilliger Beiträge in die gesetzliche Rentenversicherung für den Ausgleichsberechtigten

Vereinbarungen nach § 1408 Abs. 2 BGB  § 15

besteht – oder durch Begründung eines Lebensversicherungsvertrages ▬▬▬ *(wird weiter ausgeführt)* durchgeführt wird.

### d) Formulierungsbeispiel: Versorgungsausgleich durch Beitragsentrichtung (Zusatz)

Bei Regelungen im Scheidungszusammenhang war früher auf die Möglichkeit der Bereiterklärung gemäß § 1304b Abs. 1 Satz 3 RVO Rücksicht zu nehmen, die bewirkte, dass bei unverzüglicher Entrichtung der Beiträge nach Bereiterklärung die Berechnungsgrundlagen des Jahres der Bereiterklärung für die Berechnung der einzuzahlenden Beiträge zugrunde gelegt wurden. Stattdessen enthält § 187 Abs. 5. SGB VI jetzt die allgemeine Regel, dass Beiträge bereits zum Ende der Ehezeit als gezahlt gelten, wenn sie bis zum Ende des dritten Monats seit Zugang der Mitteilung des Familiengerichts über die Rechtskraft der Entscheidung über den Versorgungsausgleich gezahlt werden. An die Stelle dieses Zeitpunktes dürfte bei einer Vereinbarung ohne familiengerichtliche Entscheidung die Mitteilung der Rechtskraft des Scheidungsurteils treten. Dadurch ergibt sich regelmäßig eine niedrigere Finanzierungslast, was die folgende Zusatzvereinbarung nahelegt.   56

▼

Der Ehemann verpflichtet sich zur Entrichtung der erforderlichen Beiträge binnen drei Monaten ab Zugang der Mitteilung über die Rechtskraft des Scheidungsurteils.   57

### 2. Vereinbarung der Realteilung gemäß § 1 Abs. 2 VAHRG; Formulierungsbeispiel

Gemäß § 1 Abs. 2 VAHRG findet bei Versorgungsanrechten, die nicht in der gesetzlichen Rentenversicherung oder der Beamtenversorgung be-   58 gründet sind, Realteilung statt, sofern die für die Versorgung maßgebende Regelung dies vorsieht. Ist dies der Fall, bedarf es keiner besonderen Vereinbarung, sondern das Gericht ordnet die Realteilung von Amts wegen an. Denkbar ist aber auch, dass die Versorgungsordnung den Beteiligten die Wahl lässt, eine Realteilung den individuellen Bedürfnissen entsprechend zu bestimmen.

59 *Beispiel*
Eine Versorgungsordnung eines berufsständischen Versorgungswerks sieht vor, dass der Versorgungsausgleich nach Wahl des Mitglieds entweder durch unmittelbare Begründung von Anwartschaften beim Versorgungswerk oder durch Realteilung über ein Lebensversicherungsunternehmen, also durch Abschluss eines entsprechenden Lebensversicherungsvertrages für den Ausgleichsberechtigten durchgeführt wird.

60 Realteilung über ein Lebensversicherungsunternehmen wird z.B. bei den Notarversorgungen praktiziert. Es bedarf hierzu eines Rahmenabkommens mit dem Lebensversicherer, der insbesondere die Aufnahme eines jeden Ausgleichsberechtigten grundsätzlich sicherstellen muss. Das Erwerbsminderungsrisiko muss aber nicht übernommen werden. Daraus ergibt sich u.U. Regelungsbedarf, vgl. nachstehendes Formulierungsbeispiel.

61 Bei Realteilung nach § 1 Abs. 2 VAHRG handelt es sich immer um eine gleichwertige Ausgleichsform, die Angemessenheitsprüfung nach § 1587o Abs. 2 Satz 4 BGB entfällt. Dies rechtfertigt sich aus der Tatsache, dass eine Realteilungsregelung bei Versorgungswerken in der Satzung und bei Lebensversicherungsunternehmen im Geschäftsplan der Genehmigung durch die jeweilige Aufsichtsbehörde bedarf.[20] Anders ist die Lage bei Abfindung des gesetzlichen Versorgungsausgleichs durch eine Lebensversicherung ohne entsprechende Satzungsgrundlage, bei der sich die Frage der Angemessenheitsprüfung stellt (siehe hierzu unten).

---

20 BT-Drucks. 9/2296, S. 11.

## Formulierungsbeispiel: Versorgungsausgleich durch Begründung einer Lebensversicherung

▼

Der Versorgungsausgleich zwischen den Erschienenen wird nach Maßgabe der ▇▇▇ (Versorgungssatzung) durch Begründung einer Lebensversicherungsanwartschaft bei der ▇▇▇ in Höhe von ▇▇▇ EUR durchgeführt. Zur zusätzlichen Absicherung des dort nicht versicherten Erwerbsminderungsrisikos verpflichtet sich der Erschienene zu 1. für den Fall der Erwerbsminderung der Erschienenen zu 2. zur Zahlung einer monatlichen Rente in Höhe von ▇▇▇ EUR beginnend mit dem 1. des auf die Feststellung der Erwerbsminderung folgenden Monats, endend mit dem letzten des Monats, in dem die Erwerbsminderung wegfällt, spätestens mit Vollendung des 65. Lebensjahres.

▲

62

### 3. Vereinbarung des schuldrechtlichen Versorgungsausgleichs; Formulierungsbeispiele

Die Vereinbarung des schuldrechtlichen Versorgungsausgleichs nach § 1587o BGB ist gesetzlich zugelassen, vgl. § 1587f Nr. 5 BGB. Die Zulässigkeit der Vereinbarung des schuldrechtlichen Versorgungsausgleichs in einem Ehevertrag nach § 1408 BGB war lange umstritten. Grund hierfür war, dass die gesetzliche Ausgestaltung des schuldrechtlichen Versorgungsausgleichs durch Vereinbarung nicht herbeigeführt werden konnte, soweit es etwa die Herbeiführung der Rechtsfolge des § 1587i BGB anbetrifft, demzufolge ein Versorgungsträger eine Abtretung des Anspruchs an den Berechtigten ungeachtet eines gesetzlichen Ausschlusses der Übertragbarkeit und Pfändbarkeit gegen sich gelten lassen musste.[21] Entsprechend der Anlage des Gesetzes als durchgängige Regelung von Scheidungsfolgen, zu der nach § 1587o BGB lediglich die Genehmigungs-

63

---

21 Vgl. Zimmermann/Becker, FamRZ 1983, 1, 10.

pflicht bei aktuellem Scheidungszusammenhang hinzutritt, kann wohl dementgegen von einer Zulässigkeit der Vereinbarung des schuldrechtlichen Ausgleichs entsprechend § 1587f Nr. 5 BGB auch bei Vereinbarungen gemäß § 1408 Abs. 2 BGB ausgegangen werden. Eine vorsorgende Formulierung könnte wie folgt lauten:

**Formulierungsbeispiel: Vereinbarung des schuldrechtlichen Versorgungsausgleichs**

64 Die Beteiligten vereinbaren, dass anstelle des Versorgungsausgleichs nach § 1587b BGB, § 1 VAHRG im Versorgungsfall Zahlungen des Ausgleichspflichtigen entsprechend den Regelungen über den schuldrechtlichen Versorgungsausgleich (§§ 1587g ff. BGB) zu leisten sind. Eine Abtretung von Ansprüchen gemäß § 1587i BGB soll nicht stattfinden.

65 Für den schuldrechtlichen Versorgungsausgleich gilt der Grundsatz, dass eine gesetzliche Ausgleichsform ohne Angemessenheitsprüfung vereinbarungsfähig ist, nicht uneingeschränkt. Nach überkommener herrschender Lehre ist sogar davon auszugehen, dass der schuldrechtliche Versorgungsausgleich nur unter besonderen Bedingungen zur Abgeltung von Ansprüchen auf Wertausgleich zugelassen werden kann.[22] Teilweise wird die Auffassung vertreten, eine solche Vereinbarung komme nur in Bereichen in Betracht, in denen es nicht um eine Grundversorgung, sondern um eine Zusatzversorgung gehe.[23] Dem kann im Hinblick auf die Tatsache, dass das Härteregelungsgesetz für alle Versorgungen außerhalb der gesetzlichen Rentenversicherung, der Beamtenversorgung und der berufsständischen Versorgung den schuldrechtlichen Versorgungsausgleich als Regelform vorsieht, nicht uneingeschränkt gefolgt werden. Teilweise gebietet sich die Vereinbarung des schuldrechtlichen Versorgungsausgleichs

---

22 Vgl. OLG Karlsruhe FamRZ 1982, 503; OLG Düsseldorf FamRZ 1982, 718; *Soergel – Vorwerk*, § 1587o BGB Rn 8 m.w.N.

23 Vgl. *Borth*, Versorgungsausgleich in anwaltschaftlicher und familiengerichtlicher Praxis, S. 245.

## Vereinbarungen nach § 1408 Abs. 2 BGB § 15

auch aus Gründen der Gleichbehandlung, etwa wenn ein ausgleichsberechtigter Ehegatte selbst erhebliche Versorgungswerte hat, die nicht in den sofortigen Wertausgleich fallen. Im Hinblick auf die Bedenken gegen die Vereinbarung des schuldrechtlichen Versorgungsausgleichs sollte aber bei einer Vereinbarung darauf geachtet werden, dessen Risiken möglichst auszuschließen. Diese Risiken bestehen vor allem in

- dem Erlöschen bei Tod des Ausgleichspflichtigen und
- der Abhängigkeit von der Leistungsfähigkeit des Ausgleichspflichtigen.

Die Bedenken sind durch § 3a VAHRG nicht ausgeräumt, weil die Verlängerung des schuldrechtlichen Versorgungsausgleichs durch Vereinbarung nur möglich ist, soweit auch ohne die Vereinbarung ein schuldrechtlicher Versorgungsausgleich durchzuführen gewesen wäre, oder wenn der Versorgungsträger der Vereinbarung ausdrücklich zugestimmt hat, § 3a Abs. 3 VAHRG. Es soll vermieden werden, dass man durch Herausnahme aus dem Wertausgleich eine Versorgung der Kürzung entzieht, im Leistungsfall aber die Verlängerung erreicht.[24] Der Versorgungsträger kann eine abweichende Vereinbarung nach § 1587o BGB genehmigen, wohl auch eine solche nach § 1408 BGB. Wird aber diese Genehmigung, was bei vorsorgenden Vereinbarungen die Regel sein dürfte, nicht eingeholt oder nicht erteilt, verbessert sich die Rechtssituation gegenüber dem bisherigen Recht nicht. 66

Besteht die Möglichkeit, sollte vorgeschlagen werden, statt des schuldrechtlichen Ausgleichs eine wertgesicherte Geldrentenschuld mit dinglicher Absicherung zu vereinbaren. Auf jeden Fall als ausreichend muss die Begründung einer Rentenzahlungsverpflichtung für die Dauer des Lebens des Ausgleichsberechtigten, abgesichert durch eine Reallast, erachtet werden. Bei fehlender dinglicher Sicherungsmöglichkeit besteht zumindest die Möglichkeit, die Verpflichtung mit Wirkung für die Erben des Ausgleichspflichtigen zu begründen. 67

---

24 BT-Drucks. 10/5447, S. 12.

## § 15 Vereinbarungen nach § 1408 Abs. 2 BGB

**68** Teilweise wird vorgeschlagen, den Abfindungsanspruch des § 1587l BGB im Regelfall auszuschließen. Unter dem Gesichtspunkt der Gleichwertigkeit der Absicherung ist dies nicht unbedenklich. Die Bestimmung stellt auf das Sicherungsbedürfnis des Berechtigten ab und will dafür Sorge tragen, dass eine eigenständige gesicherte Altersversorgung aufgebaut wird. Deshalb wird insbesondere in Fällen, in denen die Genehmigung des Familiengerichts erforderlich und zweifelhaft ist, von einem solchen Ausschluss abgeraten. Es sollte vielmehr Gelegenheit genommen werden, den Abfindungsanspruch zu konkretisieren, hierbei insbesondere die kostenaufwendige Zahlung von Beiträgen in die gesetzliche Rentenversicherung auszuschließen. Es könnte wie folgt formuliert werden:

**Formulierungsbeispiel: Schuldrechtlicher Versorgungsausgleich und Abfindungsoption**

▼

**69** Die Beteiligten vereinbaren, dass im Scheidungsfall lediglich der schuldrechtliche Versorgungsausgleich stattfindet. Der Wertausgleich nach § 1587b BGB, § 1 VAHRG wird ausgeschlossen. Die Ausgleichsberechtigte kann jedoch jederzeit eine Abfindung der schuldrechtlichen Ausgleichsansprüche gemäß § 1587l BGB verlangen mit der Maßgabe, dass lediglich Beiträge zu einer privaten Lebens- oder Rentenversicherung zu zahlen sind. Der Ausgleichspflichtige kann verlangen, dass ihm die Zahlung der Abfindungssumme in fünf gleichen Jahresraten gestattet wird. Eine weitergehende Berufung auf eine unbillige Belastung durch die Abfindungsverpflichtung schließen die Beteiligten ausdrücklich aus.

Die Verpflichtung zur Zahlung der Ausgleichsrente und der Abfindung übernimmt der Ausgleichspflichtige mit Wirkung für sich und seine Erben. Die Erbenhaftung entfällt, soweit mit Zustimmung des Versorgungsträgers ein verlängerter schuldrechtlicher Versorgungsausgleich nach § 3a VAHRG stattfindet.

▲

## Vereinbarungen nach § 1408 Abs. 2 BGB § 15

Vielfach wird die Vereinbarung des schuldrechtlichen Ausgleichs bei Vorliegen von Beamtenversorgungsanwartschaften empfohlen. § 22 Beamtenversorgungsgesetz bestimmt nämlich, dass der geschiedenen Ehefrau eines verstorbenen Beamten, die im Erbfall Witwengeld erhalten hätte, auf Antrag ein Unterhaltsbeitrag insoweit zu gewähren ist, als sie im Zeitpunkt des Todes des Beamten einen Anspruch auf schuldrechtlichen Versorgungsausgleich gehabt hätte. Die Versorgung wird gewährt, wenn die Ehefrau berufs- und erwerbsunfähig ist oder mindestens ein waisengeldberechtigtes Kind erzieht oder das 60. Lebensjahr vollendet hat. Der Anspruch fällt also früher an als der schuldrechtliche Ausgleichsanspruch selbst, vgl. § 1587g Abs. 1 Satz 2 BGB. Er beträgt 5/6 des Witwengeldes.

70

*Beispiel* 71

A, Beamter des höheren Dienstes, 55 Jahre, seit 30 Jahren verheiratet, und B, in der Ehezeit nicht berufstätig, wollen sich scheiden lassen. A will vermeiden, dass seine Pension gemäß § 1587b BGB um etwa 1/3 gekürzt wird. Die Eheleute einigen sich auf eine monatliche Unterhaltszahlung und wollen den Versorgungsausgleich ausschließen.

Den Beteiligten ist zu raten, diesen Ausgleichsausschluss nicht vorzusehen, vielmehr die Höhe von Ausgleichszahlungen auf die Höhe des vereinbarten Unterhalts zu beschränken. Es könnte wie folgt formuliert werden:

**Formulierungsbeispiel: Begrenzter schuldrechtlicher Versorgungsausgleich**

▼

Die Beteiligten schließen den Versorgungsausgleich nach § 1587b BGB 72 aus und vereinbaren stattdessen die Durchführung des schuldrechtlichen Versorgungsausgleichs nach §§ 1587 f ff. BGB. Der Ausgleichsanspruch beschränkt sich jedoch auf den Betrag, den der Ausgleichspflichtige aufgrund vorstehender Vereinbarung vor Eintritt des Versorgungsfalles zu-

## § 15 Vereinbarungen nach § 1408 Abs. 2 BGB

letzt als Unterhalt zu zahlen hatte und verändert sich in der Folge entsprechend der Wertsicherungsabrede bezüglich des Unterhalts.

### C. Formulierungsbeispiele zu § 1408 Abs. 2 Satz 2 BGB

73 Nach § 1408 Abs. 2 BGB ist eine ehevertragliche Vereinbarung über den Versorgungsausgleich unwirksam, wenn **innerhalb Jahresfrist** nach Vertragsschluss **Antrag auf Scheidung der Ehe** gestellt wird oder bereits gestellt ist. Diese Frist beginnt bei Vertragsschluss vor Eheschließung mit der Eheschließung.[25] Der Antrag auf Scheidung der Ehe ist innerhalb Jahresfrist gestellt, wenn der Scheidungsantrag innerhalb der Frist durch einen postulationsfähigen Anwalt[26] bei Gericht eingereicht wurde und die Zustellung gemäß § 270 Abs. 3 ZPO demnächst erfolgt.[27] Aufgabe der Vereinbarung ist es, die Folgen dieser Unwirksamkeit zu regeln bzw. den Eintritt derselben zu verhindern. Zu regeln ist zunächst, ob die Gesamtvereinbarung über die Auseinandersetzung von dieser Unwirksamkeit berührt wird.

**Formulierungsbeispiel: Vereinbarung zu § 1408 Abs. 2 Satz 2 BGB (Variante I)**

74 Die Beteiligten wurden darauf hingewiesen, dass vorstehende Ausschlussvereinbarungen unwirksam werden, wenn innerhalb eines Jahres Antrag auf Scheidung der Ehe gestellt wird. Sie vereinbaren, dass in einem solchen Falle die Gültigkeit der übrigen Vereinbarungen nicht berührt wird.

---

25 BGH FamRZ 1987, 467.
26 OLG Zweibrücken FamRZ 1987, 84.
27 BGH FamRZ 1985, 45.

Dies ist auch ratsam, soweit es lediglich die Frage der Wirksamkeit 75
der Gütertrennung anbetrifft. Insoweit gibt zwar § 1414 Satz 2 BGB die
Maßgabe, dass mit Ausschluss des Versorgungsausgleichs Gütertrennung eintritt. Diese Rechtsfolge ist rechtssystematisch aber verfehlt, weil
Zweck der Regelung sein sollte, den Verzichtenden nicht auch noch mit
dem Verlust güterrechtlicher Ausgleichsansprüche zu belasten. Im Regelfall der Verzichtsvereinbarungen würde durch den Eintritt der Gütertrennung vermutlich aber der schwächere Ehegatte zusätzlich benachteiligt.
Daraus folgt, dass die Frage der Gütertrennung stets ausdrücklich in der
Vereinbarung angesprochen werden sollte. Was die Unwirksamkeitsfolge
anbetrifft, sollte die Unabhängigkeit ebenfalls klargestellt werden.

**Formulierungsbeispiel: Vereinbarung zu § 1408 Abs. 2 Satz 2 BGB (Variante II)**

Sollte vorstehende Ausschlussvereinbarung unwirksam werden, weil innerhalb eines Jahres Antrag auf Scheidung der Ehe gestellt wird, so berührt dies die eingetretene Gütertrennung nicht. Die Beteiligten vereinbaren ausdrücklich den Bestand der vereinbarten Gütertrennung unabhängig von der Wirksamkeit des Ausschlusses des Versorgungsausgleichs. 76

Vorstehende Überlegungen gelten nicht, wenn die Ausschlussvereinbarung in einem synallagmatischen Verhältnis zur sonstigen Auseinandersetzung steht, so dass bei Aufnahme einer salvatorischen Klausel die Interessenlage zu gewichten und zu differenzieren ist. Dies gilt insbesondere bei Abfindung des ausgleichsberechtigten Ehegatten durch güterrechtliche Übertragungen. Nach OLG Stuttgart[28] besteht bei Scheidungsvereinbarungen in aller Regel ein Wirksamkeitszusammenhang mit der Folge der Gesamtnichtigkeit. 77

---

28 FamRZ 1984, 806.

## § 15 Vereinbarungen nach § 1408 Abs. 2 BGB

**Formulierungsbeispiel: Vereinbarung zu § 1408 Abs. 2 Satz 2 BGB (Variante III)**

**78** Wird vorstehende Ausschlussvereinbarung unwirksam, weil innerhalb eines Jahres Antrag auf Scheidung der Ehe gestellt wird, so wird vorstehende Auseinandersetzungsvereinbarung bezüglich des Güterstandes ebenfalls hinfällig. Die vorstehende Vereinbarung zur Unterhaltsregelung bleibt jedoch unberührt.

▲

**79** Zu regeln ist grundsätzlich auch die Frage, ob bei Rücknahme eines binnen Jahresfrist gestellten Scheidungsantrags die ursprüngliche Vereinbarung wieder aufleben soll, was im Zweifel anzunehmen ist.[29] Die Rücknahme kann auch die Umgehung einer familiengerichtlichen Genehmigung zum Ziel haben.[30] Ausdrücklich festgehalten werden muss zumindest, ob die Vereinbarung ex nunc oder ex tunc wiederauflebt.

**Formulierungsbeispiel: Vereinbarung zu § 1408 Abs. 2 Satz 2 BGB (Variante IV)**

**80** Wird der die Wirksamkeit der Vereinbarung berührende Scheidungsantrag wieder zurückgenommen, so lebt vorstehende Regelung mit Wirkung vom heutigen Tage wieder auf. *(Und bei Koppelung der güterrechtlichen Regelung:)* Gleiches gilt für die mit dieser Vereinbarung eingetretene Gütertrennung.

**81** Auf jeden Fall zu regeln ist schließlich bei Koppelung der Gütertrennung an den Versorgungsausgleichsausschluss und einem die Wirksamkeit berührenden Scheidungsantrag der Güterstand bis zur Stellung dieses Scheidungsantrages.

---

29 BGH FamRZ 1986, 788, Argument: § 269 Abs. 3 ZPO.
30 S.o.: formale Betrachtung; *Langenfeld*, MittRhNotK 1988, 111.

### Formulierungsbeispiel: Vereinbarung zu § 1408 Abs. 2 Satz 2 BGB (Variante V)[31]

▼

Ist die Vereinbarung über den Versorgungsausgleich durch Stellen des Scheidungsantrags innerhalb eines Jahres unwirksam, verbleibt es für die Zeit zwischen dem Abschluss der Vereinbarung und der wirksamen Stellung des Scheidungsantrags bei der Gütertrennung. Ab Stellung des Scheidungsantrags tritt jedoch wieder der gesetzliche Güterstand in Kraft.

▲

Soweit die Beteiligten bei Vorliegen der Voraussetzungen des § 1408 Abs. 2 Satz 2 BGB zwar die Unwirksamkeit der gleichzeitig vereinbarten Gütertrennung wünschen, nicht aber die Aufhebung der mit der Gütertrennung einhergehenden Aufhebung der Verfügungsbeschränkungen gemäß §§ 1365, 1369 BGB, ist dies ausdrücklich zu regeln.

### Formulierungsbeispiel: Vereinbarung zu § 1408 Abs. 2 Satz 2 BGB (Variante VI)

▼

Ist die Vereinbarung über den Versorgungsausgleich durch Stellen des Scheidungsantrags innerhalb eines Jahres unwirksam, soll die vereinbarte Gütertrennung nicht eintreten. Die Aufhebung der Verfügungsbeschränkungen gemäß §§ 1365, 1369 BGB soll in diesem Fall aber unberührt bleiben.

▲

---

31 Siehe *Langenfeld*, Handbuch, Rn 565.

## § 16 Vereinbarungen im Hinblick auf das VAHRG

Zu Vereinbarungen, die sich auf die Durchführung der Härteregelungen der §§ 4 ff. VAHRG beziehen, vgl. zunächst *Zimmermann*, MittRhNotK 1983, 139.

### A. Verlängerung des schuldrechtlichen Versorgungsausgleichs; Formulierungsbeispiel

Die Verlängerung des schuldrechtlichen Versorgungsausgleichs ist, soweit dieser auf Parteivereinbarung beruht, nur mit Zustimmung des Versorgungsträgers möglich. Deshalb ist in Vereinbarungen über schuldrechtlichen Versorgungsausgleich klarzustellen, welche Folgen sich aus einer Verweigerung dieser Zustimmung ergeben. 1

**Formulierungsbeispiel: Verlängerung des schuldrechtlichen Versorgungsausgleichs**

▼

Der Notar wies darauf hin, dass die Wirkungen des § 3a VAHRG nur eintreten, wenn der Versorgungsträger der vorstehenden Vereinbarung zustimmt (§ 3a Abs. 3 Satz 2 VAHRG). Er wird mit der Einholung der Genehmigung zu dieser Urkunde beauftragt. Sollte diese Zustimmung bis zum Tode des Ausgleichspflichtigen nicht vorliegen, sind die Erben des Ausgleichspflichtigen – beschränkt auf den Bestand des Nachlasses – zur Fortzahlung der schuldrechtlichen Ausgleichsrente verpflichtet. 2

▲

## § 16 Vereinbarungen im Hinblick auf das VAHRG

### B. Vermeidung des Versorgungsausgleichs durch Beitragsentrichtung; Formulierungsbeispiel

3 Durch § 3b VAHRG ist der richterlichen Anordnung eines Versorgungsausgleichs durch Beitragsentrichtung wieder weiter Raum eröffnet. Diese Anordnung erfolgt nach Ermessen des Familiengerichts von Amts wegen, wenn diese Form des Ausgleichs dem Ausgleichpflichtigen wirtschaftlich zumutbar ist. Es bleibt den Beteiligten allerdings unbenommen, durch Parteivereinbarung eine bestimmte Form des Versorgungsausgleichs auszuschließen, mithin auch die Formen des § 3b Abs. 2 VAHRG.

**Formulierungsbeispiel: Ausschluss des Versorgungsausgleichs durch Beitragsentrichtung**

▼

4 Die Beteiligten vereinbaren, dass ein Versorgungsausgleich nach den gesetzlichen Bestimmungen durchgeführt werden soll mit Ausnahme eines Versorgungsausgleichs gemäß § 3b Abs. 1 Nr. 2 VAHRG (Anordnung der Beitragsentrichtung). Für den Fall, dass eine andere Ausgleichsform nicht zur Verfügung steht, verbleibt es also beim schuldrechtlichen Versorgungsausgleich.

5 Handelt es sich um eine Vereinbarung nach § 1587o BGB, bedarf sie der Genehmigung des Familiengerichts. Diese Genehmigung darf nicht verweigert werden, wenn ein verlängerter schuldrechtlicher Versorgungsausgleich zur Verfügung steht, weil ein solcher im Verhältnis zur Beitragszahlung nicht als offensichtlich ungeeignet einzustufen ist. Zudem hat auch der Versorgungsausgleich durch Beitragsentrichtung Risiken, weil er auf einer fortdauernden Leistungsfähigkeit des Ausgleichspflichtigen aufbaut.

## C. Abänderung von Vereinbarungen; Formulierungsbeispiel

Nach § 10a Abs. 9 VAHRG sind Vereinbarungen über den Versorgungsausgleich gerichtlich abänderbar, wenn die Ehegatten die Abänderung nicht ausgeschlossen haben. Im Hinblick auf den abschließenden Vergleichscharakter einer typischen Vereinbarung wird sich vielfach empfehlen, die Abänderbarkeit ausdrücklich auszuschließen, sei es auch nur im Hinblick auf strittige Teile der Vereinbarung.

**Formulierungsbeispiel: Abänderbarkeit der Vereinbarung über den Versorgungsausgleich**

▼

Vorstehende Vereinbarung über den Versorgungsausgleich soll auch bei wesentlicher Änderung der Verhältnisse nicht gerichtlich abänderbar sein.

*(Alternativ:)*

Vorstehende Regelung zum Versorgungsausgleich soll der Abänderungsmöglichkeit des § 10a VAHRG nur insoweit unterliegen, als die Form des vereinbarten Ausgleichs geändert werden kann. Die Berechnungsgrundlagen sind verbindlich festgestellt.

# § 17 Vereinbarungen im Scheidungsverfahren (§ 1587o BGB)

## A. Prüfungsmaßstäbe

Gemäß § 1587o Abs. 2 Satz 4 BGB darf die Genehmigung zu einer Scheidungsvereinbarung nur verweigert werden, wenn unter Einbeziehung der Unterhaltsregelung und der Vermögensauseinandersetzung **offensichtlich** die vereinbarte Leistung **nicht zur Sicherung** des Berechtigten für den Fall der Erwerbsunfähigkeit und des Alters **geeignet** ist oder zu keinem nach Art und Höhe angemessenen Ausgleich unter den Ehegatten führt. Ein „Negativattest" ist deshalb in doppelter Hinsicht erforderlich:

1

- Die Vereinbarung darf den Ausgleichsberechtigten nicht offensichtlich ohne ausreichende Alterssicherung stellen;
- die Vereinbarung darf von Leistung und Gegenleistung in der Gesamtauseinandersetzung her nicht offensichtlich unangemessene, d.h. zu geringe Sicherungsleistungen zusprechen.

Auf das **Merkmal der Offensichtlichkeit** ist nach der Rechtsprechung des BVerfG und des BGH besonderes Gewicht zu legen, um in verfassungskonformer Weise der Parteidisposition Raum zu schaffen. Deshalb sind die nachfolgend dargestellten Genehmigungsgrundsätze der Praxis teilweise als zu eng zu betrachten. Insbesondere die Entscheidung des BGH DNotZ 1982, 569[1] zeigt die Begrenztheit der Verwerfungskompetenz des Familienrichters. Es wird ausgeführt:

2

„Weiterhin ist denkbar, daß die aufgegebenen Versorgungsanrechte durch einen Vermögenserwerb von dritter Seite kompensiert werden. § 1587o Abs. 2 Satz 4 BGB trifft nach Wortlaut und Sinn diesen Fall

3

---

1 Auch abgedruckt in FamRZ 1982, 471; vgl. auch FamRZ 1987, 578, 580.

## § 17 Vereinbarungen im Scheidungsverfahren (§ 1587o BGB)

nicht, sondern hat eine Gesamtwertung dessen im Auge, was die Ehegatten einander im Zusammenhang mit der Scheidung unter Einbeziehung der Unterhaltsregelung und der Vermögensauseinandersetzung zugestehen. Diese Vorschrift kann nicht als abschließende Regelung der Genehmigungsvoraussetzungen angesehen werden. Außerhalb ihres Anwendungsbereichs kommt es entsprechend dem Zweck des Genehmigungserfordernisses darauf an, ob es der Durchführung des Versorgungsausgleichs nicht bedarf, um für den verzichtenden Ehegatten den Grundstock einer eigenständigen Versorgung für das Alter und den Fall der Erwerbsunfähigkeit zu legen, ob also eine anderweitige, den aus dem Versorgungsausgleich zu erwartenden Anrechten gleichwertige Absicherung gewährleistet ist."

4 Maßgeblich betont wird also das **Sicherungsbedürfnis des Ausgleichsberechtigten**. Daraus folgt:

- Es kommt zunächst vorrangig auf die Situation des Ausgleichsberechtigten an; ob der Verpflichtete bedürftig wird, wird vernachlässigt.[2]
- Die Versorgungs- und Vermögenssituation des Ausgleichsberechtigten gibt den Maßstab, wie genau die Prüfung nach § 1587o Abs. 2 Satz 4 BGB sein muss. Eine genaue Prüfung bei Aufgabe von Versorgungsausgleichsansprüchen etwa in der gesetzlichen Rentenversicherung ist dann nötig, wenn es um den Ausbau der Grundsicherung des Berechtigten durch Übertragung von Wartezeiten etc. geht.

### B. Anerkannte Fallgruppen

#### I. „Entschädigungsloser" Verzicht

5 Die Amtsgerichte lassen teilweise den Verzicht auf gesetzliche Rentenanwartschaften nur im Bereich der **Geringfügigkeit** zu (40 bis 50 EUR Mo-

---

2 BGH FamRZ 1982, 258.

natsrentenwert als Grenze). Dies trägt der höchstrichterlichen Rechtsprechung nicht Rechnung.

Der BGH[3] lässt den entschädigungslosen Verzicht grundsätzlich zu, wenn eine **anderweitige Absicherung** vorhanden ist. In Rede stand die Absicherung durch eine Lebensversicherung des neuen Ehegatten. Das gilt auch dann, wenn der ausgleichsberechtigte Ehegatte über nicht ausgleichpflichtiges Vermögen aus Grundbesitz und Kapital verfügt, während der Verpflichtete auf seine Altersversorgung angewiesen ist.[4]

6

Bei dieser Betrachtungsweise kommt es auf die Höhe der zu übertragenden Versorgungswerte dann nicht an, wenn sie nach der Gesamtversorgungs- und Vermögenssituation der Beteiligten ein adäquates oder überschießendes Gegengewicht beim ausgleichsberechtigten Ehegatten haben.[5]

Allgemein wird ferner ein Verzicht ohne Gegenleistung zugelassen, wenn der Unterschied der beiderseitigen Anwartschaften eine Geringfügigkeitsschwelle nicht überschreitet. In Anlehnung an *Ruland*[6] hat sich hierzu die Meinung durchgesetzt, dass der **Wertunterschied** der beiderseitigen Anwartschaften **10 %** nicht überschreiten sollte.

7

Nach BGH[7] ist ein entschädigungsloser Verzicht möglich, wenn die Ehezeit nur extrem kurz war, mithin eine gemeinsame Versorgungsplanung noch nicht greifen konnte. Eine ähnliche Behandlung gilt bei einer sog. phasenverschobenen Ehe.[8]

---

3 DNotZ 1982, 549.
4 BGH NJW 1981, 394; vgl. auch OLG Düsseldorf FamRZ 1985, 77; OLG München FamRZ 1985, 79; OLG Koblenz FamRZ 1983, 508; OLG Hamm FamRZ 1987, 951 – mit Gütertrennung –, sämtlich zu § 1587c Nr. 1 BGB.
5 OLG Hamm FamRZ 1988, 627; OLG Hamburg FamRZ 1988, 628.
6 Anwaltsblatt 1982, 93.
7 FamRZ 1981, 30.
8 Rentner heiratet Berufstätige, OLG Köln FamRZ 1988, 849.

## § 17  Vereinbarungen im Scheidungsverfahren (§ 1587o BGB)

**8**  Nach OLG Zweibrücken[9] ist ein entschädigungsloser Verzicht auf Anwartschaften stets möglich, wenn der Berechtigte durch die Übertragung der Anwartschaften keine nennenswerten Vorteile im Versorgungsbereich erlangt (Rechtsgedanke des § 1587b Abs. 4 BGB), insbesondere bei Nichterfüllung der allgemeinen Wartezeit von fünf Jahren gemäß § 50 SGB VI.

Im Fall des OLG Zweibrücken wurde ein geringfügiger Wertunterschied zugunsten des ausgleichsberechtigten Ehegatten, der eine Beamtenversorgung hatte, gemäß § 1587c Abs. 1 BGB nicht ausgeglichen, weil durch die Übertragung in die gesetzliche Rentenversicherung lediglich ein Monat Wartezeit erfüllt worden wäre und die Mindestwartezeit von 60 Kalendermonaten für den Beamten wohl nie erreicht werden konnte. Das Gericht meinte, es bestehe zwar die Möglichkeit, gemäß § 1587b Abs. 4 BGB in diesen Fällen den Ausgleich in anderer Weise zu regeln, dies sei jedoch antragsabhängig. Werde ein solcher Antrag nicht gestellt, bestehe die Möglichkeit, den Ausgleichsanspruch ersatzlos entfallen zu lassen.

**9**  Die für die Praxis bedeutende Gruppe der **Doppelverdienerehe** mit eigenständiger Versorgungsplanung jedes Ehepartners muss mindestens dann, wenn keine übermäßigen Qualitätsunterschiede der Absicherung vorhanden sind (Chefarzt/Krankenschwester), als Bereich eines zulässigen Ausgleichsverzichts angesehen werden.[10]

So hat im folgenden Fall das OLG Koblenz nach § 1587c Nr. 1 BGB den Versorgungsausgleich ausgeschlossen:[11]

**10**  *Beispiel*
*A und B sind seit 1960 verheiratet, der A verdient als Lehrkraft 2.000 EUR netto. Die B ist Oberstudienrätin, seit 1977 im vorzeitigen Ruhestand mit einer Pension von 1.600 EUR. Während der Ehezeit (1960*

---

9  FamRZ 1983, 1041; vgl. auch OLG Karlsruhe FamRZ 1987, 1068.
10  A.A. OLG Düsseldorf FamRZ 1986, 68.
11  FamRZ 1983, 508; gegen eine generelle Wertung im Bereich des § 1587c BGB aber BGH FamRZ 1986, 563.

bis 1978) hat nur die B Anwartschaften erworben. A hat eine befreiende Lebensversicherung unterhalten. Zwischen den Parteien bestand seit 1964 Gütertrennung.

Das AG hat den Versorgungsausgleich durchgeführt. Das OLG hat insbesondere unter Berücksichtigung der Tatsache, dass die Lebensversicherung des A nicht ausgleichspflichtig ist, grundsätzlich wegen der separaten Versorgungsplanung den Versorgungsausgleich ausgeschlossen.

Ein weiteres Beispiel zur Anwendung des § 1587c BGB gibt der Fall BVerfG FamRZ 1984, 653,[12] in dem man bei einem Lehrerehepaar mit annähernd gleicher Pensionshöhe deshalb, weil der Ehemann in der Ehezeit höherwertige ruhegehaltfähige Dienstzeiten hatte, statt eines Versorgungsunterschieds von 50 DM zu einem Ausgleichswert von 460 DM kam. Eine solche nicht ehebedingte Bevorzugung eines Ehegatten widerspreche den tragenden Prinzipien des Versorgungsausgleichs.

11

Zulässig soll auch der Ausschluss von sog. **Randversorgungen** sein,[13] insoweit gelten die vorstehend angeführten Grundsätze zur Geringfügigkeit und Eigenständigkeit der jeweiligen Versorgungsplanung entsprechend. Eine Randversorgung kann dann nicht ausgeschlossen werden, wenn dies zu einer Erhöhung der gesetzlichen Ausgleichsquote führt (Verstoß gegen § 1587o Abs. 1 Satz 2 BGB; vgl. z.B. OLG Koblenz FamRZ 1983, 406):

12

*Beispiel*
A hat Anwartschaften von 100 EUR in der gesetzlichen Rentenversicherung, weitere Anwartschaften bei der Österreichischen Pensionsversicherung und bei der Versorgungsanstalt der deutschen Bühnen. Die B hat Anwartschaften in Höhe von 8,30 EUR bei der gesetzlichen Rentenversicherung. Die Eheleute haben vertraglich auf die Einbeziehung der Anwartschaften der B sowie der Anwartschaften des A bei der Österreichischen Pensionsversicherung verzichtet.

13

---

12 Kritisch *Wagenitz*, FamRZ 1986, 18.
13 Vgl. AG Mosbach FamRZ 1977, 810.

### § 17 Vereinbarungen im Scheidungsverfahren (§ 1587o BGB)

Die Vereinbarung wurde trotz der Geringfügigkeit der Anwartschaften als Verstoß gegen § 1587o Abs. 1 Satz 2 BGB erachtet, weil durch den Verzicht auf den Ausgleich der Ansprüche der B deren Ausgleichsanspruch erhöht wurde.

### II. Entschädigungsloser Ausschluss des schuldrechtlichen Ausgleichs

14 Die bereits beschriebene geringere Sicherheit des schuldrechtlichen Ausgleichs lässt einen weiteren Spielraum bei dem Ausschluss dieser Ausgleichsform zu. Wenn die Geeignetheit und Sicherheit dieser Ausgleichsform anstelle des Wertausgleichs – wie gezeigt – teilweise bezweifelt wird, kann diese Ausgleichsform in der Gesamtauseinandersetzung insgesamt nicht als wesentliche Sicherungsposition verstanden werden. Grundsätzlich kann von der Zulässigkeit des Ausschlusses des schuldrechtlichen Versorgungsausgleichs deshalb dann ausgegangen werden, wenn nicht zugleich ein Unterhaltsverzicht vereinbart wird. Eine unterhaltsrechtliche Absicherung der Bedürftigkeit im Alter ergibt sich aus §§ 1571, 1573 BGB. Allerdings darf eine nachteilige Unterhaltsregelung, zum Beispiel ein Verzicht, nicht ohne weiteres zur Annahme einer unangemessenen Gesamtregelung führen, weil § 1587o BGB nicht einen an sich dispositiven Regelungsbereich dem Genehmigungsvorbehalt unterstellen will.[14] Der Unterhaltsverzicht des Ausgleichspflichtigen kann im Übrigen sogar zulässige Gegenleistung sein.[15]

---

14 BGH FamRZ 1994, 234, 236.
15 OLG Oldenburg OLGR 95, 12, 14.

## III. Verzicht gegen Gegenleistung

### 1. Sicherungseignung

Eine vereinbarte Gegenleistung ist dann für den Fall der Erwerbsunfähigkeit und des Alters als Sicherung geeignet, wenn sie die wesentlichen Merkmale einer gesetzlichen Altersvorsorge erfüllt.

15

Das sind

- Wertsicherheit der Vermögens- oder Versorgungsposition,
- Eigenständigkeit der Versorgungsposition,
- Zweckgebundenheit der Versorgungsposition.

Unter diesem Gesichtspunkt ist – wie gezeigt – jede Vereinbarung einer anderen gesetzlichen Ausgleichsform, mit Einschränkungen für den schuldrechtlichen Versorgungsausgleich, sicherungsgeeignet, z.B.

16

- die Beitragsentrichtung in die gesetzliche Rentenversicherung,
- die Übernahme von Beiträgen für die freiwillige Weiterversicherung oder Höherversicherung in der gesetzlichen Rentenversicherung.

Es ist lediglich darauf zu achten, dass bei der Übernahme von laufenden Beiträgen die Sicherstellung der Zahlungen erfolgt. Einmalbeitragslösungen sind vorzuziehen. Als Mindestabsicherung wegen laufender Beiträge sollte eine Vollstreckungsunterwerfung, ferner nach Möglichkeit eine Abtretung etwa von Gehaltsansprüchen vorgesehen werden, auch kann an Absicherung durch dingliche Rechte gedacht werden.

17

Grundsätzlich geeignet ist die alternative Absicherung durch **Lebensversicherungen**. Die Beitragszahlung in die gesetzliche Rentenversicherung bleibt deutlich hinter dem Wirkungsgrad einer Einzahlung in die Lebensversicherung zurück. Ein Leitbild für die Versorgungssicherung bei Lebensversicherungen ergibt sich aus § 1587l Abs. 3 BGB:

18

- der Versicherungsvertrag sollte auf die Person des Berechtigten abgeschlossen sein,

## § 17 Vereinbarungen im Scheidungsverfahren (§ 1587o BGB)

- für den Erlebensfall sollte die Altersgrenze von 65 Jahren nicht überschritten werden,
- Gewinnanteile sollten zur Erhöhung der Versicherungsleistungen verwendet werden.

**19** Nicht erforderlich ist es, wie § 1587l BGB vorsieht, die Versicherung auch für den Fall des Todes des Versicherten einzurichten, da Hinterbliebenenleistungen nicht Gegenstand des Versorgungsausgleichs sind. Geregelt werden muss aber, wem die Versicherungsansprüche zustehen, wenn der Berechtigte vor dem Verpflichteten stirbt. Dies sollten in der Regel die Hinterbliebenen des Berechtigten sein, es ist jedoch auch möglich, die Versorgung an die Pflichtigen zurückfließen zu lassen. Der Berechtigte muss ferner nicht versicherte Person sein. Folgende Varianten sind möglich:

- Versicherungsnehmer und versicherte Person ist der Ausgleichsberechtigte,
- Versicherungsnehmer ist der Ausgleichspflichtige, versicherte Person der Ausgleichsberechtigte. Dem Ausgleichsberechtigten wird ein unwiderrufliches Bezugsrecht eingeräumt,
- Versicherungsnehmer und versicherte Person ist der Ausgleichspflichtige, dem Ausgleichsberechtigten steht ein unwiderrufliches Bezugsrecht zu.

Die letzte Form ergibt nur dann eine eigenständige Alterssicherung des Ausgleichsberechtigten, wenn der Versicherungsfall für den Erlebensfall vor Erreichen der Altersgrenze des Ausgleichsberechtigten eintritt, der Ausgleichspflichtige also älter ist. Die Frage, welche Ausgestaltung im Einzelfall am sinnvollsten ist, hängt vor allem auch von der Beurteilung der steuerlichen Abzugsfähigkeit ab.

**20** Beitragsentrichtungen sind möglich

a) durch Einmalbetrag,
b) durch Einrichtung eines Beitragsdepots (höherer Verzinsungseffekt durch Nutzung des Kapitalmarktzinses),

c) durch laufende Beiträge.

Im Fall c) gilt das vorstehend Gesagte zur Absicherung der Beitragszahlungen entsprechend. Ferner muss sichergestellt werden, dass für den Todes- und Erwerbsminderungsfall des Ausgleichspflichtigen die Beitragszahlung gesichert ist, etwa durch Abschluss einer entsprechenden Risikozusatzversicherung.

Eine geeignete und angemessene Absicherung des Ausgleichsberechtigten über Lebensversicherung ist auch dann möglich, wenn z.b. nur der Alterssicherungszweck verfolgt wird. Probleme ergeben sich insbesondere bei der Absicherung des Erwerbsminderungsrisikos nicht Berufstätiger. Bei entsprechender Einzahlung eines Betrages in eine reine Altersversicherung ergibt sich jedoch ein höherer Altersrentenbetrag. Anzunehmen ist deshalb, dass die Absicherung des Erwerbsminderungsrisikos durch Unterhaltsansprüche ausreicht.[16] **21**

Überwiegend wird die Auffassung vertreten, eine sichere Gegenleistung müsse auch den Versorgungszweck absichern, etwa bei Lebensversicherung zwingend durch Abschluss einer Rentenversicherung ohne Kapitalwahlrecht.[17] Lässt man indes überhaupt Gegenleistungen zu, die nicht reine Versorgungspositionen darstellen, was allgemeine Meinung ist, ist diese Einschränkung nicht gerechtfertigt. Insbesondere bei Scheidungsfällen in vorgerücktem Alter dürfte das Versorgungsbewusstsein so ausgeprägt sein, dass eine Kapitalversicherung adäquat sein kann (steuerliche Nachteile bleiben hier unberücksichtigt). Gleiches gilt für die reine Kapitalabfindung. Die Auffassung, es müsse dem Empfänger der Leistung zur Auflage gemacht werden, die Beträge altersgesichert zu verwenden, wird nicht geteilt.[18] Sie entspricht nicht der Haltung der dargestellten Rechtsprechung des BGH und des BVerfG, die auf die Mündigkeit des Vertragspartners und die Dispositionsfreiheit der Ehegatten besonderes Gewicht legt. Die Formulierung des § 1587o Abs. 2 Satz 4 BGB stellt zu- **22**

---

16 RGRK – *Wick*, § 1587o BGB Rn 36; Bedenken bei OLG Saarbrücken FamRZ 1982, 394.
17 Vgl. OLG Karlsruhe FamRZ 1982, 395; *Soergel – Vorwerk*, § 1587o BGB Rn 5.
18 Wie hier *Johannsen/Henrich – Hahne*, § 1587o BGB Rn 27; RGRK – *Wick*, a.a.O.

dem ausdrücklich auf die Gesamtvermögensauseinandersetzung, also die Übertragung sonstiger Vermögenswerte, ab.

Absicherung durch entsprechende erhöhte Unterhaltsleistung mit Sicherstellung wird als zulässige Gegenleistung erachtet,[19] zumindest dann, wenn eine (dingliche) Sicherheit für die Leistung gewährt wird.[20] Eine Begründung einer eigenständigen Leibrente ist vorbehaltlich der steuerlichen Wirkungen jedoch vorzuziehen.

23  Die Übertragung von sonstigen Vermögenswerten, insbesondere Grundbesitz, ist zur Sicherung geeignet.[21] Bei der Abwägung von Leistung und Gegenleistung ist aber auf eine realistische Bewertung zu achten.

24  *Beispiel*
*Die B verzichtet auf Durchführung des Versorgungsausgleichs Zug um Zug gegen Übertragung von einem Hektar Bauerwartungsland.*

Bei Grundbesitz ist für die Vermögensauseinandersetzung gemäß § 1376 BGB der Wert im Zeitpunkt der Beendigung des Güterstandes anzusetzen. Der Verkehrswert im Sinne eines Verkaufswertes ist nur dann maßgeblich, wenn die Veräußerung beabsichtigt ist.[22] Bauerwartungen etc. sind bei einer Rücklagenbildung für das Alter nicht unbedingt als realistisch zu unterstellen.

### 2. Angemessenheit der Gegenleistung

25  Das Synallagma zwischen Leistung und Gegenleistung soll nach § 1587o Abs. 2 Satz 4 BGB in etwa ausgewogen sein. Das bedeutet, dass bei nicht ausreichend gesicherter Rechtsposition **Risikoabschläge** in Betracht kommen. Dies gilt insbesondere für

---

19 *Soergel – Vorwerk*, § 1587o BGB Rn 5; MünchKomm – *Strobel*, § 1587o BGB Rn 30; a.A. *Johannsen/Henrich – Hahne*, a.a.O.
20 So RGRK – *Wick*, a.a.O., Rn 41.
21 *Soergel – Vorwerk*, § 1587o BGB Rn 4 f.
22 *Soergel – Lange*, § 1376 BGB Rn 12.

## Vereinbarungen im Scheidungsverfahren (§ 1587o BGB) § 17

- die Einräumung von Rentenanwartschaften außerhalb der gesetzlichen Rentenversicherung und der privaten Lebensversicherung.

  *Beispiel*
  Die Beteiligten beschränken den Ausgleich auf eine betriebliche Altersversorgung, die nach § 1 Abs. 2 VAHRG realgeteilt wird.

- bei Vereinbarung des schuldrechtlichen Versorgungsausgleichs. Hier wird von den Familiengerichten teilweise ein Risikoabschlag von etwa 30 % angesetzt;
- allgemein bei Vereinbarung künftiger Leistungen, insbesondere Unterhaltszahlungen.

Die Angemessenheitsprüfung hat nach der eingangs zitierten Rechtsprechung umso größeres Gewicht, je größer das Versorgungsbedürfnis des Berechtigten ist. Grundsätzlich problematisch ist die Genehmigung von Verzichten auf den Ausgleich gesetzlicher Rentenanwartschaften dann, wenn die Übertragung der Anwartschaft zur Erfüllung einer gesetzlichen Wartezeit führen oder beitragen würde und der Berechtigte auf diese Versorgung wahrscheinlich angewiesen ist.

26

### IV. Vereinbarte Härtefälle

Der BGH[23] führt als Beispiel für die Tatsache, dass ein entschädigungsloser Verzicht auf jeglichen Versorgungsausgleich zulässig sein muss, an, dass eine Vereinbarung über den Ausschluss in Fällen getroffen wird, in denen das Familiengericht gemäß § 1587c BGB ohnehin den Ausgleich ausschließen könnte. Der Zweck des Genehmigungserfordernisses, den Ehegatten vor Übervorteilung zu schützen, entfalle, wenn dieser ohnehin keinen Ausgleich zu erwarten habe. Damit ist eine breite Skala von Vereinbarungsmöglichkeiten eröffnet, die unter dem Gesichtspunkt des § 1587o Abs. 2 Satz 4 BGB nicht mehr nach Sicherungseignung und Angemessenheit überprüft werden können. Der „Konventionalausschluss"

27

---
23 DNotZ 1982, 569, 572.

## § 17 Vereinbarungen im Scheidungsverfahren (§ 1587o BGB)

des Versorgungsausgleichs könnte in der Praxis die Folge sein. Denn der BGH stellt in der Entscheidung ausdrücklich fest, dass ein Interesse der Beteiligten an der Vereinbarung auch deshalb bejaht werden kann, weil diese die die Härte begründenden Umstände nicht in allen Einzelheiten vor Gericht zu erörtern wünschen.

28 Anknüpfungspunkt für einen Ausschluss wegen grober Unbilligkeit dürfte vor allem § 1587c Nr. 1 BGB sein. Eheliches Fehlverhalten im Sinne dieser Vorschrift steht dem Versorgungsausgleich nur dann entgegen, wenn es wegen seiner Auswirkungen auf den Ehepartner ganz besonders ins Gewicht fällt, etwa weil die Pflichten gegenüber dem anderen Ehepartner über lange Zeit verletzt worden sind.[24] Es müssen schwere Begleitumstände vorliegen, wobei strengere Anforderungen als bei § 1579 BGB gelten.[25]

29 *Beispiele*
*Dem Ehemann wurde über eine längere Zeit ein nicht von ihm stammendes Kind untergeschoben.*[26]

*Kein ausreichendes Fehlverhalten bei bloßer Zuwendung an einen anderen Partner nach langjähriger Ehe.*[27]

*Längere Trennung vom Ehegatten allein durch eheliches Fehlverhalten verschuldet.*[28]

30 Überlegungen zum ehelichen Fehlverhalten führen allgemein zur Frage, ob auf diese Weise das Verschuldensprinzip im Versorgungsausgleich wieder eingeführt werden kann. Sollte insoweit bezüglich vorsorgender Ausgleichsvereinbarungen auch Zurückhaltung geübt werden,[29] so kann im konkreten Scheidungsfall jedoch die subjektiv schlüssige Wertung

---

24 BGH FamRZ 1983, 32.
25 BGH FamRZ 1982, 463.
26 BGH FamRZ 1983, 32.
27 BGH FamRZ 1982, 35.
28 OLG München FamRZ 1985, 79.
29 Vgl. *Langenfeld*, a.a.O., Rn 628.

## Vereinbarungen im Scheidungsverfahren (§ 1587o BGB) § 17

eines ehelichen Fehlverhaltens Grundlage einer Ausschlussvereinbarung sein.

Zu § 1587c BGB gibt es ferner eine Reihe von Entscheidungen, die auf die Versorgungslage abgestellt den Ausgleich als unbillig erachten. Insoweit ergeben sich teilweise Berührungspunkte zur Frage, ob eine Sicherung des Ausgleichsberechtigten noch erforderlich ist. 31

*Beispiele* 32

Der Ausgleichspflichtige hat Anwartschaften in Höhe von etwa 400 DM in der gesetzlichen Rentenversicherung, der Ausgleichsberechtigte etwa 6 Mio. DM Privatvermögen.[30]

Der Ehemann bezieht eine höhere Rente, die Ehefrau hat den Ausbau der Altersversorgungsanwartschaften noch nicht abgeschlossen.[31]

Die Eheleute haben in etwa gleich hohe Beamtenpensionen, gleichwohl wäre aus Gründen der Versorgungsbestimmungen rechnerisch ein Ausgleich von mehr als 400 DM zu vollziehen.[32]

Der Ausgleichspflichtige hat durch sein Einkommen das Studium des Ehegatten finanziert.[33]

Nach OLG Karlsruhe[34] soll ein Ausschluss nach § 1587c BGB vom Gericht nur dann ausgesprochen werden, wenn zuvor die in der Ehezeit erworbenen Versorgungsanwartschaften genau ermittelt worden sind. Diese Aussage ist in ihrer Allgemeinheit nicht haltbar. Sie kann nach den vorstehenden Fällen nicht maßgeblich sein, wenn es sich um einen Ausschluss wegen „schwerer Eheverfehlungen" handelt. Auch im Bereich krasser Widersprüche in der Versorgungssituation der Beteilig- 33

---

30 Vgl. OLG Düsseldorf FamRZ 1985, 77; OLG München FamRZ 1985, 79.
31 BGH FamRZ 1982, 258.
32 BVerfG FamRZ 1984, 653.
33 BGH FamRZ 1988, 600; OLG Hamm FamRZ 1988, 515; anders OLG Karlsruhe FamRZ 1988, 70.
34 FamRZ 1984, 1114.

### § 17 Vereinbarungen im Scheidungsverfahren (§ 1587o BGB)

ten soll nach BVerfG[35] das Merkmal der Offensichtlichkeit des § 1587o Abs. 2 Satz 4 BGB „die Familiengerichte von der Verpflichtung entbinden, einen bis ins einzelne gehenden Vergleich zwischen den sich aus dem Vertrag ergebenden Leistungen und dem Ergebnis eines fiktiv durchgeführten Versorgungsausgleichs vorzunehmen." Eine Schätzung des Gerichts anhand von Auskünften der Rentenversicherungsträger muss ausreichen.[36] Bei vereinbarten „Härtefällen" wird vielfach das Interesse an der Detailprüfung der Versorgungsverhältnisse zurückstehen müssen.

## C. Sonstige Fragen bezüglich § 1587o BGB

### I. Ermittlungspflichten von Gerichten und Notaren

34  Sowohl Abfassung als auch Genehmigung einer Vereinbarung nach § 1587o BGB bedürfen einer vorherigen Sachverhaltsklärung. Seit der Entscheidung des BVerfG v. 4.5.1982[37] herrscht Klarheit über die Aufgabenverteilung zwischen Notar und Gericht. Es wird ausgeführt, der Genehmigungsvorbehalt des § 1587o Abs. 2 Satz 3 BGB sei erforderlich, weil die Sachverhaltsfeststellung des Notars nicht die letzte Gewissheit für die Richtigkeit der Beurteilung der Versorgungslage bieten könne. Ihm stehe nur die Auskunft vor Verfahrensdurchführung zur Verfügung, während das Gericht die Auskünfte der Versorgungsträger auf den Stichtag des Endes der Ehezeit vorliegen habe. Auch sei der Notar nicht in der Lage, eine Beurkundung einer unangemessenen Vereinbarung abzulehnen, er habe lediglich über die rechtliche Tragweite einer Vereinbarung zu belehren. Daraus folgt für die Notare:

35  ■ Sie haben gemäß § 17 Abs. 1 BeurkG den Sachverhalt nach bestem Wissen und Gewissen aufzuklären, insbesondere auf sachverständige Äußerungen zurückzugreifen oder eine Auskunft einzuholen, soweit

---

35 DNotZ 1982, 565, 568.
36 *Johannsen/Henrich – Hahne*, § 1587o BGB Rn 23, RGRK – *Wick*, § 1587o BGB Rn 33.
37 DNotZ 1982, 564.

konkrete Überlegungen zur jeweiligen Versorgungshöhe der Beteiligten anzustellen sind. Wünschen die Beteiligten dies – aus Zeitgründen – nicht, muss dem Wunsch nach sofortiger Beurkundung allerdings Rechnung getragen werden.
- Es ist nicht Aufgabe des Notars, den Versorgungsanspruch des Beteiligten selbst zu berechnen. Die rechtliche Tragweitenbelehrung erfasst lediglich die allgemeine Belehrung über die Folgen einer Regelung, nicht die wirtschaftlichen Auswirkungen derselben.[38]
- Der Notar hat bei der Sachverhaltsdarstellung auf die Erfordernisse der Geeignetheit und Angemessenheit im Sinne des § 1587o Abs. 2 Satz 4 BGB Rücksicht zu nehmen, also darzutun, welche Merkmale für die Angemessenheit der Regelung nach seiner und der Beteiligten Auffassung sprechen könnten. Er ist nicht in der Lage, die Angemessenheitsprüfung selbst durchzuführen.
- Die Möglichkeit, bei offensichtlich unangemessenen Regelungen die Beurkundung abzulehnen, besteht lediglich in den Grenzen des § 4 BeurkG. Eine offensichtlich sittenwidrige Regelung muss nicht protokolliert werden. Bei bloßen Zweifeln über die Wirksamkeit der Vereinbarung muss jedoch die notarielle Niederschrift aufgenommen werden. Nach den vorstehend dargestellten Grundsätzen sind Regelungen hin bis zum gänzlichen ersatzlosen Ausschluss des Versorgungsausgleichs nie pauschal als unwirksam erkennbar. Ein solcher Fall könnte allenfalls der offensichtliche Verstoß gegen das Manipulationsverbot des § 1587o Abs. 1 Satz 2 BGB sein, etwa die Vereinbarung einer krass höheren Übertragung von Anwartschaften als gesetzlich vorgesehen.
- Der Notar sollte stets – auch bei Vereinbarungen vor Jahresfrist – die nach Auffassung der Beteiligten wesentlichen Gesichtspunkte für die Angemessenheit einer Regelung in die Niederschrift aufnehmen, um den Vorwurf mangelnder Ausübung der Formulierungs- und Belehrungspflicht zu vermeiden. Bei Vereinbarungen nach § 1587o BGB

---

38 Vgl. *Zimmermann/Becker*, FamRZ 1983, 1, 6 f.

# § 17 Vereinbarungen im Scheidungsverfahren (§ 1587o BGB)

muss ohnehin die Darlegung der Angemessenheit im Detail erfolgen.

36 Die Genehmigung des Familiengerichts erfordert eine gewissenhafte Prüfung der Vereinbarung. Nach verbreiteter Meinung ist das Familiengericht vor Genehmigung einer Vereinbarung gehalten, exakte Versorgungsstände zu ermitteln, d.h. die Auskünfte der Versorgungsträger einzuholen, was mitunter zu bis zu halbjährigen Verzögerungen führt.[39] Dies entspricht auch der zuvor dargestellten Aufgabenverteilung, wie das BVerfG sie sieht. Die Entscheidung des BVerfG stellt gleichwohl fest, dass das Merkmal der „Offensichtlichkeit" des § 1587o BGB den Vereinbarungsspielraum erweitere und die Familiengerichte von der Verpflichtung entbinde, einen bis ins Einzelne gehenden Vergleich zwischen den sich aus dem Vertrag ergebenden Leistungen und dem Ergebnis eines fiktiv durchgeführten Versorgungsausgleichs vorzunehmen.[40] Nach BGH[41] kann das Gericht davon ausgehen, dass die Parteien bei fachkundiger Beratung ihre gegenläufigen vermögensrechtlichen Interessen zum Ausgleich gebracht haben.

37 Daraus folgt: Die exakte Versorgungswertermittlung ist nicht erforderlich,

- wenn die in Frage stehende zu klärende Versorgung angesichts anderweitiger Absicherung offensichtlich nur von untergeordnetem Wert ist,

*Beispiel*
Verzicht des Ehemannes, der durch private Lebensversicherung abgesichert ist, auf Versorgungsausgleich gegenüber der Ehefrau, die lediglich vor der lange dauernden Ehe kürzere Berufstätigkeitszeiten aufweist.

---

39 Nachweise bei *Soergel – Vorwerk*, § 1587o BGB Rn 10. Für großzügigere Schätzung *Johannsen/Henrich – Hahne*, § 1587o BGB Rn 23.
40 BVerfG a.a.O., S. 568.
41 NJW 1994, 580.

**Vereinbarungen im Scheidungsverfahren (§ 1587o BGB)** § 17

- wenn es auf die Höhe etwa bestehender Anwartschaften angesichts der sonstigen Umstände nicht entscheidend ankommt, 38

*Beispiel*
Ausschluss des Versorgungsausgleichs des Ehemanns gemäß § 1587c BGB wegen schwerer Misshandlungen.

- wenn Vorauskünfte oder Erkenntnisse vorliegen, die zur verlässlichen Versorgungsberechnung ausreichen. 39

*Beispiel*
Der Ehemann ist Beamter des höheren Dienstes mit festgestelltem Besoldungsdienstalter. Eine Vorauskunft liegt vor. Auf den Versorgungsausgleich soll im Rahmen einer großzügigen Vermögensauseinandersetzung verzichtet werden.

Im Zweifel sind die Familiengerichte freilich gehalten, exakte Auskünfte einzuholen. Das Interesse der Beteiligten an einer schnellen Abwicklung des Verfahrens und u.U. die Wahrung der Vertraulichkeit der persönlichen Verhältnisse, die Anlass für Vereinbarungen bieten kann, sollten jedoch gebührend berücksichtigt werden. 40

## II. Formbedürftigkeit

Die notarielle Form für Versorgungsausgleichsvereinbarungen gemäß § 1410 BGB bzw. § 1587o Abs. 2 Satz 1 BGB dient der Sicherung der angemessenen Beratung und Belehrung der Beteiligten angesichts der Gefahr der Nichtigkeit der Vereinbarung.[42] Es liegt ein ähnlicher Regelungszweck vor wie bei § 311b BGB. Es kann deshalb davon ausgegangen werden, dass die Formbedürftigkeit sich auf **alle Teile der Gesamtvereinbarung** erstreckt, die in einem **rechtlichen Zusammenhang** ste- 41

---

42 Vgl. *Soergel – Vorwerk*, § 1587o BGB Rn 23.

hen.⁴³ Demnach sind bei Beurkundung der Vereinbarung alle noch nicht erledigten vermögensbezogenen Scheidungsfolgenvereinbarungen beurkundungspflichtig, soweit sie schon abgesprochen sind und als Teil einer Gesamtvereinbarung erscheinen.⁴⁴ Im Gegensatz zur ehevertraglichen Vereinbarung sind bei einer Vereinbarung nach § 1587o BGB sowohl die getrennte Beurkundung von Angebot und Annahme als auch eine Stellvertretung möglich.⁴⁵

42 Ungeklärt ist die Behandlung von Vereinbarungen nach der Scheidung über die Art der Erfüllung von Ausgleichspflichten, insbesondere über den schuldrechtlichen Versorgungsausgleich. Soweit es sich um Abwicklungsabsprachen handelt, dürfte die Formlosigkeit außer Zweifel stehen (Ratenzahlung etc.). Auch im Übrigen ist der Regelungszweck der §§ 1408, 1587o BGB aber auf die Auseinandersetzung zur Herbeiführung der Scheidung beschränkt. Ergibt sich späterer Regelungsbedarf, ist ähnlich wie bei der Vermögensauseinandersetzung nach Scheidung der Ehe eine „ehevertragliche" Vereinbarung nicht mehr möglich.

43 Nach LG Freiburg⁴⁶ ist auch vor der Scheidung eine Vereinbarung form- und genehmigungsfrei, derzufolge zur Durchführung des Versorgungsausgleichs gemäß § 1587b Abs. 3 BGB (jetzt verfassungswidrig)⁴⁷ entrichtete Beiträge unter den Eheleuten zu erstatten seien.⁴⁸ Die Vereinbarung war getroffen worden, weil ein vollständiger Ausschluss durch das Familiengericht wahrscheinlich nicht genehmigt worden wäre. Das OLG Stuttgart⁴⁹ wendet hingegen § 1587o BGB an. Die Auffassung des LG Freiburg, eine Formbedürftigkeit bestehe nicht, weil keine richterliche Entscheidung ersetzt werden sollte, ist bedenklich. In der Sache prüft

---

43 Zu § 313 BGB a.F. (§ 311b BGB n.F.) vgl. *Korte*, DNotZ 1984, 3, 82, und *Kanzleiter*, a.a.O., S. 421.
44 Vgl. *Schwab*, Handbuch, Rn 680; *Langenfeld*, Rn 517; RGRK – *Wick*, § 1587o BGB Rn 24.
45 RGRK – *Wick*, § 1587o BGB Rn 22.
46 FamRZ 1984, 180.
47 BVerfG FamRZ 1983, 342; BVerfG NJW 1986, 1321; vgl. auch AnwK-BGB/*Wiedenlubbert*, § 1587b Rn 26.
48 Vgl. auch OLG Schleswig FamRZ 1986, 70.
49 FamRZ 1986, 1007.

**Vereinbarungen im Scheidungsverfahren (§ 1587o BGB)** § 17

das LG aber die Angemessenheit der Regelung im Rahmen der §§ 134, 138 BGB und zieht hierzu die Vorschrift des § 1587o Abs. 2 Satz 4 BGB heran.

Ob das Formerfordernis des § 1587o BGB nach rechtskräftigem Abschluss des Scheidungsverbundverfahrens einschließlich des Versorgungsausgleichs endet, erscheint zweifelhaft.[50] **44**

---

50 *Göppinger/Börger*, Vereinbarungen anlässlich der Ehescheidung, § 3 Rn 101.

# § 18 Fälle mit Auslandsberührung, deutsch-deutsche Fälle

## A. Fälle mit Auslandsberührung

Der Versorgungsausgleich findet gemäß Art. 17 Abs. 3, 1 EGBGB nach dem **des Scheidungsstatuts** statt; das Scheidungsstatut ist das Recht, das im Zeitpunkt des Eintritts der Rechtshängigkeit des Scheidungsantrags für die allgemeinen Wirkungen der Ehe maßgebend ist. Der Versorgungsausgleich ist nach diesem Recht aber nur durchzuführen, wenn ihn das Recht wenigstens eines der Staaten kennt, dem die Ehegatten im Zeitpunkt des Eintritts der Rechtshängigkeit angehören. **1**

Ist dies nicht der Fall, kann der Ausgleich gleichwohl auf Antrag eines Ehegatten nach deutschem Recht durchgeführt werden, wenn entweder der andere Ehegatte inländische Versorgungsanwartschaften erworben hat oder wenn die allgemeinen Wirkungen der Ehe (Art. 14 EGBGB) während eines Teils der Ehezeit einem Recht unterlagen, das den Versorgungsausgleich kennt. Die Durchführung des Versorgungsausgleichs darf in diesem Fall im Hinblick auf die beiderseitigen wirtschaftlichen Verhältnisse auch während der nicht im Inland verbrachten Zeit nicht unbillig sein. **2**

> *Beispiel*
> A ist Belgier, er heiratet in Deutschland, seinem gewöhnlichen Aufenthaltsstaat, die Deutsche B. Diese erlangt nach Eheschließung die belgische Staatsangehörigkeit.

Der Versorgungsausgleich kann nicht nach dem Recht durchgeführt werden, das im Zeitpunkt der Rechtshängigkeit des Scheidungsantrags für die allgemeinen Ehewirkungen maßgebend ist, da das insoweit geltende belgische Recht einen Versorgungsausgleich derzeit nicht kennt. Damit ist ein Ausgleich gemäß Art. 17 Abs. 3 Satz 2 EGBGB durchzuführen, soweit dies nicht der Billigkeit widerspricht. Hier ist der Tatbestand der **3**

Nr. 2 der vorgenannten Norm gegeben, da zeitweilig deutsches Recht für die allgemeinen Ehewirkungen maßgebend war.

**4** Zu beachten ist:

- Unterliegt der Versorgungsausgleich deutschem Recht, erstreckt sich der Ausgleich auf ausländische Versorgungsansprüche, wenn diese kalkulierbare Versorgungswerte darstellen.
- Wird eine Ehe im Ausland ohne Ausgleichsentscheidung geschieden, ist aber aus deutscher Sicht ein Versorgungsausgleich vorzunehmen, so kann das Ausgleichsverfahren im Inland nachgeholt werden.

## B. Deutsch-deutsche Fälle

**5** Bei Beteiligung von DDR-Bürgern fand bereits vor der Wiedervereinigung ein Versorgungsausgleich statt, wenn die Ehe in den alten Bundesländern geschieden wurde. Sofern das Scheidungsstatut das DDR-Recht war, fand allerdings der Versorgungsausgleich „zur Zeit" nicht statt und wurde bei Zuzug des anderen Ehegatten in die Bundesrepublik nachgeholt.[1] Generell ging man bei einem in der DDR lebenden Ausgleichsberechtigten jedoch davon aus, der Versorgungsausgleich werde sich nicht zu seinen Gunsten auswirken, § 1587b Abs. 4 BGB, und überließ das Verfahren dem schuldrechtlichen Ausgleich. In diesen Fällen kann nunmehr auf Antrag gemäß § 10a Abs. 1 Nr. 3 VAHRG nachträglich der Wertausgleich durchgeführt bzw. geändert werden.

**6** Im Übrigen sieht Art. 234 § 6 des Einigungsvertrages die Anwendung des Versorgungsausgleichs auch in den neuen Bundesländern vor, sofern nicht vor dem 1.1.1992 über die Scheidung rechtskräftig entschieden wurde. Seit dem 1.1.1992 gelten jedoch die Sonderregelungen des Ver-

---

1 BGH IPRax 1985, 37.

sorgungsausgleichsüberleitungsgesetzes (VAÜG), die auf besondere „Angleichungsdynamik" der Einkommen abstellend den Ausgleich meist bis zur Einkommensangleichung zurückstellen, § 2 VAÜG.[2]

---

2 Hierzu *Ruland*, NJW 1992, 77, 85.

§ 19

# Teil V: Unterhaltsvereinbarungen

## § 19 Getrenntlebensunterhalt

### A. Typischer Sachverhalt

Die Eheleute A und B haben sich auseinandergelebt. Sie sind Eigentümer 1
je zu 1/2 Anteil eines gemeinsamen Hauses. A zieht in das Appartement
auf den 1. Stock und gewährt der B monatlich 500 EUR Unterhalt. Sie
wollen ihre Verhältnisse in einer Vereinbarung regeln.

### B. Rechtliche Grundlagen

Die Eheleute leben getrennt im Sinne des § 1361 BGB. Unterhaltsansprü- 2
che sind bei Getrenntleben nur begrenzt regelbar, weil das **Verbot des
Unterhaltsverzichts** gemäß §§ 1361 Abs. 4, 1360a Abs. 3, 1614 BGB
gilt. Gleichwohl bestehen folgende Regelungsansätze:[1]

- Es kann das Getrenntleben als solches geregelt werden, hier z.b. die
  ausdrückliche Zuweisung des Wohnraums mit der Feststellung der Ge-
  trenntlebensabsicht.
  Folge: Es gelten nicht die Grundsätze des Familienunterhalts, sondern
  des Getrenntlebensunterhalts, unter anderem das Prinzip der Bedürftigkeit des Unterhaltsberechtigten. Die B könnte – soweit erwerbsfähig – sich nicht auf weitergehende Unterhaltsansprüche berufen.
- Es kann die Art des Unterhalts geregelt werden, hier z.b. die Zur-
  verfügungstellung von Wohnraum. Da A hälftiger Miteigentümer ist,

---

[1] Zum *pactum de non petendo* s. OLG Köln FamRZ 2000, 609; AnwK-BGB/*Kath-Zurhorst*,
§ 1361 Rn 82.

## § 19 Getrenntlebensunterhalt

wird in Höhe der Hälfte des Nutzungswertes der Wohnung durch ihn Naturalunterhalt geleistet, ebenso umgekehrt. Denkbar wäre, dies aus Gründen der genaueren Bemessung des Unterhaltsbedarfs durch mietvertragliche Vereinbarungen zu regeln.

- Ungeachtet des Verbots des Unterhaltsverzichts kann auf eventuelle rückständige Unterhaltsleistungen verzichtet werden.
- Die Eheleute können, ohne dass damit ein Unterhaltsverzicht angestrebt wird, Regelungen zur (Mindest-)Höhe des Getrenntlebensunterhalts treffen, um Beweisschwierigkeiten des Unterhaltsberechtigten zu vermeiden. Selbstverständlich kann auch ein höherer als der geschuldete Getrenntlebensunterhalt vereinbart werden.
- Der Unterhaltsberechtigte kann unter Umständen auch in Fällen, in denen eine Erwerbstätigkeit nicht möglich ist, anders als bei Familienunterhalt auf die Möglichkeit der Unterhaltsdeckung durch Verwertung eigenen Vermögens oder den Einsatz künftiger Zuflüsse verwiesen werden.

### C. Formulierungsbeispiel: Getrenntlebensunterhalt

▼

3   1. Die Beteiligten vereinbaren zum Zwecke der Aufhebung der häuslichen Gemeinschaft, dass das im ersten Stock des Anwesens ▨▨▨ in ▨▨▨ gelegene Appartement dem Ehemann zur alleinigen Nutzung zusteht. Umgekehrt behält die Ehefrau die ausschließliche Nutzung an der Wohnung im Erdgeschoss. Das Appartement wird an den Ehemann zu einem Mietpreis von 100 EUR zuzüglich Nebenkosten möbliert vermietet. Die Erdgeschosswohnung wird an die Ehefrau zu einem monatlichen Mietpreis von 200 EUR zuzüglich Nebenkosten möbliert vermietet. Zum Zwecke der Vermietung bilden die Ehegatten eine Gesellschaft bürgerlichen Rechts.
2. Der Ehemann leistet an die Ehefrau einen monatlichen Unterhalt von 250 EUR. Hierauf wird ein Betrag von 50 EUR im Wege der Ver-

rechnung der auf den Ehemann entfallenen anteiligen Miete für die Erdgeschosswohnung angerechnet. Im Hinblick darauf, dass die Ehefrau nach Abschluss ihrer Berufsausbildung ▨ voll berufstätig sein kann, wird der Aufstockungsunterhalt von 200 EUR monatlich darlehensweise gewährt. Das Darlehen ist nach Kündigung des Darlehensgebers, frühestens jedoch zum ▨, unverzinst in einer Summe zur Rückzahlung fällig.
3. Der Unterhalt ist zum 1. eines Monats im Voraus zahlbar, erstmals zum ▨, letztmals zum 1. des Monats, in dem die Rechtskraft der Scheidung eintritt. Wegen dieser Zahlungsverpflichtung unterwirft sich der Ehemann der Berechtigten gegenüber der sofortigen Zwangsvollstreckung aus dieser Urkunde.
4. Die Beteiligten verzichten wechselseitig auf die Geltendmachung von Unterhaltsansprüchen für die Vergangenheit. Sie nehmen diesen Verzicht wechselseitig an.

▲

Die **notarielle Beurkundung mit Vollstreckungsunterwerfung** empfiehlt sich deshalb, weil bei Vorliegen eines Unterhaltstitels für eine Unterhaltsklage das Rechtsschutzbedürfnis fehlt. Zweifelhaft ist, ob die Grundlagen der Unterhaltsberechnung selbst Gegenstand der Vereinbarung sein sollen. Handelt es sich um einen Fall, in dem die Unterhaltsbedürftigkeit zweifelsfrei feststeht, so ist die Aufnahme der Berechnungsgrundlagen unter Umständen deshalb empfehlenswert, weil durch Nachvollzug der Berechnung jederzeit ermittelt werden kann, ob die titulierte Forderung zur Deckung des Bedarfs ausreicht. 4

Getrenntlebensunterhalt und nachehelicher Unterhalt sind nicht identisch.[2] Soll die Unterhaltsregelung über die eventuelle Scheidung hinaus andauern, muss dies ausdrücklich vereinbart werden. 5

---

2 BGH FamRZ 1982, 465.

# § 20 Nachehelicher Unterhalt

## A. Grundzüge der gesetzlichen Regelung

### I. Allgemeines

Nachehelicher Unterhalt ist grundsätzlich (nur) zu leisten, wenn der unterhaltsberechtigte Ehegatte nicht selbst für sich sorgen kann, § 1569 BGB. Diese Bestimmung stellt lediglich den **Grundsatz der Eigenverantwortung** für das nacheheliche Unterhaltsrecht dar, nicht aber eine eigene Anspruchsgrundlage. **Anspruchsgrundlagen** finden sich vielmehr in den abschließend aufgeführten Einzeltatbeständen der §§ 1570–1573, 1575 und 1576 BGB.

1

Die nacheheliche Unterhaltspflicht beginnt erst mit Rechtskraft der Scheidung. Sie endet spätestens mit Wiederheirat oder Tod des Berechtigten, § 1586 BGB, bzw. neuerdings mit Eingehung einer Lebenspartnerschaft. Ein Wiederaufleben der Unterhaltspflicht nach Scheidung einer weiteren Ehe ist nur unter den Voraussetzungen des § 1586a BGB vorgesehen. Bei Tod des Verpflichteten erlischt die Unterhaltspflicht nicht; sie geht vielmehr auf den Erben als Nachlassverbindlichkeit über, § 1586b BGB.

Der Anspruch auf Unterhalt kann gemäß § 1579 BGB unter Billigkeitsgesichtspunkten zu versagen, herabzusetzen oder zeitlich zu begrenzen sein.

### II. Anspruchsgrundlagen

Die gesetzlichen **Anspruchsgrundlagen** für nachehelichen Unterhalt lassen sich wie folgt skizzieren:

2

## § 20 Nachehelicher Unterhalt

### 1. Betreuungsunterhalt

3   Gemäß § 1570 BGB kann der geschiedene Ehegatte von dem anderen Unterhalt verlangen, solange und soweit von ihm wegen der Pflege und Erziehung eines gemeinschaftlichen Kindes eine Erwerbstätigkeit nicht erwartet werden kann. Ob die Betreuung von Kindern einer Erwerbstätigkeit im Wege steht, richtet sich insbesondere nach Alter und Zahl der Kinder und dem konkreten Betreuungsaufwand. Bei Betreuung eines Kindes bis zum Alter von 8 Jahren und bei Betreuung von zwei Kindern unter 11 Jahren ist der Rechtsprechung zufolge die Erwerbstätigkeit regelmäßig nicht zu erwarten.[1] Ist das jüngste Kind 16 Jahre, steht der Aufnahme einer vollen Erwerbstätigkeit vorbehaltlich besonderer Gründe (Problemkind, Behinderung) nichts entgegen.[2] Sind mehrere Kinder vorhanden, verschieben sich die Altersgrenzen nach oben.

### 2. Unterhalt wegen Alters

4   Gemäß § 1571 BGB kann der geschiedene Ehegatte Unterhalt verlangen, soweit von ihm im Zeitpunkt namentlich der Beendigung der Kindesbetreuung oder der Scheidung wegen seines Alters eine Erwerbstätigkeit nicht mehr erwartet werden kann. Das Gesetz sieht keine absolute Altersgrenze vor. Als Orientierung können die Altersgrenzen der gesetzlichen Rentenversicherung dienen. Hat der Ehegatte das 60. Lebensjahr vollendet, soll ihm die Aufnahme einer Berufstätigkeit in der Regel nicht mehr zuzumuten sein, wohl aber die Fortführung der Berufstätigkeit.[3]

---

1   BGH NJW 1989, 1083; *Palandt – Brudermüller*, § 1570 BGB Rn 12 ff.
2   BGH NJW 1984, 292.
3   *Firsching/Graba*, Familienrecht Rn 373.

## 3. Unterhalt wegen Krankheit

Gemäß § 1572 BGB kann der geschiedene Ehegatte Unterhalt verlangen, soweit von ihm im Zeitpunkt namentlich der Scheidung oder der Beendigung der Kindesbetreuung wegen Krankheit oder Gebrechen eine Erwerbstätigkeit nicht erwartet werden kann. Ein Fall der Erwerbsunfähigkeit muss nicht vorliegen.

5

## 4. Unterhalt bis zur Erlangung angemessener Erwerbstätigkeit

Gemäß § 1573 Abs. 1 BGB kann der geschiedene Ehegatte, dem kein Unterhalt gemäß §§ 1570–1572 BGB zusteht, Unterhalt verlangen, solange und soweit er nach der Scheidung keine angemessene Erwerbstätigkeit zu finden vermag.

6

## 5. Aufstockungsunterhalt

Reichen die Einkünfte aus einer angemessenen Erwerbstätigkeit zum vollen Unterhalt nicht aus, kann der unterhaltsberechtigte Ehegatte den Differenzbetrag zwischen den Erwerbseinkünften und dem vollen Unterhalt gem. § 1573 Abs. 2 BGB als sog. Aufstockungsunterhalt verlangen. Dies gilt nicht, soweit der Berechtigte bereits Ansprüche nach §§ 1570–1572 BGB hat. Aufstockungsunterhalt kann damit in Ergänzung zum Betreuungsunterhalt beansprucht werden, die Voraussetzungen für die einzelnen Anspruchsgrundlagen sind aber jeweils getrennt zu prüfen.[4]

7

## 6. Ausbildung, Fortbildung oder Umschulung

Gemäß § 1575 BGB kann der geschiedene Ehegatte Unterhalt für die Fortsetzung einer ehebedingt unterbrochenen Ausbildung oder für Fort-

8

---

4 BGH FamRZ 1990, 492 ff.

bildung oder Umschulung verlangen. Der geschiedene Ehegatte kann auch dann, wenn er eine angemessene Erwerbstätigkeit aufnehmen könnte, auf Kosten des anderen eine Ausbildung anstreben, die über den ehelichen Lebensverhältnissen liegt. Findet er anschließend keine Arbeit, liegt das Risiko der Arbeitslosigkeit beim anderen Ehegatten.

### 7. Unterhalt aus Billigkeitsgründen

9 Gemäß § 1576 BGB kann der geschiedene Ehegatte von dem anderen Unterhalt verlangen, solange und soweit von ihm aus sonstigen schwerwiegenden Gründen eine Erwerbstätigkeit nicht erwartet werden kann und die Versagung von Unterhalt grob unbillig wäre. Die Bedürftigkeit muss nicht ehebedingt sein.

### 8. Einsatzzeitpunkt

10 Unterhalt ist nur zu gewähren, wenn die Voraussetzungen einer Anspruchsgrundlage im **Einsatzzeitpunkt** gegeben sind. Die einzelnen Unterhaltstatbestände haben unterschiedliche Einsatzzeitpunkte. Erster Einsatzzeitpunkt ist regelmäßig die Rechtskraft der Scheidung. Entfallen die Vorausetzungen für die Gewährung von Unterhalt nach einer Anspruchsgrundlage, ist maßgeblicher Zeitpunkt für das Vorliegen der Voraussetzungen einer anderen Unterhaltsanspruchsgrundlage in der Regel das Ende des vorherigen Unterhaltstatbestandes. Fehlt es in diesem Zeitpunkt an den Voraussetzungen für eine andere Unterhaltsanspruchsgrundlage, endet der Unterhaltsanspruch regelmäßig und lebt grundsätzlich nicht mehr auf.[5] Eine Ausnahme bildet in diesem Zusammenhang allerdings der Betreuungsunterhalt gem. § 1570 BGB, der auf keinen Einsatzzeitpunkt abstellt. Liegen seine Voraussetzungen erst nach Scheidung vor, weil erst dann ein Kind vom unterhaltsfordernden Ehegatten betreut wird,

---

5 Zum Wiederaufleben des Unterhaltsanspruchs nach vorübergehender fehlender Bedürftigkeit s. *Johannsen/Heinrich/Büttner*, § 1577 Rn 2.

entsteht er auch, wenn zuvor kein Unterhalt gewährt wurde; dies entspricht dem Schutzzweck der Bestimmung, die auf das Intersse der Kinder abzielt. Auch gem. § 1573 Abs. 4 BGB kann der Unterhaltsanspruch wieder aufleben, wenn die Einkünfte aus angemessener Erwerbstätigkeit wieder wegfallen.

### III. Voraussetzungen, Umfang und Berechnung des Unterhaltsanspruchs

#### 1. Bedürftigkeit

Sind die Voraussetzungen eines Unterhaltstatbestandes gegeben, kann der Berechtigte Unterhalt dennoch nur verlangen, solange und soweit er sich nicht aus seinen Einkünften und seinem Vermögen selbst unterhalten kann, § 1577 Abs. 1 BGB. Andernfalls fehlt es an der **Bedürftigkeit** des Berechtigten, die weitere Voraussetzung für einen Unterhaltsanspruch ist. § 1577 Abs. 2 BGB regelt die Anrechnung eigenen Einkommens, Abs. 3 die Obliegenheit zur Vermögensverwertung. Die Voraussetzung der Bedürftigkeit bedeutet nicht, dass nur der notwendige Bedarf des Berechtigten bei der Ermittlung des geschuldeten Unterhalts zugrunde gelegt werden darf. Maßgebend sind vielmehr die ehelichen Lebensverhältnisse, s.u. 11

Die Bedürftigkeit entfällt, soweit der Berechtigte selbst über tatsächliches oder fiktives Einkommen verfügt; hierzu zählen auch Kapitalerträge. In diesem Zusammenhang kann auch das Zusammenleben mit einem neuen Partner Bedeutung erlangen, soweit dieses nicht bereits zum Wegfall der Unterhaltsverpflichtung gem. § 1579 Nr. 7 BGB führt, was nur selten von der Rechtsprechung angenommen wird. Führt der unterhaltsberechtigte Ehegatte seinem neuen Partner den Haushalt, kann ihm grundsätzlich ein fiktives Einkommen angerechnet werden, soweit der neue Partner leistungsfähig ist.[6] Einzelne Gerichte gehen aber davon aus, dass sich der un- 12

---

6 BGH FamRZ 1989, 487 ff. und FamRZ 1987, 1012 ff.

terhaltsberechtigte Ehegatte nur ersparte Aufwendungen anrechnen lassen muss.[7] Die Höhe des anzusetzenden Einkommens bemisst sich der bisherigen Rechtsprechung zufolge nach den Schadensersatzrenten bei der Verletzung oder Tötung von haushaltsführenden Ehegatten.[8]

## 2. Leistungsfähigkeit

13 Die **Leistungsfähigkeit** des unterhaltspflichtigen Ehegatten als den Unterhaltsanspruch beschränkendes Kriterium findet in § 1581 BGB Berücksichtigung. Ist der Verpflichtete außerstande, ohne Gefährdung des eigenen angemessenen Unterhalts dem Berechtigten Unterhalt zu gewähren, braucht er Unterhalt nur insoweit zu leisten, als es der Billigkeit entspricht. Der angemessene Unterhalt wird in der Praxis durch Unterhaltsrichtlinien der Oberlandesgerichte konkretisiert. Die Verwertung des Vermögens ist im Rahmen der Billigkeit zumutbar, § 1581 Abs. 2 BGB, gegebenenfalls ist es auch zur Kreditaufnahme einzusetzen.[9]

Gemäß § 1581 BGB sind Verpflichtungen des Unterhaltspflichtigen bei der Beurteilung seiner Leistungsfähigkeit zu berücksichtigen. Verbindlichkeiten, die bereits bei Scheidung bestanden, sind grundsätzlich zu berücksichtigen; dies gilt insbesondere für im Innenverhältnis zu tragende Schulden.[10] Darüber hinaus können aber auch später eingegangene Verpflichtungen zur Minderung der Leistungsfähigkeit führen.[11] Steuervorteile sind wahrzunehmen und werden gegebenenfalls fiktiv ange-

---

7 OLG München FF 2003, 218 f.
8 BGH FamRZ 1984, 662 f. – Es bleibt abzuwarten, ob die These, derzufolge die nach Scheidung aufgenommene Erwerbstätigkeit das Surrogat der bis zur Scheidung erbrachten Familienarbeit ist, dazu führt, dass nunmehr als fiktives Einkommen des unterhaltsberechtigten Ehegatten, der einem neuen Partner den Haushalt führt, derjenige Betrag anzusetzen ist, den der unterhaltsberechtigte Ehegatte bei Wiederaufnahme einer Berufstätigkeit erzielen könnte. Dies müsste die Konsequenz der neueren Rechtsprechung sein, überzeugt aber ebenso wenig, wie die der Rechtsprechung zugrunde liegende Surrogatstheorie.
9 BGH FamRZ 1982, 678.
10 BGH FamRZ 1984, 657.
11 *Wendel/Staudigl/Gerhardt*, Unterhaltsrecht in der familiengerichtlichen Praxis, § 1 Rn 638 ff.

setzt.[12] Steuerliche Abschreibungen werden im Zweifel nicht berücksichtigt.[13] Eine Unterhaltspflicht entfällt, wenn und soweit dem Unterhaltspflichtigen nicht mehr verbleibt als der notwendige Selbstbehalt (vgl. § 1603 Abs. 2 BGB), nach anderen Gerichten der angemessene Selbstbehalt (vgl. § 1603 Abs. 1 BGB), der je nach Rechtsprechung zwischen 750 EUR und 1.000 EUR liegt.[14]

### 3. Maß des Unterhalts

Das **Maß des Unterhalts**, sprich die Höhe, bestimmt sich gemäß § 1578 Abs. 1 BGB nach den ehelichen Lebensverhältnissen. Der Unterhalt umfasst den gesamten Lebensunterhalt, § 1378 Abs. 1 Satz 4 BGB. Durch die Anknüpfung an die ehelichen Lebensverhältnisse soll dem berechtigten Ehegatten der in der Ehe erreichte Lebensstandard, der als Ergebnis gemeinsamer Anstrengungen angesehen wird, auch für die Zeit nach der Scheidung grundsätzlich garantiert und ein sozialer Abstieg verhindert werden. Dieser Grundsatz wurde durch eine neuere Entscheidung des BGH relativiert.[15] Zum Maß des Unterhalts hat die Rechtsprechung eine detaillierte Kasuistik entwickelt. Diese Kasuistik weckt im Einzelfall den Wunsch nach abweichenden Vereinbarungen.

14

Maßgebend für das Maß des Unterhalts sind alle Einkünfte der Eheleute, insbesondere Arbeitseinkommen und Vermögenserträgnisse, die die ehelichen Verhältnisse geprägt haben. **Prägend** sind solche Einkommen, die auf Dauer zu erwarten waren. Außerordentliche Anstrengungen des Unterhaltsverpflichteten, zu denen er unterhaltsrechtlich nicht verpflichtet wäre, sollen die ehelichen Verhältnisse nicht prägen.[16] Die ehelichen Verhältnisse können auch durch andere geldwerte Umstände geprägt worden

---

12 OLG Bamberg FamRZ 1987, 1031.
13 *Soergel – Lange*, § 1361 BGB Rn 25.
14 *Palandt – Brudermüller*, § 1581 BGB Rn 14 und vor § 1601 BGB Rn 20.
15 BGH FamRZ 2003, 590.
16 *Palandt – Brudermüller*, § 1578 BGB Rn 4.

sein, wie beispielsweise den Vorteil des mietfreien Wohnens.[17] Auch fiktive Einkommen sowohl des unterhaltsberechtigten als auch des unterhaltspflichtigen Ehegatten können bei der Ermittlung der Unterhaltshöhe angesetzt werden, wenn ein Ehegatte seinen Obliegenheiten zur Erwerbstätigkeit nicht oder nur unzureichend nachkommt.[18]

**Nicht prägend** für die ehelichen Lebensverhältnisse sollen nach ständiger Rechtsprechung des BGH[19] diejenigen Einkommensbestandteile sein, die zur Vermögensbildung oder zur Altersvorsorge verwendet wurden. Dass Einkommen zur Vermögensbildung verwendet wird, soll aber in der Regel erst anzunehmen sein, wenn das Nettoeinkommen 3.500 EUR überschreitet.[20]

15 Maßgeblicher Zeitpunkt für die Fixierung der ehelichen Lebensverhältnisse ist die Rechtskraft der Scheidung.[21] Schwierigkeiten wirft die Frage auf, wie Veränderung der ehelichen Lebensverhältnisse nach der Trennung der Eheleute zu berücksichtigen sind. Für die Zeit zwischen Trennung und Scheidung geht die Rechtsprechung davon aus, dass Veränderungen grundsätzlich zu berücksichtigen sind. Etwas anderes kann gelten, wenn die Veränderung der Einkommensverhältnisse auf einer unerwarteten, vom Normalverlauf erheblich abweichenden Entwicklung beruht.

Veränderungen nach der Scheidung werden demgegenüber nur ausnahmsweise berücksichtigt. Voraussetzung ist, dass der Veränderung eine Entwicklung zugrunde liegt, die im Scheidungszeitpunkt mit hoher Wahrscheinlichkeit zu erwarten war, und dass die Veränderung die ehelichen Verhältnisse bereits mitgeprägt hat. Nach neuerer Rechtsprechung des BGH kann aber ein Einkommensrückgang des unterhaltspflichtigen Ehegatten nach Rechtskraft der Scheidung zu einer Berücksichtigung bei der

---

17 *Palandt – Brudermüller*, § 1578 BGB Rn 5.
18 *Palandt – Brudermüller*, § 1578 BGB Rn 6.
19 NJW 1999, 717 m.w.N.
20 OLG Frankfurt FamRZ 1997, 353 und 1992, 823.
21 BGH NJW 1994, 935.

Berechnung des Unterhaltsanspruchs führen und ist nicht erst bei der Leistungsfähigkeit zu berücksichtigen.[22]

Bezüglich des Splittingvorteils, der einem unterhaltspflichtigen Ehegatten durch eine erneute Eheschließung zuwächst, hat das BVerfG entgegen der Rechtsprechung der Fachgerichte entschieden, dass eine daraus resultierende Erhöhung des Nettoeinkommens des unterhaltspflichtigen Ehegatten nicht zu einer Erhöhung des Unterhaltsanspruchs des geschiedenen Ehegatten führt. Der Splittingvorteil soll vielmehr nur dem gemeinsam veranlagten Ehepaar zugute kommen.[23] Der Umstand, dass das Gesetz in § 1582 BGB der geschiedenen Ehe den Vorrang vor der neuen Ehe einräumt, steht dem nicht entgegen.

Inhalt der Unterhaltspflicht ist nach der Rechtsprechung des BGH die Sicherung des individuellen Bedarfs nach den ehelichen Verhältnissen, nicht lediglich die Sicherung des notwendigen Bedarfs.[24] Das Gesetz sieht keine Obergrenze für den nachehelichen Unterhalt vor. Der geschuldete Unterhalt umfasst den gesamten Lebensbedarf, § 1578 Abs. 1 Satz 4 BGB. Bei der Bedarfsberechnung orientiert sich die Praxis am **Halbteilungsgrundsatz**, demzufolge beide Ehegatten am ehelichen Lebensstandard in gleicher Weise teilnehmen. Dieser Grundsatz wird dadurch modifiziert, dass dem Unterhaltspflichtigen vorab eine Quote seines bereinigten Nettoeinkommens belassen wird; so sollen berufsbedingter Mehraufwand pauschal abgegolten und ein Arbeitsanreiz geschaffen werden.[25] Im Ergebnis wird dem unterhaltsberechtigten Ehegatten damit ein Bedarf von 3/7 des bereinigten Nettoeinkommens bzw., wenn beide Ehegatten erwerbstätig sind, 3/7 der Einkommensdifferenz zugesprochen.[26]

---

22 BGH NJW 2003, 1518 = FamRZ 2003, 590 m. Anm. *Büttner* und Anm. *Graba*, FamRZ 2003, 746.
23 BVerfG NJW 2003, 3466.
24 *Palandt – Brudermüller*, § 1578 BGB Rn 35.
25 *Palandt – Brudermüller*, § 1578 BGB Rn 45 ff.
26 Näheres auch zu abweichender Rechtsprechung bei *Palandt – Brudermüller*, § 1578 BGB Rn 48 ff.

## 4. Vorsorgeunterhalt

**16** Der Unterhalt umfasst den gesamten Lebensunterhalt, § 1378 Abs. 1 Satz 4 BGB. Geschuldet ist nicht nur Elementarunterhalt, der die Bedürfnisse des täglichen Lebens abdeckt, sondern auch der Vorsorgebedarf. Dieser umfasst neben angemessener Versicherung wegen Krankheit und Pflegebedürftigkeit auch eine angemessene Rentenversicherung sowie Versicherung gegen verminderte Erwerbsfähigkeit.[27] Dieser ist in den Unterhaltstabellen der Obergerichte nicht berücksichtigt und gesondert zu berechnen.

**17** Der **Altersvorsorgeunterhalt**, § 1578 Abs. 3 BGB, wird berücksichtigt, indem man beim Unterhaltsberechtigten aus dem Unterhalt (zuzüglich anteilig eigener Einkommen) unter Aufstockung mit fiktiven Steuer- und Sozialversicherungsabgaben ein fiktives Bruttoeinkommen ermittelt und daraus den Vorsorgebetrag errechnet, der dem Prozentsatz entspricht, der bei sozialversicherungspflichtiger Beschäftigung der gesetzlichen Rentenversicherung zufließt. Der so ermittelte Vorsorgeunterhalt wird vom Einkommen des Unterhaltspflichtigen bzw. der Differenz zwischen den Einkommen von Berechtigtem und Verpflichtetem vorweg abgezogen. Dann wird der Unterhaltsanspruch als Quote aus dem verbleibenden Rest des Einkommens des Unterhaltspflichtigen bzw. der Differenz beider Einkommen ermittelt (Bremer Tabelle[28]).

Der Vorsorgeunterhalt ist – ohne Bestimmungsrecht des Pflichtigen – zweckgewidmet anzulegen.[29] Wegen seiner besonderen Zweckbestimmung sollte der Vorsorgeunterhalt immer separat ausgewiesen werden.

**18** Gleiches gilt für den **Krankenvorsorgeunterhalt**, § 1578 Abs. 2 BGB, der ebenfalls nicht im Elementarunterhalt enthalten ist.[30] Der Krankenvorsorgeunterhalt entfällt, wenn der Unterhaltsberechtigte aufgrund eige-

---

27 BGH FamRZ 1982, 255.
28 Abgedruckt in FamRZ 2004, 164.
29 BGH FamRZ 1982, 1187.
30 BGH FamRZ 1983, 676.

ner Erwerbstätigkeit selbst krankenversichert ist.[31] Der nach Einführung der Pflegeversicherung geschuldete **Pflegevorsorgeunterhalt** ist dem Krankenvorsorgeunterhalt zuzurechnen.[32] Werden Krankenvorsorge- oder Altersvorsorgeunterhalt vereinbart, sind sie im Hinblick auf die Wechselwirkung zur Elementarunterhaltsberechnung gesondert auszuweisen.

*Beispiel zur Berechnung des Vorsorgeunterhalts* 19

| | |
|---|---|
| Nettoeinkommen des Unterhaltspflichtigen | 3.500 EUR |
| Nettoeinkommen des Unterhaltsberechtigten | 0 EUR |
| Vorläufiger Elementarunterhalt 3/7 von 3.500 EUR | 1.500 EUR |
| Fiktives Bruttoeinkommen[33] 1,25 x 1.500 EUR | 1.875 EUR |
| Vorsorgeunterhalt bei Beitragssatz 20 % | 375 EUR |
| Engültiger Elementarunterhalt 3.500 EUR - 375 EUR x 3/7 | 1339 EUR. |

Sind gemeinschaftliche minderjährige Kinder vorhanden, wird der an 20 diese zu zahlende Unterhalt in Höhe der einschlägigen Unterhaltstabelle vom Nettoeinkommen des Pflichtigen vorweg abgezogen, in Mangelfällen allerdings nur in Höhe des Mindestbedarfs (§ 1610 Abs. 3 BGB). Volljährige Kinder sind dann nicht vorrangig zu berücksichtigen, wenn und soweit der angemessene Unterhalt des Berechtigten nicht mehr gewährleistet ist.[34] Anders als im unteren Bereich durch den angemessenen Selbstbehalt des Unterhaltspflichtigen ist der Unterhaltsanspruch im Oberbereich nicht durch eine Obergrenze (Sättigungsgrenze) beschränkt.

---

31 OLG Düsseldorf FamRZ 1991, 806.
32 *Gutdeutsch*, FamRZ 1994, 878; *Büttner*, FamRZ 1995, 193.
33 Vgl. Bremer Tabelle FF 2004, 73.
34 BGH FamRZ 1986, 553.

### 5. Anrechnungs- und Differenzmethode

**21** Im Rahmen der Unterhaltsberechnug stellt sich die Frage, wie bei Erwerbstätigkeit des Unterhaltsberechtigten der Aufstockungsunterhalt zu berechnen ist.

Nach früherer Rechtsprechung wurde sein Einkommen nach der **Differenzmethode** berücksichtigt. Er erhielt den genannten Anteil vom Unterschiedsbetrag der ermittelten Nettoeinkommen, es sei denn, der Berechtigte war erst wegen der Trennung berufstätig geworden. In diesem Fall kam die **Anrechnungsmethode** zur Anwendung; das Nettoeinkommen des Berechtigten wurde vom ermittelten Unterhaltsbedarf abgezogen.[35] Arbeitete der Berechtigte über das zumutbare Maß hinaus, waren seine Einkünfte jedoch nur im Rahmen der Billigkeit zu berücksichtigen, § 1577 Abs. 2 BGB.

Nach neuerer Rechtsprechung des BGH ist grundsätzlich[36] von der Differenzmethode auszugehen, unabhängig davon, ob die Berufstätigkeit im Zeitpunkt der Scheidung bereits ausgeübt wurde oder erst anlässlich der Scheidung aufgenommen wurde.[37] Nach Auffassung des BGH ist die Erwerbstätigkeit eines Ehegatten, die erst nach Scheidung aufgenommen wird, ein Surrogat für die geleistete Familienarbeit. Dieser wird auf diesem Wege die ehelichen Verhältnisse prägende Qualität beigemessen. Der BGH nahm mit seiner Rechtsprechungsänderung eine Entscheidung des BVerfG vorweg, durch die dieses die frühere Rechtsprechung des BGH für verfassungswidrig erklärte.[38]

Das Argument, die nach Scheidung aufgenommene Erwerbstätigkeit sei Surrogat der Familienarbeit, überzeugt nicht.[39] Im Ergebnis führt aber die

---

35 BGH FamRZ 1984, 356; Berechnungsbeispiele s. AnwK-BGB/*Schürmann*, § 1578 Rn 108 ff.
36 Zur Abgrenzung der Anwendbarkeit von Differenzmethode und Anrechnungsmethode im Einzelnen s. *Büttner/Niepmann*, NJW 2002, 2283, 2285.
37 BGH NJW 2001, 2254.
38 BVerfG FamRZ 2002, 527.
39 So kurzweilig wie treffend ist die Kritik von *Muscheler,* JZ 2002, 661 ff.

Vorgabe der Differenzmethode dazu, dass der erwerbstätige Unterhaltsberechtigte einen Anreiz erhält, sich nach Kräften um eine eigene Erwerbstätigkeit zu bemühen. Um eine entsprechende Motivation des Unterhaltsberechtigten zu fördern, war daher schon in der Vorauflage angeregt worden, die Anwendung der Anrechnungsmethode im Einzelfall auf ihre Sachgerechtheit hin zu überprüfen.

## B. Gestaltungsmöglichkeiten

### I. Motive für eine Unterhaltsvereinbarung

Die gesetzlichen Regeln zum nachehelichen Unterhalt werden mitunter 22
als unbefriedigend oder gar unangemessen empfunden. Die Gründe hierfür sind unterschiedlich.

- Ein Streit über die genaue Berechnung des gesetzlichen Unterhalts wird als nahe liegend eingeschätzt.
- Manche Ehepartner wollen im Falle des Scheiterns der Ehe allenfalls zeitlich und wirtschaftlich klar überschaubare und begrenzte Verpflichtungen eingehen.
- Der den Unterhaltstatbeständen zugrunde liegende Gedanke der nachwirkenden Verantwortung für den geschiedenen Ehepartner wird in vielen Fällen als zu weitreichende Lebensstandardgarantie empfunden und die gesetzlichen Begrenzungen der Unterhaltspflicht, z.B. in §§ 1573 Abs. 5, 1578 Abs. 1, 1579 BGB, als unzureichend.
- Die in der Praxis nicht ausgeschlossene Berücksichtigung auch solcher Einkommensteile, die während der Ehe zur Bildung von Zugewinn gespart wurden, bei der Bestimmung der ehelichen Lebensverhältnisse[40] stößt nicht selten auf Unverständnis. Hierdurch scheint der Gedanke der nachehelichen Verantwortung überspannt. „Unterhalt zur Vermögensbildung" scheint im Widerspruch zum Grundsatz der Eigenverantwortlichkeit und Bedürftigkeit zu stehen.

---
40 Vgl. OLG Frankfurt FamRZ 1997, 353.

## § 20 Nachehelicher Unterhalt

- Die Partizipation an nachehelichen Einkommensverbesserungen wird als unberechtigt angesehen.
- Die mögliche Verpflichtung zur Unterhaltszahlung an den geschiedenen Ehepartner, der mit einem neuen Partner in nichtehelicher Gemeinschaft lebt, wird als unzumutbar empfunden, insbesondere wenn der neue Partner mitursächlich für das Scheitern der Ehe ist.[41]

Den individuellen Bedenken der Beteiligten gegenüber dem geltenden Unterhaltsrecht kann durch vertragliche Regelungen Rechnung getragen werden. Die Eheleute sollten aber bei der Gestaltung der nachehelichen Unterhaltsverpflichtungen nachhaltig darüber belehrt werden, dass die gesetzlichen Unterhaltsregelungen für den Fall der **Einverdienerehe** mit Kindern grundsätzlich eine **angemessene Regelung** darstellt. Die wirtschaftliche Sicherheit, die insbesondere § 1570 BGB (Unterhalt wegen Kindesbetreuung) gewährt, sollte nicht leichtfertig aufgegeben werden.

### II. Umfassender Unterhaltsverzicht

#### 1. Rechtliche Grundlagen

23   Ein umfassender Unterhaltsverzicht ist bisher als **grundsätzlich zulässig** angesehen worden. Es entspricht dem Grundsatz des § 1569 BGB, dass nach der Scheidung jeder Ehegatte für seinen Unterhalt selbst verantwortlich ist.[42]

Der vollständige Ausschluss des nachehelichen Unterhalts kann aber zu unbilligen Ergebnissen führen; hierauf hat das BVerfG in einer jüngeren Entscheidung[43] zu Recht hingewiesen. Den Beteiligten sollte deshalb

---

41 Zur Berücksichtigung einer neuen Partnerschaft bei der Unterhaltsberechnung im Rahmen von § 1579 Nr. 7 BGB s. OLG Köln NJW-RR 2003, 938
42 AnwK-BGB/*Fränken*, vor §§ 1569 ff. Rn 1.
43 BVerfG NJW 2001, 957. Die Grenze zwischen zulässigem und unzulässigem Unterhaltsverzicht, die das BVerfG thematisiert, ist nicht klar. Die Unwägbarkeit, die daraus resultiert, könnte dazu führen, dass manch ein nichtehelicher Vater sich den dem BGB nicht zu

von einer entsprechenden vertraglichen Gestaltung abgeraten werden. Die Entscheidung des BVerfG, der eine nicht notariell beurkundete Unterhaltsregelung zugrunde lag, erweitert die Kasuistik zur Frage, wann eine ehevertragliche Regelung **sittenwidrig** ist oder gegen § 242 BGB verstößt. Dem Wortlaut der BVerfG-Entscheidung zufolge ist jede Vereinbarung auf ihre Verfassungswidrigkeit hin zu überprüfen, „die nicht Ausdruck und Ergebnis gleichberechtigter Lebenspartnerschaft ist, sondern eine auf ungleicher Verhandlungsposition basierende einseitige Dominanz eines Ehepartners widerspiegelt." In der Urteilsbegründung des BVerfG findet eine inhaltliche Auseinandersertzung mit der bisherigen Rechtsprechung der Fachgerichte zur Frage der Sittenwidrigkeit ehevertraglicher Regelungen nicht statt, so dass man annehmen darf, dass die fachgerichtliche Rechtsprechung verfassungsrechtlich nicht zu beanstanden ist, sieht man von der konkreten Sachverhaltsgruppe ab, die das BVerfG entscheiden wollte.

Durch die Entscheidung des BGH zur Zulässigkeit von Eheverträgen sind die Grenzen wieder klarer erkennbar, innerhalb derer Unterhaltsverzichte zulässig sind.[44] Danach gehört insbesondere der Betreuungsunterhalt zwar zum Kernbereich des Scheidungsfolgenrechts und ist nicht völlig frei abdingbar. Die Grenze zur Sittenwidrigkeit ist aber nur überschritten, wenn die Ausgestaltung der ehevertraglichen Regelung den verzichtenden Ehegatten evident übervorteilt.[45]

Die Schranken, die sich aus §§ 138, 242 BGB ergeben, sind in folgenden Fällen überschritten:

24

---

entnehmenden Mindestverpflichtungen eines Ehepartners durch Nichtheirat entziehen wird; manche Mütter, die das Gericht vorgeblich zu schützen sucht, werden dann nicht einmal die Mindestrechte (insbesondere ehelichen und Getrenntlebensunterhalt) in Anspruch nehmen können, die ihnen der BGB-Gesetzgeber zugedacht hat. Es ist zu hoffen, dass die jüngste Rechtsprechung des BGH zur Inhaltskontrolle von Eheverträgen einer solchen Entwicklung entgegenwirkt.

44 BGH NJW 2004, 107 ff.
45 Zur Entscheidung des BGH und der Inhaltskontrolle von Eheverträgen s.o. § 2 Rn 3 ff.

- Der Verzicht darf **nicht zu Lasten eines Dritten**, insbesondere des Sozialhilfeträgers gehen.[46] Schädigungsabsicht ist nicht erforderlich, es genügt die objektive Bedarfslage und die Kenntnis eines der Beteiligten hiervon.
- Der Unterhaltsverzicht darf nicht als Gegenleistung zur Übertragung eines Sorge- oder Umgangsrechts erscheinen.[47]
- Allgemein besteht Unwirksamkeitsgefahr bei **Ausnutzen einer Zwangslage** eines Beteiligten,[48] z.B. im Zusammenhang mit Ausländern und aufenthaltsrechtlicher Problematik.
- Es kann gegen Treu und Glauben verstoßen, sich auf einen Unterhaltsverzicht zu berufen, wenn der Verzicht auch den **Kindesbetreuungsunterhalt** gemäß § 1570 BGB umfasst und dies sich nachteilig auf die Kinderbetreuung auswirken würde.[49] Trotz Verzichts kann mindestens der notwendige Unterhalt (Mindestbedarf nach Düsseldorfer Tabelle[50]) verlangt werden.
- Im Zusammenhang mit § 1587o Abs. 2 Satz 4 BGB kann bei gleichzeitigem Verzicht auf Versorgungsausgleich und Unterhaltsverzicht eine objektiv unbillige und unangemessene Regelung entstehen, die zur Verweigerung der Genehmigung des Familiengerichts führt.
- Ist die Frau schwanger, sind vertragliche Vereinbarungen zu ihren Lasten möglicherweise verfassungs- und sittenwidrig, wenn beide Nuptianten nicht einer „etwa gleichwertigen Berufstätigkeit nachgehen und sich Haushalts- und Familienarbeit teilen".

25 In den letztgenannten Fällen empfiehlt es sich, die tatsächlichen Angaben, die gegen eine Unbilligkeit der Regelung sprechen, in die Vereinbarung aufzunehmen. Im Übrigen sind die genannten Sachverhalte, sofern Anhaltspunkte für sie vorliegen, in einer Vereinbarung **nicht heilbar**, mithin Angaben hierzu nur ein Grund, über die Unwirksamkeit der Vereinbarung

---

46 BGH FamRZ 1983, 137, 139; NJW 1991, 913.
47 Tauschobjekt, vgl. *Göppinger/Wax*, Rn 317.
48 Vgl. OLG Karlsruhe FamRZ 1983, 174.
49 BGH FamRZ 1992, 1403; 1995, 291 m.w.N.
50 FamRZ 2003, 903; Berliner Tabelle FamRZ 2003, 906.

nachzudenken. Bei notarieller Beurkundung einer entsprechenden Vereinbarung ergibt sich aber unter Umständen eine Prüfungs- und Belehrungspflicht des Notars, die die Aufnahme entsprechender Belehrungsvermerke in die Urkunde nahelegt.

## 2. Formulierungsbeispiel: Umfassender Unterhaltsverzicht (Variante I)

Ein vollständiger Unterhaltsverzicht sollte auch klären, ob und inwieweit eine **spätere Abänderung** wegen Wegfalls der Geschäftsgrundlage ausgeschlossen ist.[51] Die Frage ist insbesondere bei vorsorgenden Vereinbarungen von Bedeutung, wenn sich die gemeinsame Lebensplanung ändert, z.B. Kinder geboren werden. Bei Scheidungsvereinbarungen sollte eine Veränderbarkeit generell ausdrücklich ausgeschlossen werden, sofern ein Verzicht Gegenstand ist.  26

**Formulierungsbeispiel: Umfassender Unterhaltsverzicht (Variante I)**

Die Beteiligten verzichten wechselseitig auf jeglichen nachehelichen Unterhalt. Sie nehmen diesen Verzicht wechselseitig an. Vorstehende Vereinbarung soll auch bei einer Änderung der tatsächlichen und rechtlichen Verhältnisse keinerlei Abänderung unterliegen.  27

## 3. Formulierungsbeispiel: Umfassender Unterhaltsverzicht (Variante II)

Der generelle Unterhaltsverzicht erstreckt sich auf alle Arten des nachehelichen gesetzlichen Unterhalts. Nach wie vor ist üblich, in Anlehnung  28

---

51 Vgl. BGH FamRZ 1987, 46.

an die frühere Rechtslage auch auf den notdürftigen Unterhalt zu verzichten. Wird aber überhaupt eine Einzelaufzählung von Unterhaltsarten vorgenommen, muss sie vollständig sein und sich auf alle Unterhaltsarten beziehen, die nach der Rechtsprechung selbständig angeknüpft werden, etwa

- den Alters-, Kranken- und Pflegevorsorgeunterhalt gemäß § 1578 Abs. 2, 3 BGB,
- den selbständig wiederauflebenden Unterhaltsanspruch nach Scheidung einer weiteren Ehe, § 1586a BGB.

**Formulierungsbeispiel: Umfassender Unterhaltsverzicht (Variante II)**

29  Die Beteiligten verzichten wechselseitig auf jegliches Unterhalt, einschließlich des Unterhalts im Falle der Not, des Alters-, Kranken- und Pflegevorsorgeunterhalts und des Unterhalts im Falle der Wiederverheiratung und anschließenden Scheidung. Sie nehmen diesen Verzicht wechselseitig an.

Eine Abänderung der Vereinbarung ist auch bei Änderung der tatsächlichen oder rechtlichen Verhältnisse ausgeschlossen.

**4. Formulierungsbeispiel: Unterhaltsverzicht und § 5 VAHRG**

30  Ein genereller Unterhaltsverzicht ist im Hinblick auf § 5 des Gesetzes zur Regelung von Härten im Versorgungsausgleich (VAHRG) unter Umständen nachteilig. Danach werden im Rentenalter bei einem Versorgungsausgleichspflichtigen Kürzungen der Versorgung aufgrund Versorgungsausgleichs nicht vorgenommen, solange der Ausgleichsberechtigte noch keine eigene Rente bezieht, der Ausgleichspflichtige ihm aber Unterhalt

## Nachehelicher Unterhalt § 20

leisten muss.[52] Die Kürzung der Versorgung aufgrund Versorgungsausgleichs wird im Falle der Unterhaltsleistung unabhängig von der Höhe des geleisteten Unterhalts rückgängig gemacht.[53] Voraussetzung ist, dass überhaupt ein gesetzlicher Unterhaltsanspruch besteht, ein bloß vertraglich vereinbarter reicht nicht aus.[54] Bei Verzicht gegen Kapitalabfindung greift § 5 VAHRG auch ein, wenn nicht in der Vereinbarung erkennbar eine zeitlich begrenzte Unterhaltspflicht unterstellt wurde und somit ab diesem Zeitpunkt § 5 VAHRG nicht mehr einschlägig ist.[55]

**Formulierungsbeispiel: Unterhaltsverzicht und § 5 VAHRG**

Solange die Ehefrau aus dem zu ihren Gunsten durchzuführenden Versorgungsausgleich keine Rente erhält, der Ehemann jedoch Rente bezieht, besteht ein Unterhaltsanspruch der Ehefrau in der Höhe, in der sich die Rente des Ehemannes gemäß § 5 VAHRG erhöht, sofern die Ehefrau unterhaltsbedürftig ist. Nachzahlungen gemäß § 6 VAHRG stehen dem Ehemann zu.

Ohne die Einschränkung auf Bedürftigkeit könnten Bedenken bestehen, ob eine solche Vereinbarung als Vertrag zu Lasten Dritter (Versorgungsträger) zu betrachten ist.

---

52 Erfolgt eine Nachzahlung der durch den Versorgungsausgleich ausgelösten Kürzungsbeträge, stellt die in § 6 VAHRG geregelte hälftige Aufteilung an die geschiedenen Ehegatten nur eine formale Auszahlungsregelung dar. Das materiell-rechtliche Verhältnis der Ehegatten wird dadurch nicht berührt, BGH FamRZ 2003, 1086.
53 BT-Drucks. 9/2296, S. 14.
54 OVG Rheinland-Pfalz FamRZ 1990, 102.
55 BGH NJW 1994, 2374.

## § 20 Nachehelicher Unterhalt

### 5. Formulierungsbeispiel: Unterhaltsverzicht und Fortbestand bei Rücknahme des Scheidungsantrages

**32** Der Unterhaltsverzicht im Rahmen einer Scheidungsvereinbarung folgt den für das konkrete Scheidungsverfahren getroffenen Vereinbarungen. Unklarheiten ergeben sich bei Rücknahme des Scheidungsantrages. Hier ist zu klären, ob die getroffenen Vereinbarungen auch nach Rücknahme der Scheidung Gültigkeit behalten sollen.

**Formulierungsbeispiel: Unterhaltsverzicht und Fortbestand bei Rücknahme des Scheidungsantrages**

▼

**33** Die vorstehende Verzichtsvereinbarung gilt für jeglichen nachehelichen Unterhalt unabhängig davon, ob der zzt. anhängige Scheidungsantrag zur Scheidung der Ehe führt.

*(Alternativ:)*

Die Vereinbarung gilt nur für den Fall der einverständlichen Scheidung gemäß § 1566 Abs. 1 BGB aufgrund des derzeit anhängigen Scheidungsantrages.

### III. Unterhaltsregelungen unter Bedingungen

#### 1. Typischer Sachverhalt

**34** A und B wollen heiraten. Beide sind berufstätig und wollen eine eigenverantwortliche Lebensführung beibehalten. Sie wollen einen Ehevertrag schließen, in dem sie sämtliche Scheidungsfolgen abbedingen.

## 2. Rechtliche Grundlagen

Soweit ein Unterhaltsverzicht generell möglich ist, sind als minus auch **bedingte Vereinbarungen zulässig.** Sie sind oft sinnvoll, um die Reichweite des Regelungswillens zu beschreiben, vor allem bei vorsorgenden Vereinbarungen unabhängig von der Scheidung. Was ausdrücklich geregelt werden kann, sollte nicht der Lehre vom Wegfall der Geschäftsgrundlage überlassen werden. Rechtstechnisch stellt sich stets die Vorfrage, ob ein automatischer Bedingungseintritt vereinbart werden soll oder einer der Beteiligten sich den Rücktritt vorbehält. 35

Mit den Beteiligten im o.g. Fall muss erörtert werden, ob in einer solchen Vereinbarung alle Lebenssituationen gebührend Berücksichtigung finden. Insbesondere ist der Fall zu berücksichtigen, dass aus der Ehe Kinder hervorgehen. Es genügt dann möglicherweise, den Kindesbetreuungsunterhalt vom Ausschluss auszunehmen, weil sich die soziale Biographie der Ehefrau möglicherweise grundlegend ändert.

## 3. Formulierungsbeispiel: Auflösend bedingter Unterhaltsverzicht (mehrere Varianten)

▼

Der Verzicht entfällt, wenn aus der Ehe der Beteiligten Kinder hervorgehen, mit der Geburt des ersten Kindes. 36

*(Alternativ:)*

Der Verzicht entfällt, wenn aus der Ehe der Beteiligten Kinder hervorgehen und die Ehefrau deshalb ihre Berufstätigkeit aufgibt oder auf weniger als die Hälfte der branchenüblichen Arbeitszeit reduziert.

*(Alternativ:)*

Der Verzicht entfällt, wenn (und solange) einer der Ehepartner zu mehr als 50 % vermindert erwerbsfähig ist.

# § 20 Nachehelicher Unterhalt

*(Alternativ:)*
Der Verzicht entfällt, wenn ein Ehegatte sich um die Pflege der Eltern bzw. Schwiegereltern kümmert und deshalb seine Berufstätigkeit aufgibt oder auf weniger als die Hälfte der branchenüblichen Arbeitszeit reduziert.

▲

### 4. Formulierungsbeispiel: Unterhaltsverzicht unter Rücktrittsvorbehalt (Variante I)

▼

37   Die Ehefrau behält sich den Rücktritt von dieser Vereinbarung vor, wenn aus der Ehe der Beteiligten Kinder hervorgehen. Der Rücktritt bedarf der Schriftform. Das Rücktrittsrecht erlischt mit Vollendung des 6. Lebensjahres des jüngsten Kindes.

▲

### 5. Formulierungsbeispiel: Unterhaltsverzicht unter Rücktrittsvorbehalt (Variante II)

38   Weitere Situationen, die bei Vereinbarung eines generellen Unterhaltsverzichts die Vereinbarung einer auflösenden Bedingung oder ein Rücktrittsrecht nahe legen, sind beispielsweise der **Verlust oder das Nichterreichen einer beruflichen Qualifikation oder Position** des Berechtigten.

▼

39   Die Ehefrau behält sich den Rücktritt von dieser Vereinbarung vor, wenn sie keine Anstellung als Beamtin auf Lebenszeit erlangt. Der Rücktritt bedarf der Schriftform. Das Rücktrittsrecht entfällt, wenn die Ehefrau auf eine Lebenszeitanstellung verzichtet.

▲

## 6. Formulierungsbeispiel: Aufschiebend bedingter Unterhaltsverzicht

Denkbar ist, dass der Unterhaltsverzicht von den Beteiligten nur gewollt ist, wenn die Ehe von kurzer Dauer ist. Dem kann durch einen entsprechenden aufschiebend bedingten Unterhaltsverzicht Rechnung getragen werden.

▼

Für den Fall, dass die Ehe der Beteiligten zur Zeit der Stellung eines Scheidungsantrages, der zur Scheidung der Ehe führt, weniger als fünf Jahre bestanden hat, verzichten die Beteiligten wechselseitig auf jeglichen nachehelichen Unterhalt.

▲

## 7. Formulierungsbeispiel: Auflösend bedingte Unterhaltsvereinbarung

Auch bei den Unterhaltsberechtigten begünstigenden Regelungen über nachehelichen Unterhalt kann eine Verknüpfung dieser Regelungen mit einer auflösenden Bedingung eine sinnvolle Ergänzung darstellen. Insbesondere bei entsprechenden vorsorgenden Vereinbarungen ist an Bedingungen im Hinblick auf die Dauer der Ehe und die Art einer künftigen Scheidung zu denken:

▼

Vorstehende Unterhaltsvereinbarung entfällt, wenn die Ehe der Beteiligten zur Zeit der Stellung eines Scheidungsantrages, der zur Scheidung der Ehe führt, nicht mindestens fünf Jahre bestanden hat.

*(Alternativ:)*
Vorstehende Unterhaltsvereinbarung gilt nur, wenn der Unterhaltsberechtigte im Falle eines Scheidungsantrages des Unterhaltspflichtigen diesem gemäß § 1566 Abs. 1 BGB zustimmt.

▲

### 8. Formulierungsbeispiel: Unterhaltsverzicht bei Zusammenleben mit neuem Partner

**44** Verbreitetes Anliegen von Eheleuten ist, dass eine Unterhaltspflicht endet, wenn der Unterhaltsberechtigte mit einem neuen Partner zusammenlebt. Ein Zusammenleben mit einem neuen Partner führt nur in wenigen Fällen zu einer Verwirkung des Unterhaltsanspruchs gem. § 1579 Nr. 7 BGB. Im Rahmen der Bedürftigkeit des Unterhaltsberechtigten kann aber für etwaige Versorgungsleistungen und die Führung des Haushalts ein fiktives Einkommen angesetzt werden. Dies gilt aber nur, wenn der neue Partner leistungsfähig ist.[56] Darüber hinaus ist nachzuweisen, dass eine neue Partnerschaft vorliegt, in der tatsächlich Versorgungsleistungen durch den Unterhaltsberechtigten erbracht werden. Dieser Nachweis ist in der Praxis nur schwer zu erbringen. Daher ist in diesem Zusammenhang an Absprachen zu denken, die eine Beweiserleichterung für den Unterhaltspflichtigen gewähren.

**45** Die Unterhaltspflicht endet, wenn der Unterhaltsberechtigte mit einem Dritten eheähnlich zusammenlebt. Ein eheähnliches Zusammenleben wird vermutet, wenn der Unterhaltsberechtigte mit einem Dritten eine gemeinsame Wohnung bewohnt.

*(Alternativ:)*

Die Unterhaltspflicht endet, wenn der Unterhaltsberechtigte mit einem Dritten zusammenlebt. Ein Zusammenleben ist gegeben, wenn der Unterhaltsberechtigte mit einem Dritten eine gemeinsame Wohnung bewohnt. Ein gemeinsames Wohnen ist insbesondere dann gegeben, wenn der Unterhaltsberechtigte und der Dritte unter gleicher Anschrift polizeilich gemeldet sind.

---

56 BGH FamRZ 1989, 487.

## IV. Eingeschränkter Unterhaltsverzicht

Modifizierungen des gesetzlichen Unterhaltsanspruchs sind vielfältig möglich. Im Folgenden sollen besonders praxisrelevante Modifizierungen vorgestellt werden.

46

### 1. Befristungen

Eine Befristung der Unterhaltsverpflichtung kann dem nicht selten vorgetragenen Wunsch Rechnung tragen, unter die wirtschaftlichen Folgen einer etwaigen Scheidung nach bestimmter Zeit einen Schlussstrich ziehen zu können.

47

Die §§ 1573 Abs. 5 und 1578 Abs. 1 Satz 2 BGB sehen die Möglichkeit der Befristung für den gesetzlichen Unterhaltsanspruch ausdrücklich vor. Der BGH spricht die Möglichkeit einer Befristung des Unterhalts insbesondere für Fälle an, die erst unter Anwendung seiner Rechtsprechung zur Differenzmethode in Abweichung zur Anrechnungsmethode zu Unterhaltsansprüchen führen.[57] Soweit ein Verzicht auf nachehlichen Unterhalt zulässig ist, muss auch eine zeitliche Befristung des Unterhaltsanspruchs als weniger einschneidende Vereinbarung zulässig sein.

Für die konkrete Ausgestaltung der Befristung bieten sich nachfolgende Formulierungsvarianten an.

#### a) Formulierungsbeispiel: Befristeter Unterhaltsverzicht (Variante I)

▼

Nacheheliche Unterhaltsansprüche können nur für einen Zeitraum geltend gemacht werden, der der Dauer der geschiedenen Ehe entspricht.

48

---

57 BGH FamRZ 2001, 986, 991; kritisch hierzu *Ebert*, JR 2003, 182, 184.

*(Alternativ:)*

Ein Unterhaltsanspruch wegen Kindesbetreuung gemäß § 1570 BGB besteht nur für den Zeitraum bis zur Vollendung des 6. Lebensjahres des bzw. des jüngsten Kindes.

*(Alternativ:)*

Ein Unterhaltsanspruch wegen Kindesbetreuung gemäß § 1570 BGB besteht nur, solange mindestens zwei Kinder unter 12 Jahren vorhanden sind, ansonsten bis zur Vollendung des 6. Lebensjahres des bzw. des jüngsten Kindes.

*(Alternativ:)*

Ein Unterhaltsanspruch wegen Kindesbetreuung gemäß § 1570 BGB besteht ab Vollendung des 6. Lebensjahres des jüngsten Kindes nur in dem Umfang, in dem sich Unterhaltsbedarf bei Aufnahme einer Teilzeitbeschäftigung von mindestens 20 Wochenstunden durch die Unterhaltsberechtigte in ihrer Branche ergäbe, ungeachtet der Aufnahme oder der Möglichkeit der Aufnahme einer solchen.

### b) Formulierungsbeispiel: Befristeter Unterhaltsverzicht (Variante II)

49 Die Befristung des Unterhalts aufgrund einer bestimmten Anspruchsgrundlage kann mit dem Ausschluss der übrigen Anspruchsgrundlagen verbunden werden.

50 Unterhaltsansprüche aufgrund anderer Anspruchsgrundlagen werden ausgeschlossen.

Bei einer zeitlich begrenzten Gewährung von Unterhalt wegen Kindesbetreuung kann es sinnvoll sein, auch andere Unterhaltstatbestände im Anschluss zur sozialen Absicherung des betreuenden Ehegatten zu berücksichtigen.

c) **Formulierungsbeispiel: Befristeter Unterhaltsverzicht (Variante III)**

▼

Im Anschluss an die Kindesbetreuung besteht ein Unterhaltsanspruch gemäß §§ 1573, 1575 BGB, längstens jedoch auf die Dauer von drei Jahren.  51

*(Alternativ:)*
Vorstehende Unterhaltsvereinbarung entfällt mit Vollendung des 65. Lebensjahres durch den Unterhaltspflichtigen.

*(Alternativ:)*
Vorstehende Unterhaltsvereinbarung entfällt mit Ablegung der 2. juristischen Staatsprüfung durch den Unterhaltsberechtigten, spätestens jedoch mit Vollendung des 30. Lebensjahres durch diesen.

▲

d) **Formulierungsbeispiel: Befristeter Unterhaltsverzicht (Variante IV)**

Bei Tod des Unterhaltspflichtigen geht die Verpflichtung zur Unterhaltszahlung auf seine Erben über, § 1586b BGB (anders § 1615 Abs. 1 BGB für den Fall des Familienunterhalts). Diese Bestimmung kann abbedungen werden.[58]  52

▼

Für den nachehelichen Unterhalt gelten die gesetzlichen Bestimmungen mit Ausnahme von § 1586b BGB, der keine Anwendung finden soll.  53

▲

---

58 Zur Reichweite der Erbenhaftung für den Geschiedenenunterhalt s. *Dressler*, NJW 2003, 2430.

### e) Formulierungsbeispiel: Unterhaltsverzicht und besonderer Kinderbetreuungsaufwand

54 Geht aus der Ehe ein behindertes Kind vor, erscheinen Einschränkungen des gesetzlichen Unterhaltsanspruchs unangemessen. In diesem Fall besteht besonderer Anlass, den Ehepartner abzusichern, der sich um das gemeinsame Kind kümmert. Dementsprechend sollten etwaige Einschränkungen der Unterhaltspflicht in diesem Fall gegenstandslos sein.

55 Sollte aus unserer Ehe ein Kind hervorgehen, das über das 6. Lebensjahr hinaus aufgrund schwerer Behinderung oder ähnlicher Gründe außergewöhnlicher Pflege bedarf, gelten die vorstehenden Regelungen nicht, vielmehr bleibt es bei den gesetzlichen Unterhaltsregelungen insgesamt.

### 2. Formulierungsbeispiele: Beschränkung der Unterhaltsarten

56 Die Beschränkung des Unterhaltsanspruchs auf bestimmte Unterhaltsarten bzw. der Ausschluss einzelner Unterhaltsarten kann ebenfalls dem Parteiwillen Rechnung tragen, die Unterhaltsverpflichtung überschaubar auszugestalten bzw. auf das persönlich für angemessen gehaltene Maß zu reduzieren.

Vor dem Hintergrund, dass nach Auffassung des BGH der Kernbereich des Unterhaltsrechts nur eingeschränkt disponibel ist, wird man in der Regel den unterhaltsrechtlichen Kernbereich nicht abbedingen. Hierzu zählen neben dem Betreuungsunterhalt der Unterhalt wegen Alters oder Krankheit sowie der Versorgungsunterhalt. Nicht zum Kernbereich des Unterhaltsrechts gehört der Aufstockungsunterhalt.[59] Bei weitgehender wirtschaftlicher Unabhängigkeit des unterhaltsberechtigten Ehegatten und

---

59 BGH NJW 2004, 930 ff.

atypischen Vermögensverhältnissen wird ein Verzicht auch auf Unterhaltsanprüche, die grundsätzlich zum Kernbereich der gesetzlichen Scheidungsfolgenregelungen zu zählen sind, als zulässig zu erachten sein.

**Formulierungsbeispiele: Beschränkung der Unterhaltsarten**

▼

Gesetzliche Unterhaltsansprüche werden auf den Kindesbetreuungsunterhalt sowie den Unterhalt wegen Alters oder Krankheit (§§ 1570–1572 BGB) beschränkt. Insbsondere der Anspruch auf Aufstockungsunterhalt (§ 1573 Abs. 2 BGB) wird ausgeschlossen.

*(Alternativ:)*

Gesetzliche Unterhaltsansprüche werden auf den Unterhalt wegen Alters gemäß § 1571 BGB beschränkt, der ab Vollendung des 60. Lebensjahres verlangt werden kann.

*(Alternativ:)*

Ein Unterhaltsanspruch wegen Arbeitslosigkeit gemäß § 1573 BGB ist ausgeschlossen.

*(Alternativ:)*

Ausgeschlossen werden der Anspruch auf Altersvorsorgeunterhalt gemäß § 1578 Abs. 3 BGB sowie Unterhaltsansprüche wegen Sonderbedarfs angesichts der Vermögensverhältnisse beider Ehegatten.

*(Alternativ:)*

Ein Aufstockungsunterhalt ist ausgeschlossen, sofern die Bruttobezüge aus nichtselbständiger Arbeit nach Berücksichtigung aller Steuerfreibeträge bzw. 1/12 des zu versteuernden Jahreseinkommens den Betrag von 1.500 EUR überschreiten. Im Übrigen findet eine Aufstockung nur bis zu diesem Betrag statt.

*(Alternativ:)*

Der Unterhaltsanspruch gemäß § 1586a BGB nach Auflösung einer späteren Ehe besteht nur, soweit der spätere Ehegatte auch unter Berücksichtigung des Billigkeitsunterhalts gemäß § 1581 BGB sowie bei Verwertung seines Vermögens außerstande wäre, angemessenen Unterhalt zu gewähren.

58 Zu beachten ist, dass die Berufung auf den Verzicht im Einzelfall treuwidrig sein kann.[60]

### 3. Einschränkungen des Unterhaltsmaßes

59 Für die Bestimmung des Unterhaltsmaßes stehen zahllose Möglichkeiten der individuellen Anpassung zur Verfügung, von denen einige hier skizziert werden.

#### a) Formulierungsbeispiele: Einschränkungen des Unterhaltsmaßes

60 Für die Bemessung des nachehelichen Unterhalts *(retrospektiv: bei vorstehender Unterhaltsberechnung)* gelten für die Festlegung des Unterhaltsmaßes als Maß die ehelichen Lebensverhältnisse, die zum Zeitpunkt der Trennung der Ehegatten im Sinne des § 1361 BGB bestanden haben.

*(Alternativ:)*

Für die Bemessung des nachehelichen Unterhalts gelten für die Festlegung des Unterhaltsmaßes die Verhältnisse, die zum Zeitpunkt der Trennung der Ehegatten im Sinne des § 1361 BGB bestanden hätten, wenn der Ehemann am letzten gemeinsamen Wohnsitz als Beamter der Besoldungsgruppe A 12 unter Berücksichtigung seiner familiären Verhältnisse und einem Dienstalter ab Vollendung des 21. Lebensjahres beschäftigt gewesen wäre.

---

60 BGH NJW 1985, 833; 1991, 913; 2004, 930 ff.

Nachehelicher Unterhalt § 20

*(Alternativ:)*
Für die Bemessung des nachehelichen Unterhalts gelten zur Festlegung des Unterhaltsmaßes auf Seiten der Berechtigten die Verhältnisse einer angestellten Krankenschwester im öffentlichen Dienst nach Vergütungsgruppe VI b BAT.

*(Alternativ:)*
Für die Bemessung des nachehelichen Unterhalts gelten zur Festlegung des Unterhaltsmaßes auf Seiten des Berechtigten die Verhältnisse, die dem im Zeitpunkt der Scheidung oder zuletzt davor von diesem ausgeübten Beruf entsprechen.

*(Alternativ:)*
Bei Festlegung des Maßes des nachehelichen Unterhalts werden auf Seiten des Unterhaltspflichtigen Einkünfte, die nicht auf seiner Beschäftigung als Angestellter der ABC-GmbH oder einer an die Stelle dieser Beschäftigung tretenden hauptberuflichen Tätigkeit beruhen, nicht berücksichtigt.

*(Alternativ:)*
Für die Bemessung des nachehelichen Unterhalts sind die Mieterträge aus dem Hausanwesen ▓▓▓ in ▓▓▓ außer Ansatz zu lassen, ebenso die hieraus erwachsenden steuerlichen Abschreibungen.

*(Alternativ:)*
Für die Bemessung des nachehelichen Unterhalts sind auf Seiten des Unterhaltsberechtigten Einkünfte aus nichtselbständiger Tätigkeit, die dieser nach Trennung im Sinne des § 1361 BGB aufgenommen hat, nicht zu berücksichtigen.

*(Alternativ:)*
Für die Bemessung des nachehelichen Unterhalts scheidet ein Aufstockungsunterhalt auf Seiten des Unterhaltsberechtigten aus, wenn seine Einkünfte aus nichtselbständiger Tätigkeit brutto 2.500 EUR übersteigen (*eventuell Anpassungsklausel*).

## § 20 Nachehelicher Unterhalt

*(Alternativ:)*

Für die Bemessung des nachehelichen Unterhalts sind die Einkünfte des Unterhaltsberechtigten aus Kapitalerträgen und Vermietung und Verpachtung weder als positive noch als negative/nur als positive Einkünfte zu berücksichtigen.

*(Alternativ:)*

Für die Bemessung des nachehelichen Unterhalts sind auf Seiten des Unterhaltsberechtigten Zins- und Tilgungsverbindlichkeiten betreffend das Hausobjekt ▓▓▓ in ▓▓▓ nicht zu berücksichtigen/Tilgungsleistungen nicht zu berücksichtigen/Zinsleistungen nur zu berücksichtigen, soweit sie sieben vom Hundert jährlich übersteigen.

*(Alternativ:)*

Nachehelicher Unterhalt wird nur geschuldet, wenn der Unterhaltsberechtigte nicht über verwertbare Vermögensbestandteile verfügt (Bar- und Kapitalvermögen einschließlich Beteiligungen, Immobiliarvermögen), deren Wert insgesamt 100.000 EUR übersteigt.

*(Alternativ:)*

Bei Festlegung des Maßes des nachehelichen Unterhalts verbleibt dem Unterhaltspflichtigen ein Selbstbehalt von 2.000 EUR monatlich, solange der Verkehrswert des Vermögens des Unterhaltspflichtigen (Bar- und Kapitalvermögen einschließlich Beteiligungen, Immobiliarvermögen) 100.000 EUR übersteigt.

*(Alternativ:)*

Bei Ermittlung des nachehelichen Unterhalts steht dem Unterhaltspflichtigen lediglich ein Unterhaltsanspruch in Höhe von 1/3 des bei Bemessung der Unterhaltspflicht zugrunde liegenden Einkommens des Unterhaltspflichtigen zu. (*Oder:* 1/3 der Differenz der zugrundezulegenden beiderseitigen Einkommen zu.)

*(Alternativ:)*
Bei Bemessung des nachehelichen Unterhalts werden Zahlungen aufgrund gesetzlicher Unterhaltspflichten gegenüber unterhaltsberechtigten Abkömmlingen – gleich welchen Alters – vorweg abgezogen.

**b) Formulierungsbeispiele: Anrechnung von Einkommen des Berechtigten**

Für die Bemessung des nachehelichen Unterhalts werden Einkünfte des Unterhaltsberechtigten abzüglich 10 % Erwerbstätigenbonus unmittelbar auf den Unterhaltsanspruch angerechnet, der sich bei Zugrundelegung des Einkommens des Unterhaltspflichtigen ergäbe, wenn der Berechtigte keine berücksichtigungsfähigen Einkünfte hätte (*Anrechnungsmethode*).

**c) Formulierungsbeispiele: Bestimmung der ehelichen Lebensverhältnisse**

Für die Berechnung des nachehelichen Unterhalts gelten grundsätzlich die gesetzlichen Bestimmungen. Abweichend hiervon erklären wir übereinstimmend, dass der Teil unseres Einkommens, der zur Finanzierung unserer ehelichen Lebensverhältnisse dient, mit 60.000 EUR anzusetzen ist.

Steigt oder fällt der vom Statistischen Bundesamt ermittelte Verbraucherpreisindex für Deutschland ab diesem Monat bis zum Monat des Scheidungsantrages, so steigt oder fällt der vorgenannte Höchstbetrag in gleichem Umfang.[61]

---

61 Zur Frage der Genehmigungspflicht der Indexklausel *Kanzleiter/Wegmann*, Vereinbarungen unter Ehegatten, Rn 143; *Münch*, Ehebezogene Rechtsgeschäfte, Rn 630, der grundsätzlich die Einholung der Genehmigung des Bundesamtes für Wirtschaft befürwortet.

## § 20 Nachehelicher Unterhalt

**d) Formulierungsbeispiele: Altersvorsorgeunterhalt**

▼

63 Bei Festlegung des nachehelichen Unterhalts werden Altersvorsorgeunterhalt und Krankenversicherungsunterhalt nur geschuldet, wenn und soweit dem Unterhaltsberechtigten nach Abzug von Unterhaltsleistungen an eheliche Kinder mindestens ein Selbstbehalt von 1.500 EUR verbleibt.

*(Alternativ:)*

In vorstehender Unterhaltsvereinbarung sind 178,20 EUR Altersvorsorgeunterhalt und 98 EUR Krankenvorsorgeunterhalt einschließlich Pflegevorsorge enthalten. Diese Beträge ändern sich nur, wenn und soweit sich die zugrunde gelegten Abführungsprozentsätze für die betreffenden Versorgungsträger ändern und werden von Änderungen des Unterhalts im Übrigen künftig nicht berührt. Der Unterhaltsberechtigte ist verpflichtet, den Krankenvorsorgeunterhalt zur Unterhaltung einer Krankenversicherung zu verwenden, die im Leistungsumfang mindestens den Regelleistungen der Allgemeinen Ortskrankenkassen vergleichbar ist. Der Altersvorsorgeunterhalt ist zweckgebunden und darf nur zur Einzahlung in die gesetzliche Rentenversicherung oder eine private Lebensversicherung verwendet werden, die Leistungen wegen Alters ab dem 60. Lebensjahr und wegen verminderter Erwerbsfähigkeit vorsieht.

**e) Formulierungsbeispiel: Altersvorsorgeunterhalt und Abfindung statt Versorgungsausgleich**

64 Wird im Rahmen des Versorgungsausgleichs ein Abfindungszahlung gewährt gegen Verzicht auf Versorgungsausgleichsansprüche, ist es interessengerecht, diesen Umstand bei einer etwaigen späteren Unterhaltszahlung zu berücksichtigen. § 1577 Abs. 4 Satz 1 BGB trägt diesen Interessen nicht unbedingt ausreichend Rechnung und wird zudem durch § 1577 Abs. 4 Satz 2 BGB eingeschränkt. Der Unterhaltsverpflichtete sollte so gestellt werden, wie er stünde, wenn die Abfindungszahlung für die Altersvorsorge verwendet worden wäre.

## Nachehelicher Unterhalt § 20

Bei der Bestimmung des Altersvorsorgeunterhalts ist der Berechtigte so zu behandeln, wie er stünde, wenn er die im Rahmen des Versorgungsausgleichs geleistete Abfindungszahlung bei der BfA eingezahlt oder für eine private Lebensversicherung verwendet hätte, die Leistungen wegen Alters ab dem 60. Lebensjahr und wegen verminderter Erwerbsfähigkeit vorsieht. 65

**f) Formulierungsbeispiel: Notdürftiger Unterhalt**

Der früher häufig verwendete Begriff des Unterhalts „im Falle der Not" – gemeint war der notdürftige Unterhalt gemäß § 65 EheG a.F. – sollte heute wenn überhaupt zumindest nur klar definiert verwendet werden, um klarzustellen, ob bei einem Verzicht im Übrigen lediglich der Wegfall der Geschäftsgrundlage gemeint ist oder das Maß des ehelichen Unterhalts. Nach BGH[62] kann als Maß des ehelichen Unterhalts in diesen Fällen das zur Abwendung der Notlage Erforderliche verstanden werden, wohl der notwendige Unterhalt im Sinne des notwendigen Eigenbedarfs der Düsseldorfer Tabelle.[63] Dies sollte man ausdrücklich vereinbaren. 66

Nachehelicher Unterhalt wird auf das zum Lebensunterhalt Unerlässliche (notdürftiger Unterhalt) beschränkt. Der hierzu notwendige Unterhalt bemisst sich im Zweifel nach dem notwendigen Eigenbedarf gemäß Düsseldorfer Tabelle oder einer an deren Stelle tretenden Unterhaltstabelle. 67

Insbesondere bei konkreten Unterhaltsberechnungen ist davon auszugehen, dass deren Überprüfung zum Zwecke der Anpassung an die Änderung der Verhältnisse (siehe hierzu sogleich) von Zeit zu Zeit erfolgt. Aus 68

---

62 FamRZ 1980, 1104.
63 FamRZ 2003, 903.

diesem Grunde empfiehlt sich eine Aufnahme der Berechnungsgrundlagen in die Vereinbarung.

Bei vorsorgenden Unterhaltsvereinbarungen – etwa bei Eheschließung – ist die Aufnahme konkreter Vorstellungen oder Verhältnisse nur insofern von Bedeutung, als es um die Vereinbarung von Rücktrittsrechten oder Bedingungen geht (siehe oben). Anlass für eine eventuelle spätere Berufung auf Wegfall der Geschäftsgrundlage sollte nicht gegeben werden.

### 4. Begrenzung der Unterhaltshöhe

69 Klare Verhältnisse bezüglich der maximalen finanziellen Belastungen aufgrund nachehelicher Unterhaltszahlungen schafft die Vereinbarung einer **Unterhaltsobergrenze**.

#### a) Formulierungsbeispiel: Absolute Begrenzung der Unterhaltshöhe

70 Nachehelicher Unterhalt – gleich welcher Art und/oder Zweckwidmung – wird auf einen monatlichen Betrag von höchstens 2.000 EUR beschränkt. Steigt oder fällt der vom Statistischen Bundesamt ermittelte Verbraucherpreisindex für Deutschland ab diesem Monat bis zum Monat des Scheidungsantrages, so steigt oder fällt der vorgenannte Höchstbetrag in gleichem Umfang.[64]

---

[64] Zur Frage der Genehmigungspflicht der Indexklausel *Kanzleiter/Wegmann*, Vereinbarungen unter Ehegatten, Rn 143; *Münch*, Ehebezogene Rechtsgeschäfte, Rn 630, der grundsätzlich die Einholung der Genehmigung des Bundesamtes für Wirtschaft befürwortet.

## b) Formulierungsbeispiel: Relative Begrenzung der Unterhaltshöhe

Eine Beschränkung der Unterhaltshöhe kann auch dadurch erzielt werden, dass auf die Einkommensverhältnisse des Berechtigten abgestellt wird, die dieser in seinem zuletzt ausgeübten Beruf erzielen könnte. Dabei ist die Begrenzung auf einen Bruchteil des erzielbaren Einkommens erwägenswert, um einen Anreiz für die Erzielung eigenen Einkommens zu lassen. Bei einer derartigen Regelung bleibt den Beteiligten aber das Risiko des Streites über die Höhe des zugrunde zu legenden Einkommens. Ein derartiger Streit kann weitgehend durch die Vereinbarung eines Höchstbetrages für den nachehelichen Unterhalt, wie vorstehend formuliert, ausgeschlossen werden.

71

▼

Nacheheliche Unterhalt – gleich welcher Art und/oder Zweckwidmung – wird auf einen monatlichen Betrag beschränkt, der 3/4 des Einkommens entspricht, das der Berechtigte erzielen würde bei Vollzeittätigkeit in seinem im Zeitpunkt der Scheidung oder zuletzt davor ausgeübten Beruf.

72

## V. Unterhaltsverzicht und Novation (Schuldumschaffung)

### 1. Rechtliche Grundlagen

Bei allen inhaltlich gestalteten Unterhaltsvereinbarungen stellt sich die Frage, ob der gesetzliche Unterhaltstatbestand nur ausgestaltet oder die Leistungspflicht hiervon unabhängig rechtlich neu gestaltet werden soll, also der Schuldgrund noviert wird. Handelt es sich nicht lediglich um eine Ausgestaltung des gesetzlichen Unterhalts, sondern um **neu geschaffene Leistungspflichten**, führt dies zu folgenden Unterschieden:

73

- Die Vorschriften für gesetzliche Unterhaltsansprüche haben allenfalls Bedeutung für die Vertragsauslegung.

## § 20 Nachehelicher Unterhalt

- Es handelt sich verfahrensrechtlich nicht um eine Familiensache, so dass z.b. ein Rechtsstreit bei Anhängigwerden eines Scheidungsantrages nicht an das ausschließlich zuständige Familiengericht abgegeben werden muss.
- Pfändungsschutz und Pfändungsvorrecht nach §§ 850, 850d ZPO gelten nicht.
- § 323 ZPO gilt nur, wenn die Gegenleistung ausdrücklich als regelmäßig wiederkehrende künftige Leistung, z.b. Leibrente, vereinbart ist.
- Steuerlich ist eine von Unterhaltsleistungen abweichende Behandlung möglich.

Soll eine Novation (Schuldumschaffung) erfolgen, muss dies als Ausnahmetatbestand in der Vereinbarung klar geregelt werden. Auch sollte im Hinblick auf die zu Unterhaltsvereinbarungen bestehenden Vorschriften, z.b. § 1586b BGB, deren entsprechende Anwendung teilweise vertreten wird,[65] ausdrücklich ein Ausschluss erklärt werden (s.u.).

Als **Gegenleistungen** kommen alle geldwerten Leistungen in Betracht, insbesondere

- Leibrenten,
- Darlehen,
- Übertragung von Vermögensgegenständen,
- Einräumung des Nießbrauchs oder eines Nutzungsrechts bzw. Gebrauchsüberlassung.

Bei Vereinbarung künftiger Leistungen ist auch im Falle der Novation stets zu prüfen, ob die Leistungspflicht enden soll bei

- Tod des Berechtigten, vgl. § 1586 BGB
- Tod des Verpflichteten, vgl. § 1586b BGB
- Eintritt eines sonstigen Ereignisses, z.B. Wiederverheiratung, vgl. §§ 1586, 1556a BGB.

---

65 Vgl. *Soergel – Häberle*, § 1586b BGB Rn 4.

Handelt es sich um eine wirtschaftlich kalkulierte Gegenleistung, wird diese oft unabhängig vom Bedürfnis und der Lebenszeit eines Beteiligten auf künftige Leistungen verteilt.

Wird der gesetzliche Unterhalt lediglich ausgestaltet, gelten die genannten Vorschriften zwar unmittelbar, sind jedoch für eine sachgerechte Gestaltung von Vereinbarungen ebenfalls stets positiv auf ihre Anwendbarkeit hin zu prüfen.

### 2. Formulierungsbeispiel: Novation

▼

Die Beteiligten verzichten wechselseitig auf alle gesetzlichen Unterhaltsansprüche einschließlich des Unterhalts im Falle der Not, des Kranken-, Pflege- und Altersvorsorgeunterhalts und des Unterhalts im Falle der Wiederverheiratung und anschließenden Scheidung. Sie nehmen diesen Verzicht wechselseitig an.

74

Die Ehefrau erhält stattdessen auf die Dauer von 10 Jahren, erstmals zum ▬▬▬, zum Ersten eines Monats im Voraus, längstens jedoch auf ihre Lebzeit, eine Leibrente von 400 EUR monatlich. Auf diese Leibrente sind die gesetzlichen Bestimmungen für Unterhaltsleistungen und Unterhaltsvereinbarungen auch nicht entsprechend anwendbar. ▬▬▬ *(Es folgen evtl. Wertsicherung und Vollstreckungsunterwerfung.)* Diese Vereinbarung soll auch bei Änderung der tatsächlichen oder rechtlichen Verhältnisse nicht abänderbar sein; § 323 ZPO ist ausgeschlossen.

## VI. Verweisung auf andere gesetzliche Regelung

### 1. Rechtliche Grundlagen

75 Geregelt werden kann der Unterhalt im Sinne der §§ 1569 ff. BGB. Eine Vereinbarung, die auf abweichende – im anzuwendenden Fall nicht geltende – Regelungen anderer oder früherer Rechtsordnungen abstellt, muss alle Regelungen ausdrücklich gestalten; eine bloße Verweisung auf ausländisches oder nicht mehr geltendes Recht ist unwirksam.[66]

76 *Fall*
*A und B wollen vereinbaren, dass Unterhalt nur gewährt wird, sofern der Unterhalt begehrende Ehegatte das Scheitern der Ehe nicht (überwiegend) verschuldet hat.*

Die Vereinbarung kann nicht lediglich unter Bezugnahme auf §§ 58 ff. Ehegesetz alter Fassung (vor 1. EheRG 1976/77) formuliert werden, sondern bedarf ausdrücklicher Ausführungen.

### 2. Formulierungsbeispiel: Verweisung auf andere gesetzliche Unterhaltsregeln

77 Für den Fall der Scheidung unserer Ehe wird nachehelicher Unterhalt nur gewährt, wenn zum Zeitpunkt der Scheidung unserer Ehe der unterhaltsberechtige Ehegatte nicht überwiegend das Verschulden an der Scheidung der Ehe getragen hat. Zur Auslegung des überwiegenden Verschuldens gelten die Grundsätze zu §§ 42, 43 Ehegesetz alter Fassung (1938). Liegt ein überwiegendes Verschulden nicht vor, verbleibt es bei den zzt. geltenden gesetzlichen Vorschriften.

---

66 S. *Ludwig*, DNotZ 1982, 651, 652 ff., vgl. auch § 1409 BGB.

## C. Formfragen

Verträge über den nachehelichen Unterhalt sind zu jeder Zeit zulässig, § 1585c BGB, und grundsätzlich formfrei. Sie sind nicht formfrei, wenn aus Gründen des Zusammenhangs mit anderen Vereinbarungen Formbedürftigkeit besteht, z.b.  78

- im Zusammenhang mit einer Vereinbarung zur einverständlichen Scheidung gemäß § 630 Abs. 1 Nr. 3 ZPO in Verbindung mit § 794 Abs. 1 Nr. 5 ZPO,
- bei Zusammenhang mit formbedürftigen Vereinbarungen z.b. des Güterrechts oder nach § 1587o BGB,
- wenn eine Leibrente vereinbart wird, § 761 BGB.

Wird im Zusammenhang mit einer Scheidungsvereinbarung ein beurkundungsbedürftiger Teil geregelt, wird entsprechend der Rechtsprechung zu § 311b Abs. 1 BGB der Gesamtzusammenhang der Vereinbarungen beurkundungsbedürftig. Bei isolierter Vereinbarung z.b. eines Unterhaltsverzichts droht Nichtigkeitsgefahr.

## D. Abänderbarkeit, Wertsicherung, Auskunft

### I. Modifizierung der Abänderbarkeit

Vereinbarte Unterhaltsleistungen sind ihrerseits abänderbar aufgrund  79

- wesentlicher Änderung der Verhältnisse, § 323 ZPO,
- Wegfalls der Geschäftsgrundlage,
- grober Unbilligkeit gemäß § 1579 BGB,[67]
- vertraglicher Änderungsvereinbarungen, insbesondere Wertsicherungsklauseln.

---

67 *Soergel – Häberle*, § 1579 BGB Rn 3.

Eine umfassende Vereinbarung sollte ausdrücklich klarstellen, ob und inwieweit Änderungen der Vereinbarung vorgesehen sind. Möglich sind entsprechend der Skala der Unterhaltsmodifizierungen selbst:

- ein völliger Abänderungsausschluss,
- die Einschränkung oder sonstige Modifizierung der gesetzlichen Abänderungsmöglichkeiten,
- eine vollkommen selbständige Abänderungsregelung unter Ausschluss gesetzlicher Abänderungsmöglichkeiten.

Die Bandbreite an Regelungsmöglichkeiten steht sowohl zur Verfügung für Fälle, in denen der gesetzliche Unterhaltsanspruch ausgestaltet wird, als auch bei schuldumschaffenden Unterhaltsvereinbarungen. Unklarheiten können allerdings entstehen bei Abgrenzung der Abänderungsmöglichkeit vom Wegfall der Geschäftsgrundlage sowie im Falle einer schuldumschaffenden Vereinbarung bei der Frage, ob § 323 ZPO überhaupt Anwendung findet.[68]

## II. Gestaltungsmöglichkeiten

### 1. Formulierungsbeispiel: Unterhaltsvereinbarung und Abänderbarkeit (Variante I)

80 Zu beachten ist, dass sich bei vollstreckbaren Urkunden die Abänderungsmöglichkeit nach § 323 ZPO materiell nach § 242 BGB bemisst[69] und dass weder eine Präklusionswirkung nach § 323 Abs. 2 ZPO besteht noch § 323 Abs. 3 ZPO eingreift, demzufolge eine Abänderung erst mit Wirkung ab Rechtshängigkeit möglich wäre.[70] Dies ist Anlass, in einer gründlichen Regelung beide Punkte anzusprechen.

---

68 Vgl. *Rau*, MittRhNotK 1988, 200.
69 BGH FamRZ 1986, 790; 1992, 538.
70 BGH FamRZ 1983, 21; 1983, 997.

## Nachehelicher Unterhalt § 20

▼

Vorstehende Vereinbarung unterliegt der Abänderungsmöglichkeit gemäß § 323 ZPO. Die bei Abschluss der Vereinbarung zugrundegelegten Berechnungsfaktoren sind jedoch unverändert zugrunde zu legen. Eine Berufung auf Wegfall oder Änderung der Geschäftsgrundlage wird im Übrigen ausgeschlossen.

81

### 2. Formulierungsbeispiel: Unterhaltsvereinbarung und Abänderbarkeit (Variante II)

Die Abänderungsmöglichkeit nach § 323 ZPO kann infolge der Vertragsfreiheit sowohl ganz oder teilweise ausgeschlossen als auch einschränkend oder erweiternd modifiziert werden. Ein Ausschluss jeglicher Abänderungsmöglichkeit ist bei konkreter Unterhaltsberechnung sicher die Ausnahme, es sei denn, es findet eine Schuldumschaffung mit Abfindungscharakter statt oder es handelt sich um eine Unterhaltsverpflichtung mit kurzer Laufzeit.

82

## § 20 Nachehelicher Unterhalt

**83** Vorstehende Unterhaltsvereinbarung unterliegt keinerlei Abänderung, gleich auf welcher rechtlichen Grundlage.

*(Alternativ:)*
Vorstehende Unterhaltsvereinbarung unterliegt keiner Abänderung im Hinblick auf § 1579 Nr. 6 und 7 BGB.

*(Alternativ:)*
Vorstehende Unterhaltsvereinbarung unterliegt keinerlei Abänderung, soweit es den ausgewiesenen Altersvorsorgeunterhalt betrifft.

*(Alternativ:)*
Vorstehende Unterhaltsvereinbarung ist der Abänderung gemäß § 323 ZPO unterworfen. Eine Änderung im Wege der einstweiligen Anordnung gemäß § 620 ZPO oder im Wege eines sonstigen einstweiligen Rechtsschutzes ist jedoch unzulässig.

### 3. Formulierungsbeispiel: Unterhaltsvereinbarung und Abänderbarkeit (Variante III)

**84** Nach BGH FamRZ 1983, 22 ist eine Abänderung gemäß § 323 ZPO auch für die Vergangenheit denkbar. Dies wird vielfach nicht als sachgerecht empfunden und sollte dann ausgeschlossen werden.

**85** Die Abänderung der Unterhaltsleistungen gemäß § 323 ZPO ist nur für den Zeitraum ab dem auf die Rechtshängigkeit einer entsprechenden Klage folgenden Monatsersten zulässig.

## 4. Formulierungsbeispiel: Unterhaltsvereinbarung und Abänderbarkeit (Variante IV)

Ob und inwieweit einschränkende oder erweiternde Modifizierungen im Übrigen angezeigt sind, ist Frage des Einzelfalles. Eine Änderung unterhaltsrechtlicher Leitlinien beispielsweise rechtfertigt im Zweifel schon ein Abänderungsverlangen.[71] Sinnvoll kann etwa eine Konkretisierung der Abänderungskriterien sein, z.B.:

▼

Eine Abänderung gemäß § 323 ZPO wegen einer Änderung der wirtschaftlichen Verhältnisse des Unterhaltspflichtigen ist ausgeschlossen.

*(Alternativ:)*

Eine Abänderung gemäß § 323 ZPO wegen einer Änderung der wirtschaftlichen Verhältnisse des Unterhaltspflichtigen ist nur zulässig, wenn der gemäß vorstehender Berechnung ihm verbleibende Selbstbehalt 1.500 EUR monatlich unterschreitet.

*(Alternativ:)*

Eine Abänderung gemäß § 323 ZPO wegen einer Änderung der wirtschaftlichen Verhältnisse des Unterhaltspflichtigen ist frühestens zulässig nach Ablauf von fünf Jahren ab Rechtskraft der Scheidung der Ehe.

*(Alternativ:)*

Eine Abänderung vorstehender Unterhaltsleistungen gemäß § 323 ZPO wegen Veränderung der wirtschaftlichen Verhältnisse des Unterhaltsberechtigten ist (auf die Dauer von fünf Jahren ab Rechtskraft der Scheidung) ausgeschlossen, es sei denn, dass der Unterhaltsberechtigte eine neue Ehe eingeht.

*(Alternativ:)*

Eine Abänderung vorstehender Unterhaltsleistungen gemäß § 323 ZPO wegen Veränderung der wirtschaftlichen Verhältnisse des Unterhaltsbe-

---

[71] BGH FamRZ 1995, 146.

rechtigten ist ausgeschlossen, soweit sie zu einer Erhöhung (*oder:* Verringerung) des Unterhalts führt.

*(Alternativ:)*

Eine Abänderung gemäß § 323 ZPO wegen einer Änderung der wirtschaftlichen Verhältnisse des Unterhaltspflichtigen ist ausgeschlossen, soweit sie zu einer Erhöhung (*oder:* Verringerung) des Unterhalts führt.

*(Alternativ:)*

Eine Abänderung gemäß § 323 ZPO ist ausgeschlossen, soweit sie zu einer Erhöhung (*alternativ:* Verringerung) des Unterhalts führt.

*(Alternativ:)*

Eine Abänderung der Unterhaltsleistungen ist ausgeschlossen bei Änderungen der Düsseldorfer Tabelle vor Ablauf von fünf Jahren ab heute.

### 5. Formulierungsbeispiel: Unterhaltsvereinbarung und Zusatzbegehren

88 Ein Abänderungsbegehren ist abzugrenzen von einem Zusatzbegehren. Regelt die Vereinbarung nur Teilleistungen – etwa vergleichbar einer Teilklage – wurde z.b. der Vorsorgeunterhalt bewusst ausgeklammert, wäre unabhängig von der Änderung der Verhältnisse eine Zusatzklage denkbar. Gegen eine solche Teilregelung spricht jedoch eine tatsächliche Vermutung, die in der Vereinbarung ausgeräumt werden müsste.[72]

89 Ein Anspruch auf Pflegevorsorgeunterhalt bleibt späterer Geltendmachung vorbehalten.

---

72 BGH NJW 1985, 1701; *Gottwald*, FamRZ 1992, 1374, 1376.

## III. Wertsicherungsklauseln

### 1. Rechtliche Grundlagen

Es ist Frage des Einzelfalles, ob und inwieweit bezüglich der Abänderungsmöglichkeiten auf die **Geldwertentwicklung** Rücksicht genommen werden soll. Abänderung gemäß § 323 ZPO und Wertsicherungsvereinbarung schließen sich nicht grundsätzlich aus, das Verhältnis sollte allerdings klar geregelt sein. Bei schuldumschaffenden Vereinbarungen, die die gesetzlichen Unterhaltstatbestände vollkommen verlassen, bedarf es einer ausdrücklichen Wertsicherungsvereinbarung, da § 323 ZPO nicht gilt. Im Übrigen ist das Verhältnis in der Vereinbarung zu klären, wobei bei Ausgestaltung der gesetzlichen Unterhaltspflicht meist im Sinne der Homogenität der Regelung die Abänderung über § 323 ZPO offen bleiben sollte. Diese kann aber ihrerseits Elemente einer Wertsicherungsklausel enthalten.

90

### 2. Formulierungsbeispiel: Unterhaltsvereinbarung und Wertsicherung (Variante I)

▼

Vorstehende Unterhaltsvereinbarung unterliegt der Abänderung gemäß § 323 ZPO, sofern sich der vom Statistischen Bundesamt festgestellte monatliche Verbraucherpreisindex für Deutschland (Basis 2000 = 100) im Vergleich zur für den Monat ▓▓▓ festgestellten Indexzahl um mehr als fünf Prozent geändert hat. Ist eine Neufestsetzung gemäß § 323 ZPO erfolgt, gilt vorstehende Regelung für eine spätere Neufestsetzung mit der Maßgabe, dass als Ausgangszahl die für den Monat der Rechtskraft der Abänderungsentscheidung festgestellte Indexzahl gilt.

91

*(Alternativ:)*

Eine Abänderung der vorstehenden Unterhaltsvereinbarung gemäß § 323 ZPO ist nur möglich, wenn sich die auf der Seite des Unterhaltspflichtigen zugrunde zu legenden Einkünfte von der Entwicklung des vom Statistischen Bundesamt festgestellten monatlichen Verbraucherpreisindex für Deutschland (Basis 2000 = 100) erheblich abweichend entwickeln. Eine erhebliche Abweichung liegt vor, wenn der Prozentsatz der Änderung der Einkünfte von der prozentualen Änderung des Indexes um mehr als zehn Prozent abweicht.

92 Derartige Vereinbarungen sind keine Wertsicherungsklauseln und deshalb auch **nicht genehmigungspflichtig**. Bei echten Wertsicherungsklauseln kommt eine Genehmigung nach § 3 Preisklauselverordnung in Betracht, soweit eine Unterhaltsvereinbarung vom gesetzlichen Unterhaltsanspruch abweicht.[73] Ein entsprechendes Attest des Bundesamtes für Wirtschaft sollte deshalb grundsätzlich eingeholt werden.

### 3. Formulierungsbeispiel: Unterhaltsvereinbarung und Wertsicherung (Variante II)

93 Die Beteiligten vereinbaren, dass sich die vorstehend festgesetzten Unterhaltsleistungen um denselben Prozentsatz erhöhen oder ermäßigen, um den der vom Statistischen Bundesamt festgestellte monatliche Verbraucherpreisindex für Deutschland (Basis 2000 = 100) von dem gleichen Index für den Monat ▬ abweicht.

Eine Abänderung findet jedoch nicht statt, wenn sich der Zahlbetrag nicht um mindestens 5 % verändert. Ist eine Änderung erfolgt, erfolgt eine weitere Änderung ebenfalls erst, wenn die Erhöhung oder Ermäßigung des Zahlbetrages mindestens 5 % ausmachen würde.

Die Unterhaltsleistung in der neu festgesetzten Höhe ist erstmals fällig zum 1. des auf den Monat, in dem die erforderliche Abweichung erstmals festgestellt wurde, folgenden dritten Monats.

---

73 Vgl. *Göppinger/Wax*, a.a.O. Rn 294.

Zu vorstehender Vereinbarung ist die Genehmigung gemäß § 3 Preisklauselverordnung erforderlich, mit deren Einholung der amtierende Notar beauftragt wird. Sollte vorstehende Vereinbarung nicht genehmigungsfähig sein, tritt an ihre Stelle die Verpflichtung der Beteiligten, auf der Grundlage vorstehender Vereinbarung zum betreffenden Zeitpunkt über eine Neufestsetzung des Unterhalts eine Vereinbarung herbeizuführen.

Jegliche Abänderung vorstehender Vereinbarung auf anderer rechtlicher Grundlage, insbesondere § 323 ZPO, ist ausgeschlossen.

Nicht genehmigungspflichtig ist eine **Spannungsklausel**, d.h. eine Anpassungsvereinbarung, die als Bezugsgröße für die Anpassung einen gleichartigen Wertmesser vorsieht, z.B. die Entwicklung eines bestimmten Beamtengehaltes oder eines Durchschnittsgehaltes einer bestimmten Angestelltengruppe. 94

### IV. Auskunftsanspruch

#### 1. Rechtliche Grundlagen

Ein Abänderungsbegehren ist nur bei Kenntnis der Anspruchsvoraussetzungen möglich. Deshalb besteht gemäß §§ 1580, 1605 BGB ein Auskunftsanspruch, der ebenfalls genauer geregelt werden kann. Insbesondere ist bei schuldumschaffenden Unterhaltsvereinbarungen eine Regelung erforderlich. 95

#### 2. Formulierungsbeispiel: Auskunftsanspruch

Der Unterhaltspflichtige ist verpflichtet, bis spätestens 1.3. eines jeden Jahres über seine Einkünfte und den Stand und die Entwicklung seines 96

## § 20 Nachehelicher Unterhalt

Vermögens Auskunft zu erteilen. Er bevollmächtigt hiermit unwiderruflich den Unterhaltsberechtigten, bei allen Stellen, insbesondere Arbeitgebern und Finanzämtern, die erforderlichen Auskünfte selbst einzuholen und alle Unterlagen einzusehen.

*(Alternativ:)*

Der Auskunftsanspruch des Unterhaltsberechtigten gemäß §§ 1580, 1605 BGB wird insoweit beschränkt, als lediglich die Vorlage von Steuerbescheiden verlangt werden kann. Liegt ein entsprechender Bescheid für das abgelaufenen Kalenderjahr bis zum 1.3. des Folgejahres nicht vor, genügt zunächst eine von einem Angehörigen der rechts- und steuerberatenden Berufe ausgestellte Bescheinigung über die voraussichtliche Veranlagung.

*(Alternativ:)*

Der Unterhaltsberechtigte kann vom Unterhaltspflichtigen nur Auskünfte über Einkommen aus nichtselbständiger Arbeit verlangen. Weitergehende Auskunftsansprüche werden ausgeschlossen.

# § 21 Kindesunterhalt

## A. Rechtliche Grundlagen

Kindesunterhalt wird meist abhängig vom Sorgerecht geregelt. Es ist nur 1
eine Ausgestaltung des gesetzlichen Unterhalts möglich, § 1614 BGB.
Soll das Kind ausnahmsweise Vertragspartner sein, ist die Bestellung
eines Pflegers erforderlich. Üblicherweise wird ein **Vertrag zugunsten
Dritter**, nämlich zugunsten des Kindes, zwischen den scheidungsbeteiligten Eltern geschlossen. Im anderen Fall ist anders als im Gerichtsvergleich eine offene Stellvertretung durch den nach § 1629 Abs. 2 BGB legitimierten Elternteil erforderlich.[1] Inhaltlich gelten die **Ausgestaltungsmöglichkeiten wie beim Ehegattenunterhalt**, soweit die Vereinbarung den gesetzlich geschuldeten Unterhalt nicht unterschreitet. Es gelten folgende Besonderheiten:

- Um Teilnichtigkeit zu vermeiden, sollte stets aufgenommen werden, dass mindestens der gesetzliche Unterhalt geschuldet wird.
- Abänderungsbeschränkungen bei Vereinbarung zugunsten minderjähriger Kinder (§§ 1612a BGB, 323 ZPO) sind nicht zulässig, wohl eine Konkretisierung, Vereinfachung oder günstigere Gestaltung des Verfahrens.
- Meist empfiehlt sich eine Kopplung an das Sorgerecht.

Regelungen sind üblicherweise zu folgenden weiteren Punkten zu emp- 2
fehlen:

- Wer erhält das Kindergeld, wie wird es auf Unterhaltsleistungen angerechnet? Seit dem 1.1.2001 bekommt die unterhaltspflichtige Person nur dann das halbe Kindergeld, wenn sie 35 % mehr als den bisherigen Regelunterhalt nach der Düsseldorfer Tabelle bezahlt.

---

1 *Soergel – Strätz*, § 1629 BGB Rn 44.

## § 21 Kindesunterhalt

- Wem kommen Kinderfreibetrag und Ausbildungsfreibetrag steuerlich zugute? Diesem Ehegatten kommt insbesondere auch der Haushaltsfreibetrag für dauernd Getrenntlebende gemäß §§ 31 Satz 1, 32 EStG zugute.
- Wer versichert das unterhaltsberechtigte Kind gegen Krankheit (bei Pflichtversicherung tritt die Kasse des sorgeberechtigten Elternteils ein), wer trägt die Kosten der Grund- und einer eventuellen Zusatzversicherung?
- Wem steht der **Zählkindervorteil** zu?

3 Der so genannte Zählkindervorteil entsteht, wenn auf einer Seite weitere Kinder vorhanden sind, dadurch, dass bei der Berechnung des Kindergeldes für weitere Kinder höhere Beträge angesetzt werden. Das Kindergeld selbst ist im Zweifel aufgrund der gesetzlichen Gleichwertigkeit der Unterhaltspflichten der Eltern zur Hälfte auf die Unterhaltsverpflichtung anzurechnen.[2] Der Zählkindervorteil soll hingegen dem jeweils begünstigten Elternteil voll verbleiben.[3] Abweichende Vereinbarungen sind möglich.

Weitere Formulierungsbeispiele für Vereinbarungen zum Kindesunterhalt finden sich in *Börger/Bosch/Heuschmid*, AnwaltFormulare Familienrecht, 2. Aufl. 2002, § 3 Rn 530 ff.

### B. Formulierungsbeispiele: Kindesunterhalt

### I. Formulierungsbeispiel: Einseitige Unterhaltsverpflichtung

4 Eine Unterhaltsverpflichtung ist nahe liegend, wenn ein Ehegatte sich überwiegend um ein oder mehrere gemeinsame Kinder kümmert und der andere Ehegatte nur in engen Grenzen von seinem Umgangsrecht Gebrauch macht. Eine solche Regelung sollte neben den Beträgen, die für

---

[2] BGH FamRZ 1984, 374.
[3] BGH FamRZ 1984, 1000; AnwK-BGB/*Saathoff*, § 1612b Rn 12.

## Kindesunterhalt § 21

jedes Kind gezahlt werden sollen, regeln, wem das Kindergeld zustehen soll.

▼

Die Beteiligten vereinbaren, dass bezüglich der beiden minderjährigen 5
Kinder ▒▒▒▒, geboren am ▒▒▒▒, und ▒▒▒▒, geboren am ▒▒▒▒, dem Familiengericht ein gemeinsamer Sorgerechtsvorschlag unterbreitet werden soll, demzufolge die Beteiligte zu 2. das alleinige Sorgerecht übertragen erhält. Nachfolgende Vereinbarung steht unter der auflösenden Bedingung, dass dieses Sorgerecht der Berechtigten nicht mehr zusteht, sei es auch nur im Hinblick auf eines der genannten Kinder.

Der Beteiligte zu 1. verpflichtet sich, für jedes Kind eine monatlich im Voraus zu entrichtende Unterhaltsrente von je ▒▒▒▒ EUR, beginnend mit dem 1. des kommenden Monats, zu Händen der Beteiligten zu 2. zu zahlen. Die Kinder sollen hierdurch unmittelbar begünstigt werden und den Anspruch gegen den Beteiligten zu 1. geltend machen können. Mindestens wird jedoch der gesetzliche Unterhalt geschuldet.

Vorstehende Beträge werden zum 1.1. eines jeden Jahres um 6 % erhöht, erstmals zum 1.1. ▒▒▒▒.

Das dem Beteiligten zu 1. gewährte Kindergeld für die genannten Kinder verbleibt diesem.

*(Alternativ:)* Das dem Beteiligten zu 1. gewährte Kindergeld ist neben dem vereinbarten Unterhalt zur Hälfte zu Händen der Beteiligten zu 2. zu zahlen.

Der Zählkindervorteil verbleibt dem Beteiligten zu 1. alleine.

Die Beteiligte zu 2. stimmt gegenüber der Finanzverwaltung einem Antrag des Beteiligten zu 1. auf Übertragung

a) des Kinderfreibetrages gemäß §§ 31 Satz 1, 32 EStG
b) eines eventuellen Ausbildungsfreibetrages gemäß § 33a Abs. 2 EStG

für alle vorgenannten Kinder und für alle künftigen Veranlagungszeiträume in voller Höhe der Freibeträge hiermit unwiderruflich zu. Ihr ist bekannt, dass die Übertragung des Kinderfreibetrages auch von Gesetzes wegen unwiderruflich ist. Die Beteiligte zu 2. verpflichtet sich zur Wiederholung dieser Zustimmungserklärung für jeden künftigen Veranlagungszeitraum, wenn und soweit seitens der Finanzverwaltung eine gesonderte Erklärung verlangt werden sollte. Der Beteiligte zu 1. verpflichtet sich, der Beteiligten zu 2. hierdurch entstehende Steuernachteile zusätzlich zu vorstehenden Unterhaltsleistungen mit diesen zusammen monatlich zu erstatten. Der Erstattungsbetrag beträgt zurzeit 182,70 EUR monatlich. Solange diese Erstattung erfolgt, stimmt die Beteiligte zu 2. dem Nebenwohnsitz des Kindes und dessen steuerlicher Zuordnung beim Beteiligten zu 1. zu. Wegen aller vorstehenden Zahlungsverpflichtungen unterwirft sich der Beteiligte zu 1. den Berechtigten sowie der Beteiligten zu 2. gegenüber der sofortigen Zwangsvollstreckung aus dieser Urkunde in sein gesamtes Vermögen. Den Berechtigten – zu Händen der Beteiligten zu 2. – soll auf Anforderung jederzeit eine vollstreckbare Ausfertigung dieser Urkunde erteilt werden können, und zwar in der Weise, dass auch behauptete Unterhaltsrückstände für das im Zeitpunkt des Antrags laufende und das vorangegangene Kalenderjahr vollstreckbar gestellt werden können, einschließlich eventuell aufgrund der Vereinbarung zwischenzeitlich eingetretener Erhöhungen. Eine Umkehr der Beweislast zu Lasten des Beteiligten zu 1. ist mit dieser Vereinbarung nicht verbunden.

▲

## II. Formulierungsbeispiel: Geteilte Unterhaltsverpflichtung

6 Tatsächlich gibt es zahlreiche Fälle, in denen geschiedene Ehegatten sich die Betreuung der gemeinsamen Kinder teilen und die Kinder in der Regel bei jedem Elternteil mehrere Tage in der Woche verbringen. Dieser Entwicklung entsprach die Gesetzesänderung, derzufolge die elterliche Sorge im Fall der Scheidung nicht mehr grundsätzlich einem Ehegatten allein übertragen werden sollte. Sie wird in der Literatur befürwortet.[4] Teilen sich die Eltern tatsächlich die Betreuung der Kinder, ist es nahe liegend,

---

4 *Bergschneider*, Verträge in Familiensachen, Rn 195.

dass sie sich auch die Gewährung des Barunterhalts teilen; beide Elternteile tragen in diesem Fall die Kosten der Verpflegung der Kinder und halten Wohnraum für die Kinder vor. Diese Überlegung hat in Rechtsprechung und Literatur aber bisher nur in engen Grenzen zu entsprechenden Folgen geführt.[5] Erwägenswert ist in derartigen Fällen aber die Berücksichtigung der geteilten Betreuungskosten bei der Lastentragung des Barunterhalts.

▼

Die Beteiligten vereinbaren, dass bezüglich der beiden minderjährigen Kinder ▆▆▆, geboren am ▆▆▆, und ▆▆▆, geboren am ▆▆▆, beide Ehegatten ihre Kinder betreuen. Die Ehegatten sind sich insoweit einig, dass die Ehefrau die Kinder während fünf Tagen in der Woche betreuen soll, während der Ehemann die Kinder während zwei Tagen in der Woche betreuen soll. Die Ehegatten werden alles tun, um eine reibungslose Betreuung ihrer Kinder sicher zu stellen.

Vor diesem Hintergrund vereinbaren die Ehegatten, dass der Barunterhalt von beiden Ehegatten geleistet werden soll.

Der Ehemann verpflichtet sich, für jedes Kind eine monatlich im Voraus zu entrichtende Unterhaltsrente in Höhe von 6/7 des nach Düsseldorfer Tabelle geschuldeten Unterhalts zu zahlen, dies sind zurzeit ▆▆▆ EUR je Kind. Die Zahlungen sind zu leisten, beginnend mit dem 1. des kommenden Monats, zu Händen der Ehefrau. Die Kinder sollen hierdurch unmittelbar begünstigt werden und den Anspruch gegen den Beteiligten zu 1. geltend machen können. Im Innenverhältnis ist im Übrigen die Ehefrau zur Erbringung des restlichen Barunterhalts verantwortlich.

Aus dem Barunterhalt, den der Ehemann zu Händen seiner Ehefrau leistet, sind Kleidung und Reisen der Kinder zu finanzieren. Andere außerordentliche Ausgaben werden die Ehegatten gemeinsam finanzieren, wobei

---

5 OLG Hamm FamRZ 1994, 529: Kürzung des Barunterhalts bei umfangreicher Betreuung des Kindes durch nichtsorgeberechtigten Elternteil; BGH FamRZ 1995, 125; *Bergschneider*, Verträge in Familiensachen, Rn 277 f.

## § 21 Kindesunterhalt

der Ehemann 5/7 der Kosten und die Ehefrau 2/7 der Kosten zu tragen hat.

Das der Ehefrau gewährte Kindergeld für die genannten Kinder soll ihr verbleiben.

# § 22 Steuerfragen

## A. Rechtliche Grundlagen

Geschiedenen- oder Getrenntlebensunterhalt ist einkommensteuerrechtlich nur aufgrund eines so genannten Realsplittings gemäß § 10 Abs. 1 Nr. 1 EStG als Sonderausgabe abzugsfähig, sofern der Empfänger der Versteuerung als Einkünfte zustimmt.[1] Die entsprechende Zustimmung kann auch gleich für mehrere Jahre erteilt werden. Voraussetzung für eine Verpflichtung zur Zustimmung ist, dass der Empfänger von steuerlichen sowie im Einzelfall substantiiert vorgetragenen sonstigen Nachteilen freigestellt wird und ihm bei begründeter Besorgnis eine entsprechende Sicherheit geleistet wird.[2] Im Übrigen ist eine Berücksichtigung als außergewöhnliche Belastung im Rahmen des § 33a Abs. 1 EStG zu prüfen.

1

Handelt es sich bei der Vereinbarung nicht um eine Ausgestaltung der gesetzlichen Unterhaltspflicht, sondern um eine Schuldumschaffung mit Abfindungscharakter, bei der der Eingehung der Zahlungsverpflichtung eine Gegenleistung gegenübersteht, die auch zwischen Fremden hätte vereinbart werden können, so gelten die allgemeinen steuerlichen Grundsätze. Insbesondere bei Rentenzahlungsverpflichtungen ist dann zu beurteilen, ob für die Beteiligten die Behandlung als Rente gemäß § 22 Abs. 1 EStG oder als dauernde Last gemäß § 10 Abs. 1 Nr. 1 EStG günstiger ist. Eine Rente ist nur mit ihrem Ertragsanteil abziehbar und auf der Gegenseite zu versteuern. Sie muss mindestens zehn Jahre Laufzeit aufweisen und kann wertgesichert sein. Eine dauernde Last ist im Rahmen des § 10

2

---

1 Zur Frage, unter welchen Vorausetzungen ein Ehegatte verpflichtet ist, dem Antrag des anderen auf gemeinsame Veranlagung zur Einkommensteuer zuzustimmen, wenn in dem betreffenden Veranlagungszeitraum die eheliche Lebensgemeinschaft noch bestand, s. BGH NJW 2002, 2319.
2 BGH FamRZ 1985, 1232.

EStG voll abziehbar und auf der Gegenseite voll zu versteuern. Maßgebliches Unterscheidungskriterium ist, dass bei einer dauernden Last die Abhängigkeit der Zahlungspflicht von Unterhaltsbedürftigkeit des Berechtigten und Leistungsfähigkeit des Verpflichteten erhalten bleiben muss, insbesondere die Abänderbarkeit nach § 323 ZPO.[3]

## B. Gestaltungsmöglichkeiten

### I. Formulierungsbeispiel: Zustimmung zum Realsplitting

3 Die Beteiligte zu 2. verpflichtet sich in Ansehung sämtlicher vorstehend vereinbarter Zahlungsverpflichtungen, für die Dauer der Unterhaltsleistung auf Verlangen des Pflichtigen im Januar eines Jahres für das Vorjahr die nach § 10 Abs. 1 Nr. 1 EStG erforderliche Zustimmung zum begrenzten Realsplitting zu erteilen. Der Beteiligte zu 1. verpflichtet sich, die Ehefrau von ihr entstehenden Steuernachteilen sowie sonst konkret nachgewiesenen Nachteilen infolge der Zustimmung freizustellen. Steuervorteile stehen dem Beteiligten zu 1. zu. Der Ausgleichsbetrag ist an die Beteiligte zu 2. binnen zwei Wochen ab Vorliegen ihres Steuerbescheides zu zahlen. Auf Verlangen hat der Beteiligte zu 1. in Höhe des für jedes Jahr zu erwartenden Nachteils zum Jahresbeginn Sicherheit zu leisten, was die Beteiligte zur Voraussetzung für die Zustimmungserklärung machen kann.

---

3 BFH BStBl 1974 II, 103.

## II. Formulierungsbeispiel: Unterhalt und dauernde Last

Als Gegenleistung für die vorstehende Übertragung des Miteigentumsanteils verpflichtet sich der Beteiligte zu 2., einen monatlichen Unterhalt von ▪▪▪▪ EUR zu zahlen, zahlbar ab dem 1. des folgenden Monats zum 1. eines Monats im Voraus. Die Leistungen sollen steuerlich als dauernde Last berücksichtigt werden können und unterliegen deshalb bei wesentlicher Änderung der Verhältnisse der Abänderbarkeit gemäß § 323 ZPO. Sollte diese steuerliche Behandlung von den Finanzbehörden nicht anerkannt werden, verpflichten sich die Beteiligten zur Änderung der Vereinbarung in der Weise, dass der angestrebte wirtschaftliche Zweck bestmöglich erreicht wird.

# § 23 Auslandsberührung, deutsch-deutsche Fragen

## A. Auslandsberührung

In Fällen mit Auslandsberührung gilt als allgemeine Regel **Art. 18 Abs. 1 EGBGB**. Danach sind die Vorschriften des Rechtes des **gewöhnlichen Aufenthalts des Unterhaltsberechtigten** maßgeblich; kann er danach keinen Unterhalt verlangen, gilt das Recht einer gemeinsamen Staatsangehörigkeit. Kann danach ebenfalls kein Unterhalt verlangt werden, gilt hilfsweise deutsches Recht, Art. 18 Abs. 2 EGBGB.

Ferner gilt nach Art. 18 Abs. 4 EGBGB deutsches Recht, wenn eine Ehescheidung in Deutschland ausgesprochen wurde. Schließlich gilt nach Art. 18 Abs. 5 EGBGB für Unterhaltspflichten deutsches Recht, wenn sowohl der Berechtigte als auch der Verpflichtete Deutsche sind und der Verpflichtete seinen gewöhnlichen Aufenthalt im Inland hat.

Bei der Bemessung des Unterhaltsbetrages sind die Bedürfnisse des Berechtigten und die wirtschaftlichen Verhältnisse des Verpflichteten zu berücksichtigen, selbst wenn das anzuwendende Recht etwas anderes bestimmt, Art. 18 Abs. 5 EGBGB.

Das Gesetz ordnet damit in weitreichendem Umfang zu Gunsten des Unterhaltsberechtigten die Anwendung des deutschen Rechts an. Vor diesem Hintergrund erklärt sich, dass Art. 18 EGBGB auf die Eröffnung einer Rechtswahlmöglichkeit verzichtet hat. Die Vereinbarung eines Gerichtsstandes ist ebenfalls nicht möglich.

## B. Deutsch-deutsche Fälle

**5** Nach Anlage I Kapitel III Sachgebiet B Abschnitt II Art. 234 § 5 des Einigungsvertrages gilt für den Unterhaltsanspruch eines Ehegatten, dessen Ehe vor dem Wirksamwerden des Beitritts in der früheren DDR geschieden worden ist, das bisherige Recht. Unterhaltsvereinbarungen bleiben unberührt. Im Übrigen gilt bundesdeutsches Recht sowohl für den Familienunterhalt und den nachehelichen Unterhalt als auch für den Kindesunterhalt (allerdings mit anderen Anpassungsregeln für den Kindesunterhalt). Das „bisherige Recht" in diesem Sinne ist allerdings keineswegs immer früheres DDR-Recht. Bundesdeutsches Recht gilt, wenn der Unterhaltspflichtige vor dem Beitritt seinen gewöhnlichen Aufenthalt im Gebiet der Bundesrepublik Deutschland genommen hatte.[1]

**6** Unterhaltsregelungen enthielten in der DDR §§ 17, 18 FGB für Ehegatten und §§ 19 ff. FGB für Kinder. Allgemeine Voraussetzungen für Unterhaltsansprüche waren auch hier Bedürftigkeit des Berechtigten und Leistungsfähigkeit des Verpflichteten. Das als Grundlage für Unterhaltspflichten erforderliche „Familienrechtsverhältnis" konnte bei Scheidung der Ehe durch „gerichtliche Einigung" oder Entscheidung aufrechterhalten werden. Maßgeblich ist letztlich die vom Scheidungsgericht getroffene Regelung. Gesetzliche Unterhaltsansprüche bestehen nur zugunsten minderjähriger Kinder und zugunsten getrenntlebender Ehegatten.

**7** Unterhaltsvereinbarungen zwischen geschiedenen Ehegatten konnten rechtswirksam nur im Scheidungsverfahren getroffen werden, § 30 Abs. 3 FGB, und nur zwischen Personen, die bereits kraft Gesetzes berechtigt oder verpflichtet waren. Das bedeutet, dass Vereinbarungen lediglich der Konkretisierung der bestehenden Rechtsverhältnisse dienen konnten.[2]

**8** Entsprechend § 323 ZPO gibt § 22 FGB die Möglichkeit, Festlegungen der Unterhaltspflicht (Urteile, Einigung, Vertrag) bei wesentlicher Ver-

---

[1] BGH FamRZ 1994, 160; 1994, 562, bestätigt von BVerfG FamRZ 1994, 1453; BGH FamRZ 1994, 1582 mit Nachweisen der Gegenmeinung.
[2] Hierzu BGH FamRZ 1994, 562.

## Auslandsberührung, deutsch-deutsche Fragen § 23

änderung der Verhältnisse anpassen zu lassen. Im Falle der Ermäßigung können bereits gezahlte Beträge nicht zurückgefordert werden (§ 22 Abs. 3 Satz 2 FGB). Ein spezieller Fall dieser Abänderung ist auch die Feststellung, dass die Unterhaltspflicht beendet ist. Der Unterhaltsanspruch erlischt

- durch Erfüllung,
- bezüglich Forderungen, die länger als ein Jahr vor der Klageerhebung entstanden sind (§ 20 Abs. 2 FGB); diese Regelung gilt jedoch nicht für nachehelichen Unterhalt.
- Allgemein verjähren gerichtlich festgestellte Unterhaltsansprüche innerhalb von vier Jahren, beginnend ab dem auf die Fälligkeit des Betrags folgenden Monatsersten.

Materiell ist Unterhalt üblicherweise zwei Jahre lang ab Scheidung zu zahlen, § 29 Abs. 1 Satz 1 FGB, es sei denn, er wurde unbefristet zugesprochen, etwa wegen hohen Alters. Unterhaltsberechtigung ergibt sich bei Krankheit, Erziehung von Kindern oder aus anderen Gründen, soweit er „unter Berücksichtigung der Lebensverhältnisse, der Entwicklung der Ehe und der Umstände, die zur Scheidung geführt haben, gerechtfertigt erscheint", § 29 Abs. 1 FGB. Mindestens wird ein Jahr Ehedauer vorausgesetzt. Im gewissen Umfang gilt also ein Schuldprinzip. Findet wegen Übersiedlung in das Bundesgebiet bundesdeutsches Recht Anwendung (s.o.), so bleibt zwar für die Bemessung des Unterhalts nach § 1578 Abs. 1 BGB maßgeblich, wie sich die ehelichen Lebensverhältnisse bei Scheidung darstellten. Sie sind jedoch hypothetisch auf die bundesdeutschen Verhältnisse zu projizieren, da die Lebensumstände des Aufenthaltslandes entscheiden. Der wiedervereinigungsbedingte Einkommensanstieg ist daher zu berücksichtigen.[3] 9

Eine allgemeine Möglichkeit, vertraglich den Unterhalt zu regeln, sah das FGB nicht vor. Da seine Fortgeltung für Altfälle angeordnet ist, ist die Befugnis zu vertraglichen Vereinbarungen zweifelhaft. Folgt man 10

---

3 BGH FamRZ 1995, 473.

## § 23 Auslandsberührung, deutsch-deutsche Fragen

dem Grundsatz, dass Unterhaltsregelungen – soweit sie zwingend sind – den Unterhaltsberechtigten und mittelbar den Staat vor Inanspruchnahme schützen sollen, dürften Vereinbarungen trotz der Fortgeltung des ehemaligen DDR-Rechts zulässig sein, soweit sie Unterhaltsansprüche zugunsten des Unterhaltsberechtigten ausgestalten oder begründen. Ferner sind Regelungen zulässig, die getroffene Unterhaltsregelungen bei wesentlicher Änderung der Verhältnisse diesen Änderungen anpassen, weil zu einer klageweisen Geltendmachung dann, wenn bereits eine einvernehmliche Regelung mit Vollstreckungsunterwerfung getroffen wurde, das Rechtsschutzbedürfnis fehlt. Insoweit gelten die Überlegungen zur Möglichkeit der vertraglichen Ausgestaltung gesetzlicher Unterhaltsansprüche auf Familien- und Getrenntlebensunterhalt nach BGB entsprechend.

11  Die gerichtliche Einigung im Sinne von § 30 Abs. 3 FBG steht einem Prozessvergleich gemäß § 794 Abs. 1 Nr. 1 ZPO gleich, so dass die Abänderungsmöglichkeit gemäß § 323 Abs. 4 ZPO i.V.m. mit § 242 BGB – Wegfall der Geschäftsgrundlage (jetzt wohl § 313 BGB) – besteht.[4] Über die durch den Beitritt bewirkte allgemeine Rechtsänderung hinaus bedarf es jedoch des Nachweises einer erheblichen konkreten Änderung der maßgeblichen Verhältnisse. Aus diesen Grundsätzen lässt sich umgekehrt die Möglichkeit zu einer die Abänderbarkeit beschränkenden Vereinbarung ableiten.

---

4  BGH FamRZ 1994, 562, 563.

Auslandsberührung, deutsch-deutsche Fragen § 23

## C. Formulierungsbeispiel: Fortgeltung von Unterhaltsvereinbarungen nach FGB

▼

Die Beteiligten bestätigen die vor dem Stadtbezirksgericht ▨ am 12 ▨ getroffene Einigung über Unterhaltsansprüche und vereinbaren, dass diese auch für die Zukunft keinerlei Abänderbarkeit – gleich auf welcher rechtlichen Grundlage – unterliegen soll.

▲

§ 24

# Teil VI: Weitere Scheidungsvereinbarungen

## § 24 Regelungsgegenstände weiterer Scheidungsvereinbarungen

Im Fall einer bevorstehenden Scheidung treten neben die Vereinbarungen bezüglich nachehelichen Unterhalts, Versorgungsausgleichs und Zugewinnausgleichs, die in den vorstehenden Kapiteln neben den vorsorgenden Vereinbarungen erörtert wurden, weitere Regelungsbereiche wie die **elterliche Sorge**, das **Umgangsrecht**, die **Verteilung des Hausrates** und die Regelung betreffend die **Ehewohnung**. Bedeutung erlangen die genannten Regelungsbereiche insbesondere im Rahmen der einverständlichen Scheidung. 1

Gemäß § 630 Abs. 1 ZPO setzt eine **einverständliche Scheidung** voraus, dass die Ehegatten bei Stellung des Antrags auf Scheidung eine Einigung vorlegen, die u.a. enthält 2

- entweder eine übereinstimmende Erklärung der Ehegatten, dass Anträge zur Übertragung der elterlichen Sorge nicht gestellt werden, weil sich die Eltern über das Fortbestehen der Sorge und über den Umgang einig sind, oder, soweit eine gerichtliche Regelung erfolgen soll, die entsprechenden Anträge und die Zustimmung des anderen Ehegatten hierzu;
- eine Regelung bezüglich der Rechtsverhältnisse an der Ehewohnung und am Hausrat;
- die Einigung der Ehegatten über die Regelung der Unterhaltspflicht gegenüber einem Kind und den nachehelichen Unterhalt.

# § 25 Elterliche Sorge und Umgangsrecht

## A. Elterliche Sorge

### I. Rechtliche Grundlagen

Grundsätzlich bleibt es auch nach Scheidung bei der gemeinsamen elterlichen Sorge. Nach der Trennung und im Scheidungsverfahren kann aber ein Elternteil den Antrag stellen, ihm die elterliche Sorge ganz oder teilweise zu übertragen. Gemäß § 1687 BGB hat der Elternteil, in dessen Obhut sich das Kind befindet, ein alleiniges Entscheidungsrecht in Angelegenheiten des täglichen Lebens. 1

Bleibt es nach Scheidung bei der gemeinsamen elterlichen Sorge, so ist eine Vereinbarung erwägenswert, durch die die Ausübung der gemeinsamen elterlichen Sorge konkretisiert wird, um Streitigkeiten insoweit auszuschließen.[1] 2

### II. Gestaltungsmöglichkeiten

#### 1. Formulierungsbeispiel: Gemeinsame elterliche Sorge (Variante I)

▼

Hinsichtlich der elterlichen Sorge sind sich die Erschienenen einig, dass diese auch nach Scheidung ihrer Ehe gemeinsam wahrgenommen werden soll. Die Kinder ▬▬▬ und ▬▬▬ sollen bei der Mutter leben und von dieser betreut werden. 3

▲

---

[1] Vgl. insgesamt *Oelkers*, Sorge- und Umgangsrecht in der Praxis, 2. Auflage 2004.

## § 25 Elterliche Sorge und Umgangsrecht

### 2. Formulierungsbeispiel: Gemeinsame elterliche Sorge (Variante II)

4 Hinsichtlich der elterlichen Sorge sind sich die Erschienenen einig, dass diese auch nach Scheidung ihrer Ehe gemeinsam wahrgenommen werden soll. Im Einzelnen vereinbaren sie Folgendes: Die Kinder ▬▬ und ▬▬ sollen im Wechsel jeweils zwei Wochen bei ihrer Mutter und ihrem Vater leben. Der Elternteil, bei dem die Kinder jeweils leben, ist für ihre Betreuung verantwortlich und hat die Kosten für Wohnung und Verpflegung während der Betreuungszeiten zu tragen. Darüber hinausgehende Unterhaltskosten teilen die Eltern zu gleichen Teilen unter sich. Die gesetzlichen Ansprüche der Kinder gegen ihre Eltern werden von dieser Vereinbarung nicht berührt.

### 3. Formulierungsbeispiel: Übertragung der elterlichen Sorge auf einen Elternteil im Rahmen einer Scheidungsvereinbarung

5 Soll die elterliche Sorge einem Elternteil übertragen werden, können die Ehegatten dies in einer Scheidungsvereinbarung festlegen.

6 Die Erschienenen sind sich einig, dass im Rahmen der Scheidung der Ehefrau die alleinige elterliche Sorge für die gemeinsamen Kinder ▬▬ und ▬▬ übertragen werden soll. Die Ehefrau wird einen entsprechenden Antrag beim Familiengericht stellen. Der Ehemann stimmt diesem Antrag bereits jetzt zu.

## B. Umgangsrecht

### I. Rechtliche Grundlagen

Durch das Kindschaftsrechtsreformgesetz von 1998 wurde das Umgangsrecht als **Recht des Kindes** eingeführt, § 1684 Abs. 1 Hs. 1 BGB. Gemäß § 1684 Abs. 1 Hs. 2 BGB ist daneben jeder Elternteil zum Umgang mit dem eigenen Kind verpflichtet und berechtigt. Eine konkrete Regelung des Umgangsrechts kann dazu beitragen, Streitigkeiten zu vermeiden, die andernfalls nicht selten zu Lasten des Kindes ausgetragen werden. Regelungsbedürftig sind insbesondere Besuchsdauer und Besuchstage, Besuchsabstände, Modalitäten des Abholens bzw. Bringens, Ferien, Umgang mit persönlichen Festtagen. Erwägenswert ist auch eine Regelung hinsichtlich des Umgangsrechts der Großeltern, das durch das Kindschaftsrechtsreformgesetz eingeführt wurde.

Eine Umgangsregelung ist sowohl sinnvoll, wenn die elterliche Sorge gemeinsam wahrgenommen wird, als auch, wenn sie einem Elternteil übertragen wird. Im letzteren Fall entscheidet das Familiengericht auf Antrag über die Ausgestaltung des Umgangsrechts, während es im zuerst genannten Fall keine Regelungskompetenz hat.

### II. Formulierungsbeispiel: Umgangsregelung

▼

Hinsichtlich des Umgangsrechts des Kindes ▬ vereinbaren die Ehegatten Folgendes:

Das Kind ▬ soll jedes zweite Wochenende bei seinem Vater verbringen. Es ist von seiner Mutter freitags um 18:00 Uhr zu seinem Vater zu bringen. Dieser hat das Kind sonntags um 18:00 Uhr zu seiner Mutter zurückzubringen. Die ersten drei Wochen der Sommerferien soll das Kind mit seinem Vater verbringen, soweit die Eltern nicht einvernehmlich eine andere Regelung treffen. Den Geburtstag soll das Kind im jährlichen Wechsel bei seinem Vater und seiner Mutter verbringen. Den 2. Weihnachtstag soll das Kind bei seinem Vater verbringen. Entfallen Besuchszeiten aufgrund Krankheiten des Kindes oder des Vaters, sollen diese zeitnah nachgeholt werden. Die Regelung über den Kindesunterhalt wird durch die Wahrnehmung des Umgangsrechts nicht berührt.

*(Bei Antrag auf Übertragung der elterlichen Sorge:)* Die Ehefrau wird einen entsprechenden Antrag zur Regelung des Umgangsrechts beim Familiengericht stellen. Der Ehemann stimmt dieser Regelung bereits jetzt zu.

### C. Formulierungsbeispiel: Kosten für die Wahrnehmung des Umgangsrechts

**10** Nach einer Scheidung oder im Zusammenhang mit einer Scheidung geht ein Ehepartner nicht selten eine neue Beziehung ein. Die neue Beziehung ist nicht selten Anlass für einen Umzug. Dem Ehegatten, bei dem die gemeinsamen Kinder nicht wohnen, erschwert dies regelmäßig die Wahrnehmung seines Umgangsrechts. Die finanzielle Mehrbelastung, die aus Reisekosten und ggf. Übernachtungskosten für den umgangsberechtigten Ehegatten resultieren, vereiteln in der Praxis mitunter die Wahrnehmung des elterlichen Umgangsrechts. Dies widerspricht den Interessen der Kinder. Vor diesem Hintergrund scheint es ratsam, vertraglich zu vereinbaren, dass die Kosten, die im Rahmen der Wahrnehmung des Umgangsrechts entstehen, von den Ehegatten entweder grundsätzlich oder insoweit geteilt werden, als sie auf den Umzug des Elternteils zurückzuführen sind, bei dem die Kinder wohnen.

**11** Soweit der Ehegatte, bei dem die Kinder im Falle einer Scheidung oder nach erfolgter Trennung der Ehegatten wohnen werden, den letzten ehelichen Wohnsitz aufgibt und in eine andere Gemeinde umzieht, teilen sich die Ehegatten die Kosten, die durch die Wahrnehmung des Umgangsrechts des anderen Ehegatten entstehen. Zu diesen Kosten gehören die Fahrtkosten der Kinder bzw. des anderen Ehegatten, ggf., soweit erforderlich, auch die Fahrtkosten des die Kinder begleitenden Elternteils, ferner die Übernachtungskosten des umgangsberechtigten Ehegatten am neuen Wohnsitz der Kinder. Die Kosten sind konkret nachzuweisen. Eine Erhöhung eines etwa geschuldeten nachehelichen Unterhalts aufgrund dieser Kostenregelung wird ausgeschlossen.

Eine entsprechende Regelung mag sinnvoll sein, wenn der unterhaltspflichtige Ehegatte, bei dem die Kinder nicht wohnen, berufsbedingt den Wohnsitz an den Ort seiner neuen Arbeitsstätte verlegt.

## § 26 Hausrat und Ehewohnung

Können sich die Ehegatten anlässlich der Scheidung nicht darüber einigen, wer von ihnen die Ehewohnung künftig bewohnen und wer die Wohnungseinrichtung und den Hausrat erhalten soll, so regelt auf Antrag das **Familiengericht** die Rechtsverhältnisse an der Ehewohnung und dem Hausrat nach billigem Ermessen, §§ 1, 2 HausrVO. 1

Diese Regelung ist unabhängig vom Güterstand, in dem die Ehegatten leben. Die **Hausratsverordnung** stellt eine die güterrechtlichen Vorschriften verdrängende Sonderregelung dar. Hausrat, der nach der Hausratsverordnung verteilt werden kann, unterliegt nicht dem Zugewinnausgleich.[1] 2

## A. Hausrat

### I. Rechtliche Grundlagen

Hausrat sind alle Gegenstände, die nach den Vermögens- und Einkommensverhältnissen der Ehegatten für die Wohnung und Hauswirtschaft und das Zusammenleben der Familie bestimmt sind.[2] Auch ein Pkw kann Teil des Hausrats sein. Vom Hausratsbegriff umfasst sind auch Rechte, Ansprüche und Verbindlichkeiten, die derartige Sachen betreffen. Sachen, die nur den Interessen oder Bedürfnissen eines Ehegatten dienen, sind kein Hausrat. 3

Bedeutsam für die richterliche Verteilung des Hausrats ist, in wessen **Eigentum** die Sachen stehen. Hausrat, der im Eigentum beider Ehegatten steht, wird gemäß § 8 HausrVO „gerecht und zweckmäßig" vom Richter verteilt. Die Gegenstände gehen in das Alleineigentum des Ehegatten über, dem sie der Richter zuteilt. Wenn es der Billigkeit entspricht, 4

---

1 BGH FamRZ 1984, 144 = NJW 1984, 484; s. a. *Langenfeld*, Handbuch, Rn 317.
2 BGH FamRZ 1984, 144.

soll der Richter diesem Ehegatten zugunsten des anderen eine Ausgleichszahlung auferlegen. Notwendige Gegenstände, die im Alleineigentum eines Ehegatten stehen, kann der Richter dem anderen Ehegatten zuweisen, wenn dieser auf ihre Weiterbenutzung angewiesen ist und es dem Eigentümer zugemutet werden kann, sie dem anderen zu überlassen, § 9 HausrVO. Die Zuweisung kann zur Miete oder zu Eigentum erfolgen. Die Verfassungsmäßigkeit der letztgenannte Alternative ist umstritten.[3]

5 Im Rahmen vorsorgender Vereinbarungen mag es erwägenswert sein zu bestimmen, welche Sachen Hausrat sein sollen. Im Rahmen von Scheidungsvereinbarungen bietet sich eine Auseinandersetzung über den Hausrat an.

## II. Formulierungsbeispiel: Hausratsverteilung

6 Die Beteiligten setzten sich bezüglich ihres Hausrates in folgender Weise auseinander:

Die Beteiligten sind sich darüber einig, dass mit sofortiger Wirkung jeder Ehegatte Alleineigentum an den Gegenständen hat, die ihm in der als Anlage diesem Vertrag beigefügten Liste zugeordnet sind. Sie befinden sich jeweils schon im unmittelbaren Besitz des Betreffenden. Die Beteiligten erklären, dass keine weiteren Gegenstände in ihrem Vermögen als Hausrat zu betrachten sind. Der Ehemann zahlt der Ehefrau als Ausgleich für die ihm zugeordneten Hausratsgegenstände einen pauschalen Ausgleichsbetrag in Höhe von ▨ EUR *(z.B. 5.000 EUR)*; die Ehefrau leistet keine Ausgleichszahlung.

Wegen vorstehender Zahlungsverpflichtung unterwirft sich der Ehemann der sofortigen Zwangsvollstreckung aus dieser Urkunde.

---

3 *Johannsen/Henrich – Voelkow*, § 9 HausrVO Rn 1 ff.; *Langenfeld*, Handbuch, Rn 322.

## B. Ehewohnung

### I. Mietwohnung

Bei einer Mietwohnung kann das Familiengericht gemäß § 5 HausrVO 7
den Mietvertrag rechtsgestaltend ändern, indem es bestimmt, dass das von
beiden Ehegatten eingegangene Mietverhältnis von einem Ehegatten allein fortgesetzt wird, oder dass ein Ehegatte an Stelle des anderen in ein
von diesem eingegangenes Mietverhältnis eintritt. Die Ehegatten können
eine solche Regelung nicht treffen. Sofern sie kein Einvernehmen mit
dem Vermieter über das Ausscheiden eines Ehegatten aus dem Mietverhältnis oder den Austausch des Mieters erzielen können, haben sie nur
die Möglichkeit, das Innenverhältnis bezüglich des Mietverhältnisses zu
regeln. Zu regeln sind neben Freistellungsverpflichtungen hinsichtlich der
Miete die Frage, wer Renovierungskosten zu tragen hat und wem ggf. die
Kaution ausgezahlt werden soll. Wird der weichende Ehegatte nicht aus
dem Mietverhältnis entlassen, kann ihm das Recht eingeräumt werden, in
Anrechnung auf seine Unterhaltsverpflichtung den Mietzins unmittelbar
an den Vermieter zu zahlen.

Soweit eine angestrebte Änderung des Mietvertrages an der fehlenden Zu- 8
stimmung des Vermieters scheitert, können die Ehegatten beim Gericht
beantragen, eine entsprechende Umgestaltung des Mietverhältnisses auszusprechen.[4] Der Vermieter ist am Verfahren zu beteiligen, § 7 HausrVO;
das Gericht kann Anordnungen treffen, die geeignet sind, die aus dem
Mietverhältnis herrührenden Ansprüche des Vermieters zu sichern.

### II. Eigentums-Ehewohnung

Besteht kein Mietverhältnis an der Ehewohnung, so kann das Familien- 9
gericht zugunsten eines Ehegatten ein Mietverhältnis an der Ehewohnung
begründen, § 5 Abs. 2 HausrVO. Hierbei setzt es den Mietzins fest. Ist

---

4 *Göppinger/Börger*, Vereinbarungen anläßlich der Ehescheidung, § 7 Rn 12.

eine Teilung der Wohnung möglich und zweckmäßig, kann der Richter auch anordnen, dass die Wohnung zwischen den Ehegatten geteilt wird, § 6 Abs. 1 HausrVO.

**10** Nach § 3 HausrVO kann der Richter einem Ehegatten die im Alleineigentum des anderen Ehegatten stehende Ehewohnung zur weiteren Nutzung zuweisen. Gegen den Willen des Alleineigentümers ist die Überlassung zur weiteren Nutzung nur bei einer ungewöhnlich schweren Beeinträchtigung erzwingbar. Hierzu zählen weder umzugsbedingte Unbequemlichkeiten noch eine schlechtere Unterbringung in der neuen Wohnung insbesondere bei unzureichender Unterhaltszahlung.[5]

**11** Eine Nutzungsregelung bezüglich der Ehewohnung ist der Begründung eines Mietverhältnisses vorzuziehen, wenn die Ehewohnung nur zeitlich befristet einem Ehegatten überlassen werden soll; dies ist insbesondere anzunehmen, wenn die Wohnung beispielsweise im Rahmen des Zugewinnausgleichs verkauft und eine entsprechende Verwertung nicht erschwert werden soll.

### III. Gestaltungsmöglichkeiten

#### 1. Formulierungsbeispiel: Nutzungsregelung Ehewohnung (Eigentumswohnung)

**12** Die gemeinsame Ehewohnung soll ab sofort nur noch von der Ehefrau und ihren Kindern genutzt werden. Die Ehefrau zahlt dem Ehemann für das alleinige Nutzungsrecht eine Entschädigung in Höhe von ▬▬▬ EUR *(z.B. 200 EUR)* monatlich. Ferner trägt sie ab sofort alle laufenden gewöhnlichen Kosten und Lasten der Ehewohnung. Ausgenommen sind die Zahlungen von Zinsen und Tilgung auf Darlehen, die durch Grundpfandrechte gesichert werden, die an der Ehewohnung bestellt wurden.

---
5 OLG München FamRZ 1995, 1205 ff.

Die Eheleute beabsichtigen, die Ehewohnung zu verkaufen. Vor diesem Hintergrund erklären sie: Die Regelung über das vorgenannte Nutzungsrecht endet zwei Monate, nachdem ein notarieller Kaufvertrag über die Ehewohnung mit einem Erwerber geschlossen wurde.

## 2. Formulierungsbeispiel: Ausschluss der Auseinandersetzung

Steht die Ehewohnung im Miteigentum der Eheleute und soll die alleinige Nutzung durch einen Ehegatten vereinbart werden, so ist zum Schutz des Nutzungsberechtigten der Anspruch auf Auseinandersetzung des Miteigentums sinnvollerweise auszuschließen. Die Wirkungen des § 1365 BGB, der während der Ehe einer Durchführung der Auseinandersetzung entgegensteht, wenn die Ehewohnung das wesentliche Vermögen der Eheleute darstellt, entfällt mit Rechtskraft der Scheidung. Ein vertraglicher Ausschluss der Auseinandersetzung kann als ein die Durchführung des Auseinandersetzungsverfahrens hinderndes Recht gemäß § 771 ZPO geltend gemacht werden. Eine entsprechende Vereinbarung bedarf der notariellen Beurkundung. 13

Während des Bestehens des alleinigen Nutzungsrechtes an der Ehewohnung für die Ehefrau ist der Anspruch auf Auseinandersetzung des Miteigentums ausgeschlossen. 14

Die Eigentumsverhältnisse an der Ehewohnung kann das Gericht nicht ändern. Es kann auch keine dinglichen Rechte wie Wohnungsrecht oder Nießbrauch begründen. 15

# Teil VII: Lebenspartnerschaft

## § 27 Grundzüge der Lebenspartnerschaft

### A. Gesetzgebungsverfahren

Durch das Lebenspartnerschaftsgesetz („Gesetz zur Beendigung der Diskriminierung gleichgeschlechtlicher Gemeinschaften: Lebenspartnerschaften" vom 16.2.2001, BGBl I, 266, in Kraft getreten am 1.8.2001) wird ein **eigenes**, als **familienrechtlich apostrophiertes Institut** – die eingetragene Lebenspartnerschaft – **für gleichgeschlechtliche Paare** geschaffen. Das Gesetz wurde zwischenzeitlich überarbeitet (Gesetz vom 15.12.2004, BGBl I, 3396; s.a. Gesetz zur Änderung des Ehe- und Lebenspartnerschaftsnamensrechts vom 6.2.2005, BGBl I, 203). Der Gesetzgeber spricht zwar von einem familienrechtlichen Institut. Das Wort „Familie" taucht im LPartG aber nicht auf; der Bezug auf die Familie ist auch vor dem Hintergrund überraschend, dass Lebenspartner grundsätzlich keine gemeinsamen Kinder haben können,[1] sieht man von der erst 2004 eingeführten, eingeschränkten Möglichkeit der Adoption ab.

1

Die Bestimmungen über die Lebenspartnerschaft lehnen sich eng an die Regelungen des Eherechts an. Gegen die Verfassungsmäßigkeit des Gesetzes sind Bedenken erhoben worden,[2] die das BVerfG aber zurückgewiesen hat.[3] Die zustimmungsbedürftigen Gesetzesteile des ersten Entwurfes wurden in einem separaten Gesetz (Lebenspartnerschaftsgesetzergänzungsgesetz – LPartGErgG) beschlossen; mangels Zustimmung des

---

1 *Kaiser*, JZ 2001, 617, 624.
2 *Scholz/Uhle*, NJW 2001, 393.
3 BVerfG MittBayNot Sonderheft Lebenspartnerschaften 2001, 64 ff.

## § 27 Grundzüge der Lebenspartnerschaft

Bundesrates ist dieses Gesetz aber nicht in Kraft getreten. Die Lebenspartnerschaft wird in den meisten Bundesländern vor dem Standesbeamten geschlossen; in Bayern wird sie vor dem Notar geschlossen.[4]

### B. Gesetzliche Regelung

2 Das Lebenspartnerschaftsgesetz ermöglicht zwei Personen gleichen Geschlechts, die gegenüber der zuständigen Behörde persönlich und bei gleichzeitiger Anwesenheit erklären, miteinander eine Partnerschaft auf Lebenszeit führen zu wollen (Lebenspartnerinnen oder Lebenspartner), eine Lebenspartnerschaft zu begründen, § 1 LPartG. Die Erklärungen können nicht unter einer Bedingung oder Zeitbestimmung abgegeben werden. Eine Lebenspartnerschaft kann nicht wirksam begründet werden

- mit einer Person, die minderjährig oder verheiratet ist oder bereits mit einer anderen Person eine Lebenspartnerschaft führt;
- zwischen Personen, die in gerader Linie miteinander verwandt sind;
- zwischen vollbürtigen und halbbürtigen Geschwistern;
- wenn die Lebenspartner bei der Begründung der Lebenspartnerschaft darüber einig sind, keine Verpflichtungen gemäß § 2 LPartG begründen zu wollen.

3 Bezüglich der Unwirksamkeitsgründe unterschieden sich das ursprüngliche LPartG und das Eherecht erheblich. Bei einer Ehe führt ein Verstoß gegen das Gebot der Eheschließung vor dem Standesbeamten, der persönlichen und gleichzeitigen Anwesenheit u.a. nur zur gerichtlichen Aufhebbarkeit der Ehe *ex nunc*. Das LPartG kennt derartige Sonderregeln nur eingeschränkt und erst aufgrund der Überarbeitung des LPartG, siehe den neu eingefügten § 15 Abs. 2 und Abs. 4 LPartG.

---

4 Zu den landesrechtlichen Regelungen zum Vollzug des LPartG s. *Brandhuber*, MittBayNot Sonderheft Lebenspartnerschaften 2001, 11, 19 ff.

Die Verweisung in § 15 Abs. 2 Satz 2 LPartG erstreckt sich interessan- 4
terweise nicht auf die bei der Überarbeitung des LPartG ebenfalls geänderten §§ 1314 Abs. 1, 1306 BGB. Damit führt zwar der Verstoß gegen das Verbot der Doppelehe zur Aufhebbarkeit der Ehe, nicht aber zur Aufhebbarkeit einer Lebenspartnerschaft. Entsprechendes gilt für die anderen Aufhebungsgründe des § 1314 Abs. 1 BGB. Soweit ein Unwirksamkeitsgrund nicht durch Verweisung auf § 1314 BGB geregelt wird, bleibt es bei den allgemeinen Unwirksamkeitsfolgen bei Verstoß gegen die Anforderungen des § 1 LPartG.

Nachdem die Sonderregeln über Willensmängel (bei der Ehe §§ 1313 ff. BGB) im Rahmen der Verweisung des § 15 Abs. 2 Satz 2 LPartG auch auf Lebenspartnerschaften Anwendung finden, dürften nun auch Scheinlebenspartnerschaften möglich sein.[5]

Die Lebenspartner sind einander während des Bestehens der Lebenspart- 5
nerschaft zu Fürsorge und Unterstützung sowie zur gemeinsamen Lebensgestaltung verpflichtet. Sie tragen füreinander Verantwortung, § 2 LPartG. Die Lebenspartner sind nicht zur Lebensgemeinschaft verpflichtet, wohl aber zur gemeinsamen Lebensgestaltung. Insoweit ist unklar, inwieweit diese Verpflichtung von der Verpflichtung zur Lebensgemeinschaft abweicht.[6] Die Unklarheit darüber, was ein Lebenspartner vom anderen erwarten kann, hat praktische Auswirkungen. So ist die Verweisung auf die Härteklausel des § 1579 BGB (Unterhaltsanspruch bei grober Unbilligkeit) problematisch, da es einstweilen an einem klaren Pflichtenkanon fehlt.

Das **Namensrecht** der Lebenspartnerschaft entspricht im Wesentlichen 6
dem Namensrecht der Ehegatten. Es fehlt allerdings am gesetzlichen Appell zur Namenseinheit. Die Lebenspartner können einen gemeinsamen Namen (Lebenspartnerschaftsnamen) bestimmen, § 3 LPartG. Zu ihrem Lebenspartnerschaftsnamen können die Lebenspartner durch Erklärung

---

5 Anders zum alten Recht noch *Muscheler*, Das Recht der eingetragenen Lebenspartnerschaft, Rn 28; *Schwab*, FamRZ 2001, 385, 388 f.
6 *Schwab*, FamRZ 2001, 385, 390, der einen gemeinsamen Haushalt nicht für erforderlich hält.

## § 27 Grundzüge der Lebenspartnerschaft

gegenüber der zuständigen Behörde den Geburtsnamen eines der Lebenspartner bestimmen. Die Erklärung über die Bestimmung des Lebenspartnerschaftsnamens soll bei der Begründung der Lebenspartnerschaft erfolgen. Wird die Erklärung später abgegeben, muss sie öffentlich beglaubigt werden. Ein Lebenspartner, dessen Geburtsname nicht Lebenspartnerschaftsname wird, kann durch Erklärung gegenüber der zuständigen Behörde dem Lebenspartnerschaftsnamen seinen Geburtsnamen oder den zur Zeit der Erklärung über die Bestimmung des Lebenspartnerschaftsnamens geführten Namen voranstellen oder anfügen. Dies gilt nicht, wenn der Lebenspartnerschaftsname aus mehreren Namen besteht. Besteht der Name eines Lebenspartners aus mehreren Namen, so kann nur einer dieser Namen hinzugefügt werden. Die Erklärung kann gegenüber der zuständigen Behörde widerrufen werden; in diesem Fall ist eine erneute Erklärung nach Satz 1 nicht zulässig. Die Erklärung und der Widerruf müssen öffentlich beglaubigt werden. Ein Lebenspartner behält den Lebenspartnerschaftsnamen auch nach der Beendigung der Lebenspartnerschaft. Er kann durch Erklärung gegenüber der zuständigen Behörde seinen Geburtsnamen oder den Namen wieder annehmen, den er bis zur Bestimmung des Lebenspartnerschaftsnamens geführt hat, oder seinen Geburtsnamen dem Lebenspartnerschaftsnamen voranstellen oder anfügen.

7 Durch Gesetz vom 15.12.2004 (BGBl I, 3396) wird der Güterstand der Lebenspartner weiter dem Eherecht angepasst. Die Lebenspartner leben gemäß der Gesetzesänderung im Güterstand der Zugewinngemeinschaft, wenn sie nicht durch Lebenspartnerschaftsvertrag etwas anders vereinbaren, § 6 LPartG. Hinsichtlich der vertraglichen Gestaltungsmöglichkeiten verweist der Gesetzgeber auf das Güterrecht der Ehegatten.

8 Das ursprüngliche LPartG führte die Vermögensstände der Ausgleichsgemeinschaft und der Vermögenstrennung ein.[7] Diese Vermögensstände waren neue Etiketten für das, was im Eherecht der Güterstand der Zugewinngemeinschaft einerseits und der Güterstand der Gütertrennung an-

---

7 Kritisch zum alten Recht *Schwab*, FamRZ 2001, 385, 389; *Mayer*, ZEV 2001, 169, 171; *Rieger*, FamRZ 2001, 1497, 1499.

dererseits ist. Der Vermögensstand der Ausgleichsgemeinschaft war ursprünglich das Leitbild des Gesetzgebers vom Regelgüterstand der Lebenspartnerschaft. Durch die Gesetzesüberarbeitung von 2004 hat der Gesetzgeber sprachlich die Anlehnung des Güterrechts der Lebenspartner an das Güterrecht der Ehegatten vollzogen.

Die Lebenspartner können ihre vermögensrechtlichen Verhältnisse durch Vertrag (**Lebenspartnerschaftsvertrag**) regeln. Der Vertrag muss entsprechend dem Ehevertrag bei gleichzeitiger Anwesenheit beider Lebenspartner zur Niederschrift eines Notars geschlossen werden. §§ 1409 und 1411 BGB gelten entsprechend. Die Regelungsmöglichkeiten im Rahmen eines Lebenspartnerschaftsvertrages entsprechen denen des Ehevertrages. 9

Wie bei der Zugewinngemeinschaft gelten für die Lebenspartnerschaft die **Verfügungsbeschränkungen** der §§ 1365 und 1369 BGB, soweit der Güterstand der Zugewinngemeinschaft für die Lebenspartner gilt und die Verfügungsbeschränkungen nicht vertraglich abbedungen werden; nach altem LPartG galten die Verfügungsbeschränkungen – ohne ersichtlichen Grund – unabhängig vom gewählten Güterstand.[8] Ferner gilt die Vermutung des § 1362 BGB zugunsten von Gläubigern eines Ehegatten entsprechend für die Gläubiger eines Lebenspartners. 10

Die Überarbeitung des LPartG bringt auch eine weitere Annäherung des **Unterhaltsrechts** der Lebenspartner an das Unterhaltsrecht der Ehegatten. Die Lebenspartner sind einander verpflichtet, durch ihre Arbeit und mit ihrem Vermögen die partnerschaftliche Lebensgemeinschaft angemessen zu unterhalten, § 5 LPartG. Die §§ 1360 a und 1360 b BGB gelten entsprechend. 11

Leben die Lebenspartner getrennt, so kann ein Lebenspartner von dem anderen den nach den Lebensverhältnissen und den Erwerbs- und Vermögensverhältnissen während der Lebenspartnerschaft angemessenen **Getrenntlebensunterhalt** verlangen, § 12 LPartG. Die Bestimmung, der zu- 12

---

8 Kritisch hierzu u. a. *Mayer*, ZEV 2001, 169, 172; *Kaiser*, JZ 2001, 617, 620.

folge der nicht erwerbstätige Lebenspartner in diesem Fall allerdings darauf verwiesen werden konnte, seinen Unterhalt durch eine Erwerbstätigkeit selbst zu verdienen, es sei denn, dass dies von ihm nach seinen persönlichen Verhältnissen unter Berücksichtigung der Dauer der Lebenspartnerschaft und nach den wirtschaftlichen Verhältnissen der Lebenspartner nicht erwartet werden konnte, wurde im Rahmen der Gesetzesüberarbeitung gestrichen.

Aufgehoben wurde auch die Bestimmung, der zufolge ein Unterhaltsanspruch bei Getrenntleben zu versagen, herabzusetzen oder zeitlich zu begrenzen war, soweit die Inanspruchnahme des Verpflichteten unbillig gewesen wäre. Dieser Maßstab war weniger streng als der des § 1579 BGB, der bei Getrenntleben von Ehegatten grobe Unbilligkeit zur Voraussetzung einer Unterhaltskürzung macht. § 1361 BGB gilt für den Trennungsunterhalt bei Lebenspartnerschaften entsprechend.

13 Inwieweit die **Rechtsprechung zur Inhaltskontrolle von Eheverträgen** zu Einschränkungen bei der Gestaltung von Unterhaltsansprüchen zwischen Lebenspartnern führt, ist noch nicht abzusehen. Eine Übertragung dieser Rechtsprechung auf Lebenspartner versteht sich nicht von selbst, da Ehe und Lebenspartnerschaft andere Lebensverhältnisse regeln. Man wird davon ausgehen dürfen, dass bei Lebenspartnern in der Regel rechtlich keine engen Schranken hinsichtlich der Gestaltung von Unterhaltsverträgen bestehen.[9] Darüber hinaus werden die tatsächlichen Lebenssachverhalte bei Lebenspartnern nur in den seltensten Fällen Anlass dazu geben, eine Unterhaltsvereinbarung als evident einseitige Lastenverteilung einzustufen. [10]

14 Das LPartG führt auch zu einer Neuerung im **Sorgerecht**. Führt der allein sorgeberechtigte Elternteil eine Lebenspartnerschaft, hat sein Lebenspartner im Einvernehmen mit dem sorgeberechtigten Elternteil die Befugnis zur Mitentscheidung in Angelegenheiten des täglichen Lebens des Kindes, § 9 LPartG. § 1629 Abs. 2 Satz 1 BGB gilt entsprechend. Das

---

9 *Walter*, MittBayNot Sonderheft Lebenspartnerschaften 2001, 23, 29.
10 Vgl. *Büttner*, FamRZ 2001, 1106, 1111.

Familiengericht kann die Befugnisse nach Absatz 1 einschränken oder ausschließen, wenn dies zum Wohl des Kindes erforderlich ist. Eine entsprechende Regelung gab es für den neuen Partner eines geschiedenen Ehegatten bisher nicht. Sie wurde aber durch Art. 2 Nr. 13 LPartG (2001) eingeführt, der einen neuen § 1687 b in das BGB einfügt und der sorgerechtlichen Regelung für Lebenspartner entspricht.

Die Überarbeitung des LPartG hat in begrenztem Umfang die Möglichkeit der **Adoption** durch einen Lebenspartner geschaffen. So kann ein Lebenspartner ein Kind seines Lebenspartners allein annehmen, § 9 Abs. 7 LPartG. 15

Auch im **Erbrecht** sind Lebenspartner Ehegatten gleichgestellt.[11] Der überlebende Lebenspartner des Erblassers ist neben Verwandten der ersten Ordnung zu einem Viertel, neben Verwandten der zweiten Ordnung oder neben Großeltern zur Hälfte der Erbschaft gesetzlicher Erbe, § 10 Abs. 1 LPartG. Zusätzlich stehen ihm die zum lebenspartnerschaftlichen Haushalt gehörenden Gegenstände, soweit sie nicht Zubehör eines Grundstücks sind, und die Geschenke zur Begründung der Lebenspartnerschaft als Voraus zu. Ist der überlebende Lebenspartner neben Verwandten der ersten Ordnung gesetzlicher Erbe, so steht ihm der Voraus nur zu, soweit er ihn zur Führung eines angemessenen Haushalts benötigt. Auf den Voraus sind die für Vermächtnisse geltenden Vorschriften anzuwenden. Sind weder Verwandte der ersten noch der zweiten Ordnung noch Großeltern vorhanden, erhält der überlebende Lebenspartner die ganze Erbschaft, § 10 Abs. 2 LPartG. 16

Das Erbrecht des überlebenden Lebenspartners ist ausgeschlossen, wenn zur Zeit des Todes des Erblassers 17

- die Voraussetzungen für die Aufhebung der Lebenspartnerschaft nach § 15 Abs. 2 Nr. 1 oder 2 LPartG gegeben waren und der Erblasser die Aufhebung beantragt oder ihr zugestimmt hatte oder

---

11 Hierzu ausführlich *Leipold*, ZEV 2001, 218 ff.; *Eue*, FamRZ 2001, 1196 ff.

- der Erblasser einen Antrag nach § 15 Abs. 2 Nr. 3 LPartG gestellt hatte und dieser Antrag begründet war.

§ 1371 BGB findet über die Verweisung des § 6 LPartG entsprechende Anwendung.[12] § 1931 Abs. 4 BGB ist andererseits bei Lebenspartnern nicht entsprechend anzuwenden.[13]

Wie Ehegatten steht auch Lebenspartnern die Möglichkeit offen, ein gemeinschaftliches Testament zu errichten. Problematisch erscheint insoweit die entsprechende Anwendbarkeit der gesetzlichen Auslegungsregeln, die auf die Verhältnisse von Ehegatten und gemeinsamen Kindern zugeschnitten sind.[14] Eine Verweisung auf den Erbvertrag erfolgte nicht. Soweit die Regeln über den Erbvertrag Spezialvorschriften für Ehegatten enthalten, gelten diese für Lebenspartner mangels Verweisung nicht (§§ 2275 Abs. 2, 2276 Abs. 2, 2290 Abs. 3 Satz 3 BGB).[15]

Weitere Folge der Lebenspartnerschaft ist, dass einem Lebenspartner Pflichtteilsansprüche wie einem Ehegatten zustehen.[16] Fraglich ist, ob bei Schenkungen an den Lebenspartner anders als beim Ehegatten die Zehn-Jahres-Frist des § 2325 Abs. 3 BGB in Lauf gesetzt wird.[17] § 10 Abs. 6 LPartG verweist wohl auf das „positive Pflichtteilsrecht", nicht aber eindeutig auf § 2325 BGB. Mit Gesetzesbegründung und Wortlaut lässt sich die Frage nicht eindeutig beantworten. Für eine entsprechende Anwendung des § 2325 Abs. 3 BGB spricht aber, dass andernfalls Ehegatten schlechter stünden als Lebenspartner.[18]

18 Schließlich bewirkt die Lebenspartnerschaft, dass ein Lebenspartner als Familienangehöriger des anderen Lebenspartners gilt, § 11 LPartG.

---

12 Kritisch hierzu *Kaiser*, JZ 2001, 617, 622 f.
13 Siehe hierzu *Muscheler*, Das Recht der eingetragenen Lebenspartnerschaft, Rn 112.
14 *Leipold*, ZEV 2001, 218, 221; *Grizwotz*, DNotZ 2001, 280, 300.
15 *Mayer*, ZEV 2001, 169, 173.
16 *Leipold*, ZEV 2001, 218, 221; *Walter*, MittBayNot Sonderheft Lebenspartnerschaften 2001, 23, 31.
17 *Mayer*, ZEV 2001, 169, 173.
18 *Leipold*, ZEV 2001, 218, 220; a. A. *Mayer*, ZEV 2001, 169, 173.

## Grundzüge der Lebenspartnerschaft § 27

Die Lebenspartnerschaft wird auf Antrag eines oder beider Lebenspartner 19
durch gerichtliches Urteil aufgehoben, § 15 Abs. 1 LPartG. Anders als
die Scheidung setzt die **Aufhebung** einer Lebenspartnerschaft nicht das
Scheitern derselben voraus.[19] Voraussetzung für eine Aufhebung durch
das Gericht ist lediglich,

- dass die Lebenspartner seit einem Jahr getrennt leben und entweder
  beide Lebenspartner die Aufhebung beantragen oder der Antragsgegner der Aufhebung zustimmt, oder nicht erwartet werden kann, dass
  eine partnerschaftliche Lebensgemeinschaft wieder hergestellt werden
  kann, oder
- dass ein Lebenspartner die Aufhebung beantragt und die Lebenspartner seit drei Jahren getrennt leben.

Die Erklärungen bedürfen anders als nach der ursprünglichen Fassung
des LPartG nicht mehr der öffentlichen Beglaubigung. Die Fristen können nicht abgekürzt werden.[20] Obwohl das Zusammenleben keine Voraussetzung für eine Lebenspartnerschaft ist, ist seit der Überarbeitung des
LPartG ein Getrenntleben Voraussetzung für die Aufhebung einer Lebenspartnerschaft – anders als noch nach der ursprünglichen Fassung.[21]

Eine Aufhebung der Lebenspartnerschaft wegen Zerrüttung entsprechend
§ 1565 BGB ist ausgeschlossen.[22] Die Lebenspartnerschaft kann aber aufgehoben werden, wenn ihre Fortsetzung für den Antragsteller aus Gründen, die in der Person des anderen Lebenspartners liegen, eine unzumutbare Härte wäre, § 15 Abs. 2 Nr. 3 LPartG.

Kann ein Lebenspartner nach der Aufhebung der Lebenspartnerschaft 20
nicht selbst für seinen **nachpartnerschaftlichen Unterhalt** sorgen, so hat

---

19 A. A. *Dethloff*, NJW 2001, 2598, 2600, die davon ausgeht, dass auch dem LPartG der
Zerrüttungsgedanke zugrunde liegt, ohne dass dieser explizit formuliert wird.
20 *Muscheler*, Das Recht der eingetragenen Lebenspartnerschaft, Rn 247, rät zu einer Aufhebungserklärung auf Vorrat; s. a. *Finger*, MDR 2001, 201 f.; *Grizwotz*, DNotZ 2001, 280, 295.
21 Zur ursprünglichen Gesetzeslage s. *Muscheler*, Das Recht der eingetragenen Lebenspartnerschaft, Rn 245.
22 *Walter*, MittBayNot Sonderheft Lebenspartnerschaften 2001, 23, 30.

er gegen den anderen Lebenspartner einen Anspruch auf Unterhalt entsprechend den §§ 1570–1581 und 1583–1586 b BGB. Diese Neufassung des § 16 Abs. 1 LPartG nähert das Recht des nachpartnerschaftlichen Unterhalts an das Recht des nachehelichen Unterhalts an.[23]

Der Unterhaltsanspruch erlischt, wenn der Berechtigte eine Ehe eingeht oder eine neue Lebenspartnerschaft begründet. Im Übrigen gelten § 1578 Abs. 1 Satz 1, Satz 2 erster Halbsatz und Satz 4, Abs. 2 und Abs. 3, 1578a–1581 und 1583–1586 und 1586 b BGB entsprechend.

In Mangelfällen wird auch nach der Überarbeitung des LPartG mangels Verweisung auf § 1582 BGB noch zwischen Lebenspartner und Ehegatten unterschieden, § 16 Abs. 1 und 2 LPartG.[24]

21 Aufgrund der Überarbeitung des LParG findet nach Aufhebung der Lebenspartnerschaft zwischen den Lebenspartnern ein **Versorgungsausgleich** statt, § 20 LParG. Für ihn gelten die Regelungen des Ehegattenversorgungsausgleichs im Wesentlichen entsprechend, § 20 Abs. 4 LPartG.

22 Die Bestimmungen über die Verteilung des **Hausrats** und der **Zuweisung der gemeinsamen Wohnung** lehnen sich im Wesentlichen an den entsprechenden Vorschriften für getrenntlebende Ehegatten an.

23 Hinsichtlich der Fortsetzung eines Mietverhältnisses sind die Lebenspartner Ehegatten im Wesentlichen gleichgestellt; während Letztere Vorrang vor etwaigen Kindern des verstorbenen Mieters haben, sind Erstere allerdings nur neben diesen berechtigt.[25]

24 Auch hinsichtlich der gesetzlichen Krankenversicherung ist der Lebenspartner einem Ehegatten gleichgestellt; Entsprechendes gilt für Erziehungsurlaub und Erziehungsgeld. Eine Witwenrente aus der gesetzlichen

---

23 Zur diffusen Fassung des ursprünglichen § 16 LPartG s. *Muscheler*, Das Recht der eingetragenen Lebenspartnerschaft, Rn 262.
24 Zum alten Recht vgl. *Kaiser*, JZ 2001, 617, 622.
25 *Kaiser*, JZ 2001, 617, 623.

Rentenversicherung kann der Lebenspartner nach der Überarbeitung des LPartG ebenfalls erwarten. Bei Sozialhilfe, BAföG und Wohngeld dürfte der Lebenspartner aufgrund der erweiterten Gleichstellung mit einem Ehegatten nach der Überarbeitung des LPartG in die Bedürftigkeitsprüfung mit einzubeziehen sein.

In **steuerrechtlicher** Hinsicht zielte der ursprüngliche Gesetzesentwurf des LPartG auf eine Gleichstellung von Ehepaaren und Lebenspartnerschaften. Insbesondere das EStG und das ErbStG sollten entsprechend geändert werden (Art. 2 §§ 55, 56 LPartGErgG). Da für derartige Änderungen die Zustimmung des Bundesrates erforderlich ist, wurden die insoweit erforderlichen Gesetzesänderungen in einem separaten Gesetz (LPartGErgG) vom Bundestag beschlossen, zu dem wie ausgeführt die Zustimmung des Bundesrates aber nicht erfolgte.[26]

25

## C. Formfragen

Die Lebenspartner können ihre vermögensrechtlichen Verhältnisse durch Vertrag (**Lebenspartnerschaftsvertrag**) regeln, § 7 Abs. 1 LPartG. Der Vertrag muss bei gleichzeitiger Anwesenheit beider Lebenspartner **zur Niederschrift eines Notars** geschlossen werden.

26

**Verträge über den nachpartnerschaftlichen Unterhalt** sind zu jeder Zeit zulässig, § 16 Abs. 1 LPartG i.V.m. § 1585 c BGB, und grundsätzlich **formfrei**. Sie sind nicht formfrei, wenn aus Gründen des Zusammenhangs mit anderen Vereinbarungen Formbedürftigkeit besteht. Dies ist beispielsweise der Fall, wenn die Unterhaltsregelung bei Abschluss eines formbedürftigen Lebenspartnerschaftsvertrages oder in Verbindung mit einer Vollstreckungsunterwerfung gemäß § 794 Abs. 1 Nr. 5 ZPO getroffen wird.[27]

27

---

26 Zur Besteuerung von Lebenspartnerschaften s. *Währholz*, MittBayNot Sonderheft Lebenspartnerschaften 2001, 50 ff.
27 So auch *Müller*, DNotZ 2001, 581, 584; a.A. *Grizwotz*, DNotZ 2001, 280, 286.

28 Erklärungen zum Lebenspartnerschaftsnamen, die nach Begründung der Lebenspartnerschaft abgegeben werden, bedürfen der öffentlichen Beglaubigung, § 3 LPartG.

## D. Lebenspartnerschaftsvertrag

### I. Regelung der güterrechtlichen Verhältnisse

29 Die Lebenspartner können ihre güterrechtlichen Verhältnisse durch einen Lebenspartnerschaftsvertrag regeln. Für die Gestaltung der vermögensrechtlichen Verhältnisse in der Lebenspartnerschaft gilt der Grundsatz der Privatautonomie. Der Lebenspartnerschaftsvertrag kann auch für eine bereits bestehende Lebenspartnerschaft abgeschlossen werden.

Die Regelungsmöglichkeiten entsprechen grundsätzlich denen, die für die Gestaltung von Eheverträgen bestehen. Insoweit kann auf die entsprechenden Gestaltungshinweise verwiesen werden. Auch die Vereinbarung der Gütergemeinschaft ist möglich.[28]

### II. Mögliche weitere Gegenstände eines Lebenspartnerschaftsvertrages

30 Die Lebenspartner sind bei der Gestaltung eines Lebenspartnerschaftsvertrages nicht darauf beschränkt, den Güterstand auszugestalten. Sie können darüber hinaus ähnlich den Ehegatten bei einem Ehevertrag Fragen der Verfügungsbeschränkungen, des Unterhalts, des Versorgungsausgleiches sowie der Zuordnung des Hausrats und der gemeinsamen Wohnung zum Gegenstand vertraglicher Vereinbarungen machen. Folglich können

---

28 So schon nach LPartG a.F.; zustimmend *Leipold*, ZEV 2001, 218, 220; *Muscheler*, Das Recht der eingetragenen Lebenspartnerschaft, Rn 74; *Rieger*, FamRZ 2001, 1497, 1505 f.; *Dethloff*, NJW 2001, 2598, 2601; a.A. zum alten Recht *Grizwotz*, DNotZ 2001, 280, 287.

die **Gestaltungsmöglichkeiten, die Ehegatten offenstehen**, grundsätzlich auch für Lebenspartnerschaften herangezogen werden. Auf die entsprechenden Gestaltungsbeispiele im Rahmen der ehevertraglichen Ausführungen kann insoweit verwiesen werden.

### III. Versorgungsausgleich

#### 1. Grundsatz: Versorgungsausgleich

Das LPartG n.F. sieht anders als die ursprüngliche Fassung des Gesetzes einen Versorgungsausgleich nach Aufhebung der Lebenspartnerschaft vor. Das Gesetz verweist auch für den Bereich des Versorgungsausgleichs auf die Bestimmungen, die insoweit für Ehegatten gelten (vgl. § 13 ff.). 31

So können Lebenspartner grundsätzlich wie Ehegatten Regelungen zum Versorgungsausgleich treffen. Auch für vertragliche Regelungen eines Versorgungsausgleichs unter Lebenspartnern gelten die allgemeinen Rechtsgrundsätze. Vereinbarungen zu Lasten der gesetzlichen oder privaten Rentenversicherer sind unzulässig. Den Lebenspartnern bleibt aber die Möglichkeit vertraglicher Vereinbarungen. So können sie z. B. einen **schuldrechtlichen Versorgungsausgleich** vereinbaren oder eine andere Form der Versorgungsregelung, beispielsweise eine **Beitragsentrichtung**, sofern nach allgemeinem Rentenrecht eine gesetzliche Grundlage für die Entrichtung freiwilliger Beiträge besteht.

#### 2. Formulierungsbeispiel: Versorgungssicherung durch Beitragszahlung

▼

Die Beteiligten vereinbaren, dass ein Versorgungsausgleich durch Entrichtung von Beiträgen in die gesetzliche Rentenversicherung erfolgen soll. Der Erschienene zu 1. hat zur Begründung von Anwartschaften in 32 der gesetzlichen Rentenversicherung monatlich Beiträge in Höhe von ▪▪▪▪ EUR zugunsten des Erschienenen zu 2. auf das Versicherungskonto Nr. ▪▪▪▪ bei ▪▪▪▪ *(zuständiger Versorgungsträger)* zu zahlen. Die Zahlungsverpflichtung ist erstmals am ▪▪▪▪ zu erfüllen. Sie endet mit Aufhebung der Lebenspartnerschaft.

▲

### IV. Hausrat, Wohnungszuweisung

**33** Hinsichtlich des Hausrats und der Wohnungszuweisung unterscheiden sich die Regelungen des LPartG nicht wesentlich von denen des Eherechts. Insoweit kann daher auf die Gestaltungsmöglichkeiten verwiesen werden, die im Rahmen der weiteren Scheidungsfolgen für Eheleute angeführt wurden (vgl. § 26).

### E. Fälle mit Auslandsberührung

**34** Durch das LPartG wurde das EGBGB um **Art. 17b EGBGB** ergänzt. Diese Regelung führt eine Neuerung in das familienrechtliche IPR ein.[29] Er sieht vor, dass die Begründung, die allgemeinen und die güterrechtlichen Wirkungen sowie die Auflösung einer eingetragenen Lebenspartnerschaft den **Sachvorschriften des registerführenden Staates** unterliegen; dies wird in der Regel das deutsche Recht sein. Auf die unterhaltsrechtlichen und die erbrechtlichen Folgen der Lebenspartnerschaft ist das nach den allgemeinen Vorschriften maßgebende Recht anzuwenden; begründet die Lebenspartnerschaft danach keine gesetzliche Unterhaltsberechtigung oder kein gesetzliches Erbrecht, so finden die Sachvorschriften des registerführenden Staates Anwendung.

---

29 Vgl. *Frank*, MittBayNot Sonderheft Lebenspartnerschaften 2001, 35, 37.

Bisher war es Tradition des deutschen Gesetzgebers, die familienrecht- **35**
lichen Vorstellungen der Rechtsordnung des Staates, dem ein Ausländer
angehörte, zu respektieren; hierfür sprach unter anderem das Bedürfnis,
„hinkende" Ehen zu vermeiden. Dementsprechend berücksichtigte das
deutsche internationale Eherecht beispielsweise Ehehindernisse, die gemäß der Rechtsordnung des ausländischen Ehepartners, nicht aber notwendig nach der deutschen Rechtsordnung bestehen. Mit dieser toleranten Rücksicht auf ausländische Rechtsordnungen bricht der neue Art. 17b
EGBGB aus erkennbaren Motiven: Das neue deutsche Recht der Lebenspartnerschaft soll in seiner Durchsetzungskraft nicht dadurch geschwächt
werden, dass das Heimatrecht eines Ausländers zur gleichgeschlechtlichen Partnerschaft eine vom deutschen Gesetzgeber abweichende Auffassung vertritt.[30] Das Problem „hinkender" Partnerschaften, das durch
die Berücksichtigung der betroffenen ausländischen Rechtsordnung hätte
vermieden werden können, wurde in Kauf genommen.

Um die Vorstellungen des deutschen Gesetzgebers auch im Erbrecht internationalrechtlich durchsetzen zu können, wurde bestimmt, dass abweichend von den allgemeinen Regeln des internationalen Privatrechts die
Sachvorschriften des registerführenden Staates Anwendung finden, wenn
das ausländische Erbrecht dem Lebenspartner kein gesetzliches Erbrecht
zubilligt.

Für das Namensrecht eröffnet Art. 17b Abs. 2 EGBGB weitreichende **36**
Rechtswahlmöglichkeiten. Art. 10 Abs. 2 EGBGB gilt entsprechend.

Bestehen zwischen denselben Personen eingetragene Lebenspartnerschaf- **37**
ten in verschiedenen Staaten, so ist die zuletzt begründete Lebenspartnerschaft vom Zeitpunkt ihrer Begründung an für die in Absatz 1 umschriebenen Wirkungen und Folgen maßgebend, Art. 17b Abs. 3 EGBGB.

Bei aller Aufgeschlossenheit für neue Lebensformen weist der deutsche **38**
Gesetzgeber als zu progressiv empfundene ausländische Gesetzgeber in
seine Schranken. Art. 17b Abs. 4 EGBGB bestimmt überraschend: „Die

---

30 *Leipold,* ZEV 2001, 218, 221 f.; s. a. *Wagner,* IPrax 2001, 281, 289.

Wirkungen einer im Ausland eingetragenen Lebenspartnerschaft gehen nicht weiter als nach den Vorschriften des Bürgerlichen Gesetzbuchs und des Gesetzes über die Eingetragene Lebenspartnerschaft vorgesehen." Auch diese Nichtbeachtung eines ausländischen Gesetzgeberwillens entsprach bisher nicht den liberalen allgemeinen Regeln des deutschen internationalen Privatrechts.

39 Die konkreten Auswirkungen des Art. 17b Abs. 4 BGB sind unklar; im Einzelnen ist es mitunter nicht eindeutig, ob das deutsche Lebenspartnerschaftsgesetz weitergehende Folgen an die Partnerschaft knüpft als das ausländische Pendant.[31] Im Hinblick auf die vermögensrechtlichen Folgen der Lebenspartnerschaft ist insbesondere fraglich, welcher Vermögensstand Vergleichsmaßstab sein soll. In Betracht kam ursprünglich die Ausgleichsgemeinschaft gemäß LPartG a.f. als quasi-gesetzlicher Güterstand (Vermögensstand laut LPartG a.F.), aber auch die Vermögenstrennung, da diese für Lebenspartner zur Anwendung kommt, wenn ihre Erklärung über den Vermögensstand oder ein Lebenspartnerschaftsvertrag unwirksam ist. Richtigerweise wird man ausländische Regelungen wohl dann gelten lassen, wenn die durch sie eintretenden Wirkungen mit deutschem Recht vereinbart werden könnten; nur wenn Rechtsfolgen jenseits dieser Grenze durch das ausländische Recht angeordnet werden, ist die Grenze der als quasi-*odre public*-Regel eng auszulegenden Bestimmung des Art. 17b Abs. 4 EGBGB überschritten.[32] Die schwierigen Abgrenzungsfragen, die Art. 17b Abs. 4 EGBGB aufwirft, werden durch diesen Ansatz eingeschränkt, nicht aber ausgeräumt.

---

31 Näher hierzu *Frank*, MittBayNot Sonderheft Lebenspartnerschaften 2001, 35, 39; *Süß*, DNotZ 2001, 168, 171 f.
32 A.A. *Frank*, MittBayNot Sonderheft Lebenspartnerschaften 2001, 35, 40; *Süß*, DNotZ 2001, 168, 171.

# Literaturverzeichnis

## I. Kommentare zum BGB

**Bamberger/Roth** *(Bamberger/Roth – Bearbeiter)*, Kommentar zum Bürgerlichen Gesetzbuch, 2003
**Erman** *(Erman – Bearbeiter)*, 11. Auflage 2004
**Johannsen/Henrich** *(Johannsen/Henrich – Bearbeiter)*, Eherecht: Scheidung, Trennung, Folgen, 4. Auflage 2003
**Kaiser/Schnitzler/Friederici** (Hrsg.), Anwaltkommentar BGB (AnwK-BGB/ *Bearbeiter*), Band 4: Familienrecht, 2004
**Münchener Kommentar** (MünchKomm – Bearbeiter), 4. Auflage 2000
**Palandt** *(Palandt – Bearbeiter)*, 63. Auflage 2004
**RGRK** (RGRK – *Bearbeiter*), 12. Auflage 1995
**Soergel** *(Soergel – Bearbeiter)*, 13. Auflage 1999
**Staudinger** *(Staudinger – Bearbeiter)*, §§ 1363–1563, Neubearbeitung 2000

## II. Handbücher

**Becker**, Versorgungsausgleichs-Verträge, 1983
**Borth**, Versorgungsausgleich in anwaltschaftlicher und familiengerichtlicher Praxis, 3. Auflage 1998
**Bergschneider**, Verträge in Familiensachen, 2. Auflage 2001
**Brambring/Jerschke** (Hrsg.), Beck'sches Notarhandbuch, 4. Auflage 2003
**Börger/Bosch/Heuschmid**, AnwaltFormulare Familienrecht, 2. Auflage 2002
**Brambring**, Der Ehevertrag, 4. Auflage 2003
**Diederichsen**, Vermögensauseinandersetzung bei der Ehescheidung, 5. Auflage 1995
**Firsching/Graba**, Familienrecht – 1. Halbband, Familiensachen, 6. Auflage 1998
**Gernhuber/Coester-Waltjen**, Lehrbuch des Familienrechts, 4. Auflage 1994
**Glockner/Voucko-Glockner**, Versorgungsausgleich in der Praxis, 2. Auflage 2000

## Literaturverzeichnis

**Göppinger/Börger**, Vereinbarungen anläßlich der Ehescheidung, 7. Auflage 1998

**Göppinger/Wax**, Unterhaltsrecht, 8. Auflage 2003

**Graba**, Die Abänderung von Unterhaltstiteln, 2. Auflage 2000

**Grandke**, Familienrecht, 3. Auflage Berlin (Ost), 1981

**Kanzleiter/Wegmann**, Vereinbarungen unter Ehegatten, 6. Auflage 2000

**Langenfeld**, Handbuch der Eheverträge und Scheidungsvereinbarungen, 4. Auflage 2000

**Langenfeld/Gail**, Handbuch der Familienunternehmen, Stand Dezember 2004

**Münch**, Ehebezogene Rechtsgeschäfte, 2004

**Muscheler**, Das Recht der eingetragenen Lebenspartnerschaft, 2001

**Oelkers**, Sorge- und Umgangsrecht in der Praxis, 2. Auflage 2004

**Reithmann/Albrecht/Basty**, Handbuch der notariellen Vertragsgestaltung, 7. Auflage 1995

**Reithmann/Blank/Rinck**, Notarpraxis, 2. Auflage 2001

**Schotten**, Das Internationale Privatrecht in der notariellen Praxis, 1995

**Schwab** (Hrsg.), Handbuch des Scheidungsrechts, 4. Auflage 2000

**Wegmann**, Eheverträge, 2. Auflage 2002

**Wendl/Staudigl**, Das Unterhaltsrecht in der familienrichterlichen Praxis, 6. Auflage 2004

# Stichwortverzeichnis

Fette Zahlen = §§, magere Zahlen = Randnummern

Altersvorsorgeunterhalt **20** 17 ff., **63** ff.
Anfangsvermögen **7** 1 ff., 36 ff., **11** 11 ff.
– Ausschluss vom Zugewinnausgleich **7** 48 f.
– Berechnung bei Aufhebung der Gütertrennung **9** 39
– Ermittlung **7** 37 ff.
– Festsetzung bei Schulden **7** 45 ff.
– negatives **7** 45 ff.
– Wertsteigerungen und Erträge **7** 48 ff.
Anrechnungsmethode **20** 21, 61
Aufstockungsunterhalt **20** 7
Auskunftsanspruch
– gegen Unterhaltsverpflichteten **20** 95 f.
– gegen Versorgungsträger **13** 10
Auslandsberührung **12** 1 ff., **18** 1 ff., **23** 1 ff.
Aussiedler **12** 29 ff.
Ausübungskontrolle **2** 5, 9, 11

Barwertverordnung **13** 6, **14** 32
Belehrungspflicht **2** 2
– Unterhaltsverzicht **20** 25 ff.
– Versorgungsausgleich **14** 6 ff., **17** 34 ff.
Bereiterklärung **15** 56
Betriebliche Altersversorgung **13** 1 ff., 23 ff., 28, **14** 29 ff., **15** 25, 47 ff., **17** 25 f.
Betriebsvermögen
– Ausschluss vom Zugewinnausgleich **7** 25 ff.
– Berechnung des Zugewinns **7** 53 ff.

– Ertragswert **7** 57

Dauernde Last **22** 4
DDR-Bürger **12** 29 ff., **18** 5 f., **23** 5 ff.
DDR-Güterrecht **12** 29 ff.
Differenzmethode **20** 21
Dispositionsfreiheit **1** 2, **2** 7, 13
– Schranken **2** 14

Ehebedingte Zuwendung **11** 1 ff.
– gemeinsame Schulden **11** 20 ff.
– Rückforderung **9** 1 ff., 29 ff.
– Verrechnung bei Zugewinnausgleich **11** 11 ff.
Ehegatteninnengesellschaft **11** 3
Ehegattenschulden **4** 1 ff.
Ehevertrag **1** 1 ff., **2** 1 ff., **3** 1
Ehewirkungsstatut **12** 1 ff.
– Wahl **12** 12 ff., 19 ff.
Ehewohnung **27** 22, 33
Eigentumsvermutung **4** 4 ff., **9** 1 ff., 14
Elterliche Sorge **21** 1 ff., **25** 1 ff., **27** 14
Endvermögen **7** 1, 25 ff., 38, 49 ff., **9** 16, **11** 11 ff.
Ermittlungspflicht **17** 34 ff.

Familienunterhalt **1** 1, **4** 1, **11** 20 ff., **19** 1 ff., **23** 5 ff.
Flüchtlinge **9** 10, **12** 29 ff.
Formbedürftigkeit
– Unterhaltsvereinbarungen **20** 78
– Versorgungsausgleichsvereinbarungen **17** 41 ff.
– Zugewinnausgleichsvereinbarung **9** 11 f.

327

## Stichwortverzeichnis

Gemischtnationale Ehe **12** 1 ff.
Gemischtnationale Lebenspartnerschaft **27** 34 ff.
Gesetzliche Rentenversicherung
**13** 1 ff., **14** 19 ff., **15** 34 ff., **52** ff.,
**17** 16 ff.
Getrenntlebensunterhalt **19** 1 ff.,
**22** 1 ff.
Gewahrsamsfiktion **4** 5
Gütergemeinschaft **10** 1 ff.
– Aufhebung **9** 7 ff., **10** 16
– Erbschaftsteuer **10** 8 f.
– fortgesetzte **10** 8
– Pflichtteilsrecht **10** 14 f.
– Vermögensverwaltung **6** 1 ff.
Güterrechtsstatut **12** 5 ff.
– objektbezogene Rechtswahl
 **12** 18
– Wahl **12** 16 ff.
Gütertrennung **9** 1 ff.
– Aufhebung **9** 36 ff.
– Ausgleichsanspruch **9** 4, 29 ff.
– ehebedingte Zuwendungen
 **9** 29 ff.
– Entstehung **9** 6 ff.
– Erbschaftsteuer **9** 25, 40
– Rücktrittsvorbehalt **9** 26 ff.

Haager Ehewirkungsabkommen
**12** 1 ff.
Härteregelungsgesetz (VAHRG)
**13** 12, 18 ff., 26 ff., 33 ff., **15** 58 ff.,
**16** 1 ff.
Halbteilungsgrundsatz **7** 1, **20** 15
Hausrat **26** 1 ff.
Höherversicherung **13** 9, **20** ff.,
**17** 16

Inhaltskontrolle **2** 3 ff.

Kinderfreibetrag **21** 2, 5
Kindergeld **21** 2 ff.
Kindesbetreuungsunterhalt **20** 20,
 34 f.

Kindesunterhalt **21** 1 ff., **23** 5 ff.
Kontenklärung **13** 10
Krankenvorsorgeunterhalt **20** 18 ff.,
 63 ff.

Lebenspartnerschaft **27** 1 ff.
– Aufhebung **27** 19
– Auslandsberührung **27** 34 ff.
– Begründung **27** 2 ff.
– Erbrecht **27** 16
– Formfragen **27** 26 ff.
– Güterstand **27** 7 ff.
– Hausrat **27** 22, 33
– Lebenspartnerschaftsvertrag **27** 9,
 29 ff.
– nachpartnerschaftlicher Unterhalt
 **27** 20
– Namensrecht **27** 6
– Sorgerecht **27** 14
– Unterhalt **27** 11 ff.
– Versorgungsausgleich **27** 21,
 31 f.
– Verfügungsbeschränkungen **27** 10
Lebensversicherung **13** 4
– anderweitige Absicherung i.R.d.
 Versorgungsausgleichs **14** 3 a.E.,
 24 ff., **15** 2 ff., 24, 40, 54 ff., 58 ff.,
 **17** 5 ff., 18 ff., 36 ff.
– Unterhaltsvereinbarungen **20** 63
– Versorgungsausgleich **13** 4, **20** ff.,
 26
Leibrente **17** 22, **20** 73 f., 78

Nachehelicher Unterhalt **20** 1 ff.
– Altersvorsorgeunterhalt **20** 17 ff.
– Anrechnungsmethode **20** 21, 61
– Anrechnung von Einkommen
 **20** 21, 61
– Aufstockungsunterhalt **20** 7
– aus Billigkeitsgründen **20** 9
– Bedürftigkeit **20** 11
– Betreuungsunterhalt **20** 3
– bis zur Erlangung angemesser
 Erwerbstätigkeit **20** 6

## Stichwortverzeichnis

- Differenzmethode **20** 21
- eheliche Lebensverhältnisse **20** 15, 62
- Einsatzzeitpunkt **20** 10
- Kindesunterhalt **20** 20, 34 ff.
- Krankenvorsorgeunterhalt **20** 18 ff., 63
- Leistungsfähigkeit **20** 13
- Maß des Unterhalts **20** 14 f.
- Steuerfragen **22** 1 ff.
- Vorsorgeunterhalt **20** 16 ff.
- wegen Alters **20** 4
- wegen Ausbildung **20** 8
- wegen Krankheit **20** 5

Notdürftiger Unterhalt **20** 28 f., 66 ff.

Pflegevorsorgeunterhalt **20** 18 f., 63 ff., 88 f.
Pflichtteilsverzicht **7** 11 f., 29, **9** 15, **11** 9 f.

Quasi-Splitting **13** 9 ff., 34, **14** 20, 26 a.E., **15** 34 ff.

Realsplitting **14** 20
Realteilung **13** 12, 20, **15** 58 ff.
Rechtswahl
- Ehewirkungsstatut **12** 12 ff., 19 ff.
- Grundbesitz **12** 18
- Güterrechtsstatut **12** 5 ff., 16 ff., 19 ff.

Rückforderung von Zuwendungen **9** 29 ff., **11** 1 ff.

Scheidungsstatut **18** 1 ff.
Scheidungsvereinbarungen **1** 2, **24** 1 ff.
- Form **20** 78
- über Ehewohnung **26** 7 ff.
- über elterliche Sorge **25** 1 ff.
- über Hausrat **26** 3 ff.
- über Umgangsrecht **25** 7 ff.
- über Unterhalt **20** 22 ff., 34 f.

- über Versorgungsausgleich **13** 35, **14** 1 ff., 15, **15** 51, 77 f., **17** 1 ff.

Schlüsselgewalt **1** 1, **4** 1, **5** 1 ff.
Schuldumschaffung bei Unterhaltsvereinbarung **20** 73 f.
- Auskunftsanspruch **20** 95 f.
- steuerliche Berücksichtigung **22** 1 ff.
- Wertsicherungsklauseln **20** 90 ff.

Selbstbehalt **20** 13, 20, 59 ff., 87
Sittenwidrigkeit ehevertraglicher Regelungen **2** 1 ff., **14** 15, **20** 23 ff.
Sondergut **10** 1 ff., 10 ff.
Sorgerecht s. Elterliche Sorge
Splitting **13** 1 ff., 9 ff., 34, **14** 20, 24 ff., 32

Steuern
- Erbschaftsteuer und Zugewinnausgleich **9** 5
- und nachehelicher Unterhalt **22** 1 ff.
- und Vermögensauseinandersetzung **8** 1 ff.

Supersplitting **13** 2, 18 ff.
- Verbot **14** 19 ff., **15** 38 ff.

Umgangsrecht **25** 7 ff.
- Kosten für die Wahrnehmung des Umgangsrechts **25** 10 f.

Unbenannte Zuwendung s. Ehebedingte Zuwendung
Unterhalt, nachehelicher s. Nachehelicher Unterhalt
Unterhaltsberechnung **20** 1 ff.
Unterhaltsstatut **12** 8 ff.
Unterhaltsvereinbarungen
- Abänderung **20** 26, 79 ff.
- Altersvorsorgeunterhalt **20** 63 ff.
- Anrechnung von Einkommen **20** 61
- Auskunftsanspruch **20** 95 f.
- bedingte Vereinbarungen **20** 34 ff.

329

## Stichwortverzeichnis

- Befristung **20** 47 ff.
- Begrenzung der Unterhaltshöhe **20** 69 ff.
- Beschränkung auf bestimmte Unterhaltsarten **20** 56 ff.
- eheliche Lebensverhältnisse **20** 62
- Einschränkung des Unterhaltsmaßes **20** 59 ff.
- Formbedürftigkeit **20** 78
- Getrenntlebensunterhalt **19** 1 ff.
- Lebenspartnerschaft **27** 11 ff.
- Novation **20** 73 f., 90 ff., **22** 1 ff.
- Schuldumschaffung **20** 73 f., 90 ff., **22** 1 ff.
- Steuerfragen **22** 1 ff.
- Verweisung auf andere gesetzliche Regelung **20** 75 ff.
- Wertsicherungsklauseln **20** 90 ff.
- Zusatzbegehren **20** 88 f.

Unterhaltsverzicht **20** 23 ff.
- Abänderung **20** 26 f.
- Altersvorsorgeunterhalt **20** 63 ff.
- Arbeitnehmerabfindung **7** 40
- bedingte Vereinbarungen **20** 34 ff.
- Befristung **20** 47 ff.
- Belehrungspflicht **20** 25 ff.
- Beschränkung auf bestimmte Unterhaltsarten **20** 56 ff.
- Einschränkung des Unterhaltsmaßes **20** 59 ff.
- im Rahmen einer Scheidungsvereinbarung **20** 32 f.
- Kindesbetreuungsunterhalt **20** 20, 34 f.
- Novation **20** 73 f., 90 ff.
- Rücknahme des Scheidungsantrags **20** 32 f.
- Schuldumschaffung **20** 73 f., 90 ff.
- Sittenwidrigkeit **2** 3 ff., **20** 23 ff.
- und § 5 VAHRG **20** 30 f.
- Unzulässigkeit **20** 23 ff.

Verbot des Supersplittings
*s.* Supersplitting

Verfügungsbeschränkungen
- Gütertrennung **9** 1 ff., **15** 83 f.
- Lebenspartnerschaft **27** 10
- Zugewinngemeinschaft **7** 3 ff.

Vermögensauseinandersetzung
- und Steuerrecht **8** 1 ff.

Vermögensgemeinschaft
- Lebenspartnerschaft **27** 7 f.
- nach FGB-DDR **12** 33, 36

Vermögensverwaltung **7** 1 f.
Vermögensverzeichnis **4** 6 ff., **9** 3, 14
Versorgungsausgleich **13** 1 ff.
- Abänderung familiengerichtlicher Entscheidung **13** 34 ff.
- Abfindung **13** 26, **15** 58 ff., 68 ff., 77 f., **20** 30 f., 64 ff.
- Ausschluss **14** 1 ff., **15** 1 ff.
- Beitragsentrichtung **13** 18 ff., **15** 52 ff., **16** 3 ff.
- Belehrungspflicht **14** 6 ff., **17** 34 ff.
- Dynamik der Versorgungsrechte **13** 6
- Eheverträge **15** 1 ff.
- „entschädigungsloser" Verzicht **17** 5 ff., 27 ff.
- Ermittlung der Anwartschaften **13** 7, **17** 34 ff.
- Formbedürftigkeit **17** 41 ff.
- Härtefälle **17** 27 ff.
- Härteregelungsgesetz **13** 18 ff., **16** 1 ff.
- Lebenspartnerschaft **27** 31 f.
- Lebensversicherung **13** 4 f.
- Randversorgung **17** 12 f.
- Rentenversicherung **13** 4 f.
- Riester-Rente **13** 4 f.
- Scheidungsvereinbarungen **14** 1 ff., **17** 1 ff.
- schuldrechtlicher **13** 28 ff., **15** 63 ff.

## Stichwortverzeichnis

- Sittenwidrigkeit des Ausschlusses **14** 15 ff.
- Sperrfrist für Ausschluss **14** 1 ff., **15** 73 ff.
- Verbot des Supersplittings **14** 19 ff., **15** 38 ff.
- „verkappte Scheidungsvereinbarung" **14** 6 f.
- verlängerter schuldrechtlicher **13** 33, **16** 1 f.
- Verzicht gegen Gegenleistung **17** 15 ff.

Versorgungsausgleichsmodifizierung **15** 15 ff., 18 ff., **16** 1 ff.
- Ausgleichsform **15** 51 ff.
- Ausgleichsquote **15** 30 ff.
- Ausgleichszeitraum **15** 13 f., 26 ff.
- Bewertung **15** 41 ff.
- Herausnahme einzelner Versorgungen **15** 19 ff.

Versorgungsausgleichsstatut **12** 8 ff., **18** 1 ff.
Vertragsfreiheit **1** 2, **2** 7, 13
Vertriebene **12** 29 ff.
Verzichtsverbot bei Getrenntlebensunterhalt **19** 1 ff.

Vorsorgeunterhalt **20** 16

Wartezeit **15** 53, **17** 8, 26
Wirksamkeitskontrolle **2** 9 f.

Zählkindervorteil **21** 3
Zugewinnausgleich
- Arbeitnehmerabfindung **7** 40
- Ausschluss **7** 10 ff.
- Ausschluss bestimmter Vermögenswerte **7** 25 f.
- Befristung **7** 21 ff.
- Begrenzung **7** 17 ff.
- Berechnung **7** 36 ff.
- Berücksichtigung von Schulden **7** 45 ff.
- Betriebsvermögen **7** 25 f., 53 ff., **8** 1 ff.
- Erbschaftsteuer **7** 5 ff., 19 ff., **8** 1 ff., **9** 25
- Formbedürftigkeit **9** 11 f.
- Pflichtteilsansprüche **7** 11 f.
- Schenkungsteuer bei Verzicht **9** 25

Zugewinngemeinschaft **7** 1 ff.
Zuwendungen unter Ehegatten, Rückforderung **9** 29, **11** 1 ff.

331

# Benutzerhinweise zur CD-ROM

Auf der dem Werk beiliegenden CD-ROM sind sämtliche abgedruckten Formulare als Datei enthalten. Im Druckwerk sind zu jedem Formular Referenznummern vergeben, die Sie aus den jeweils neben dem Formular angeordneten CD-ROM-Symbolen entnehmen können.

Sollten Sie die **Textverarbeitung Microsoft Word** verwenden, haben Sie die Möglichkeit, nach der Ausführung der nachfolgend beschriebenen Installationsroutine, die Formulare direkt zu übernehmen und wie gewohnt zu bearbeiten.

Falls Sie eine **andere Textverarbeitung als Microsoft Word** verwenden, so können Sie die Formularmuster direkt über das Menü „Datei, Datei öffnen" Ihrer Textverarbeitung laden. Voraussetzung ist, dass Ihre Textverarbeitung einen entsprechenden Importfilter (RTF, DOS-Text ...) hat und dass dieser Filter auch installiert wurde.

Alle Formulare stehen auf der CD-ROM zusätzlich
- als RTF-Dateien im Verzeichnis \rtf,
- als MS-DOS-(ASCII-)Textdateien im Verzeichnis \txt und
- als WINDOWS-(ANSI-)Textdateien im Verzeichnis \ansi.

Die Textdateien (MS-DOS und Windows) beinhalten nur den reinen Text ohne Formatierungen.

Sollten Sie auf eine Installation auf Festplatte verzichten wollen, können Sie als Word für Windows-Benutzer die Formulardateien auch direkt von der CD über „Datei, Öffnen" laden oder über „Einfügen, Datei" in Ihre eigenen Dokumente einfließen lassen.

**Installation unter Word für Windows**

Es sind folgende **EDV-Voraussetzungen** zu beachten:
- Windows 95/98, Me, NT 4.0 oder 2000

### Benutzerhinweise zur CD-ROM

- Microsoft Word 97, 2000 deutsch
- 12 MB freier Platz auf einer Festplatte.

Wählen Sie unter Windows die Funktion „Ausführen" im Startmenü. Wählen Sie über „Durchsuchen" Ihr CD-ROM-Laufwerk aus und starten Sie dann das Programm Setup.exe von der CD-ROM. Folgen Sie danach bitte den weiteren Anweisungen am Bildschirm. Falls Sie die Betriebssysteme **Windows NT 4.0** oder **2000** verwenden, müssen Sie über **Administrator-Rechte** verfügen.

Bei Nutzern von **Word 2000** kann der Hinweis auf dem Bildschirm erscheinen, dass die Makros aktiviert werden müssen. Dies wird in Word 2000 über das Menü „Extras, Makro, Sicherheit" eingestellt. Wählen Sie mindestens die Sicherheitsstufe „Mittel", besser „Niedrig", aus und starten Sie die AnwaltFormulare erneut. Beachten Sie jedoch, dass die Einstellungen für alle Word-Dokumente gelten. Im Einzelfall kann es demnach sinnvoll sein, vor dem Öffnen eines „unsicheren" Word-Dokumentes die Sicherheitsstufe wieder auf „Hoch" zu setzen.

Während der Installation wird, falls nicht bereits vorhanden, eine eigene Programmgruppe „AnwaltVerlag" für die Anwendung eingerichtet. Zum Öffnen der Formulare unter Word genügt ein Doppelklick auf das Icon „AnwaltFormulare Eheverträge" in der Programmgruppe Anwalt-Verlag.

Sie können die Formulare auch öffnen, indem Sie unter Word über „Datei, Öffnen" das Zentraldokument AFEhever.doc im Zielverzeichnis (normalerweise C:\Programme\Deutscher Anwaltverlag\AnwaltFormulare Eheverträge) laden.

Zur **Auswahl des gewünschten** Formulars nutzen Sie die Inhaltsübersicht, indem Sie auf das entsprechende Formular-Icon ( ≡ ) doppelklicken. Durch die Inhaltsübersicht bewegen Sie sich mit den bekannten Cursortasten bzw. mit der Maus.

Darüber hinaus können Sie über die **Symbolleiste**

das gewünschte Formular durch Eingabe der Dokument-Nr. öffnen. Klicken Sie dafür auf das Icon „Öffne Dokument Nr." (drittes von rechts) und geben Sie die Nummer des Formulars ein.

Wenn Sie ein Formular verändern wollen, so müssen Sie zunächst **den Schreibschutz aufheben** – dazu gibt es ein Icon (zweites von links) in der Symbolleiste.

Sie können innerhalb des Dokumentes mit dem Icon „Nächstes Feld" (zweites von rechts) **von Feld zu Feld** springen. Bei Benutzung dieser Funktion muss vorher der Schreibschutz des Formulars mit dem Icon **Schreibschutz aufheben** aufgehoben werden. Ist der Schreibschutz nicht aufgehoben, kann das Icon **Nächstes Feld** nicht benutzt werden.

Sollten Sie den **Originalzustand eines Dokumentes wiederherstellen** wollen, legen Sie die CD-ROM in das entsprechende Laufwerk und benutzen das Icon „Dokument-Wiederherstellen" (drittes von links).

Für die Bedienung der einzelnen Programmfunktionen beachten Sie bitte auch die **Hinweise im Hilfetext**, den Sie über das Icon „Hilfe zur Formularsammlung" (erstes von rechts) erhalten.